이순신을 알지도 못하면서

이순신을 알지도 못하면서

초판 1쇄 발행 2021년 9월 8일

글쓴이 한봉희
펴낸이 김정한
디자인 전병준
펴낸곳 어마마마

출판등록 2010년 3월 10일 제 300-2010-03호
주소 서울특별시 종로구 율곡로 191-1 디그낙빌딩 3층
문의 070-4213-5130 (편집) 02-725-5130 (팩스)
이메일 ermamama@gmail.com

ISBN 979-11-87361-13-8 03910

* 이 도서는 한국출판문화산업진흥원의 '2021년 출판콘텐츠 창작 지원 사업'의 일환으로
  국민체육진흥기금의 지원을 받아 제작되었습니다.
* 잘못된 책은 바꾸어 드립니다.

한봉희 지음

이순신을
알지도
못하면서

어ː어마마마

오래전 일이다.

다니던 회사 뒷골목 술집에 앉아 툭하면 어떤 주제를 안주 삼아 잡담을 하곤 했다. 때론 열띤 모습처럼 보이기도 하고 때론 시크한 척하기도 했던 그때, 가끔 안주로 올라온 주제는 이것이었다.

"스페셜리스트가 되어야 하는가? 아니면 제너럴리스트가 되어야 하는가?"

입사한 지 그리 오래되지 않은 몇 명이 앉아 앞으로의 시대는 자기만의 전문 영역을 갖춘 스페셜리스트가 각광받는 시대일 거라느니, 그래도 일반 회사에서는 여전히 '제너럴'한 능력을 바탕으로 기획력과 리더십을 갖춘 사람들이 성공한다느니, 각자 자기 상황에 맞춰 열을 올렸다. 이야기는 급기야 현재 임원급 중 어느 쪽이 더 많은가로 이어지기도 하고, 일이십 년 후 미래의 기술 변화를 끌고 와 설득력의 기반으로 삼기도 했다.

한창 우리 사회에 전산화와 IT 바람이 불면서 이를 더욱 부채질했다.

스페셜리스트가 굳이 전산직에 한정된 것이 아님에도, 1990년대 중후반의 시대 상황은 전산을 다룰 줄 아는 능력이 마치 그 상징처럼 여겨졌다. 그러다 보니 일반직으로 들어온 친구들은 전산을 전공한 친구들이 뭔가 '스페셜'해 보였고, 반대로 전산직 친구들은 일반직이 뭔가 '제너럴'하게 다방면에 많은 걸 알고 있는 듯 보였다.

나는 늘 스페셜리스트에 한 표를 던진 편이었다.

사람은 누구나 자기가 부족한 부분을 동경한다는 걸 인정한다면, 나 또한 그랬다. 지금도 그렇지만 그때도 나는 '제너럴'한 사람에 속했다. 굳이 변명한다면, 못하는 것도 그다지 없지만, 특별히 잘하는 것도 없었다. 더구나 전산은 문외한이었다. 어렸을 때 주변 어른들이 자주 했던 말 중 하나가 "기술이라도 하나 배우면 먹고사는 걱정은 없다"였다. 나에게 전산은 그 '기술'의 최상위 버전처럼 느껴졌다.

그러나 이러한 고민이 부질없다는 걸 아는 건 그리 어렵지 않았다.

전산직 직원 중에 문사철(文史哲)을 전공한 사람보다 더 인문학적 소양이 깊은 사람이 있기도 했고, 그 반대의 경우도 있었다. 또한 전공에 상관없이 자기만의 '스페셜'한 분야를 개척해서 인정을 받는가 하면, '제너럴'한 균형 감각과 업무 능력으로 조직에서 두각을 나타내는 사람도 있었다. 더구나 회사가 이 두 가지 항목만으로 직원들을 평가하지도 않았다. 그러다 보니 어느 순간 이러한 잡담도 시들해졌다.

그래도 두 가지를 모두 '제대로' 갖춘 사람은 흔하지 않았다.

이 책을 준비하면서 다시 오랜만에 그 시절 잡담이 떠올랐다. 우리 역사에서 가장 '스페셜'하면서도 가장 '제너럴'한 인물을 대하니 어쩌면 자연스런 연상이었다. 이순신을 떠올릴 때마다 궁금증은 하나로 모아졌다. "정말 이런 사람이 존재했을까?" 어쩌면 이 책은 그러한 궁금증을 풀어나가는 여정이라고 봐도 좋을 듯하다.

이순신은 두 가지를 모두 갖춘 사람이었다.

그가 문과 시험을 준비하다가 무과로 전향했기 때문에 그런 것이 아니다. 그의 삶을 구성하는 이야기의 조각을 맞추다보면 누구라도 그렇게 여길 것이다. 이순신이 얼마만큼 '스페셜'하고, 또 얼마만큼 '제너럴'했는지를 여기 서두에 다 풀어놓을 순 없다. 책 속에서 그것들을 찾아내는 것도 독서의 한 방법이다. 다만 한 가지만 덧붙인다면, 당대에 누구보다 이순신에게 관심을 두었던 류성룡의 말에서 그 힌트를 얻을 수 있다.

"여러 장수들은 이러한 이순신을 신(神)으로 여겼다."

이 문장은 류성룡이 쓴 『징비록』 초고의 마지막 문장으로 알려져 있다. 나중에 〈집필 후 몇 가지 덧붙이는 글〉을 추가했지만, 사실상 『징비록』 '버전1.0'의 마지막은 이순신이었고, 그를 '신'이라 부르고 있었다. 신만큼 '스페셜'한 존재가 있을까. 또 신만큼 '제너럴'한 존재가 있을까.

이순신은 사실 역사 대중서를 쓰는 사람에게는 '겁나는' 이름이다.

그 이름이 주는 무게가 상당할 뿐 아니라, 어느 역사 인물보다도 대중들에게 많이 알려져 있어서 누구라도 한마디씩 못하는 국민이 없다. 요즘 유행하는 말로 '이알못(이순신을 알지도 못하는 사람)'이 없다. 실제로 시중에 나와 있는 책도 여러 종이다. 또한 역사 인물 중에 아전인수(我田引水)가 가장 심한 사람이 이순신이다. 좌파는 좌파대로, 우파는 우파대로, 역사가는 역사가대로, 경영학자는 경영학자대로, 문학가는 문학가대로, 기업가는 기업가대로, 군인은 군인대로, 리더십 강사는 또 그들대로 자기 맘에 맞게 수용하고 끌어다 쓴다. 뿐만 아니라 인재상에 있어서 스페셜한 능력을 중시하는 사람들은 그들대로, 제너럴한 능력을 중시하는 사람들은 또 그들대로 자기 입맛을 가미했다. 이는 그만큼 다양한 각도에서 조명할 수 있는 인물일 뿐만 아니라, 이 땅에 사는 누구라도 좋아하고 존경하는 인물이라는 방증이다. 흔히 '누구를 욕하는 사람은 그 놈이 나쁜 놈'이라는 말에 빗대면, '이순신을 욕하는 사람은 그 놈이 나쁜 놈'이었다.

그럼에도 나는 이순신에 대해 쓰기로 했다.

기실 책이란 이 세상에 없는 이야기를 쓰는 게 아니다. 기존에 존재하는 걸 어떤 콘셉트와 문장으로 정리하느냐가 중요하다. 그런 면에서 대개의 책은 발명이라기보다는 발견에 가깝다. 그래서 때로 좋은 책은 예쁜 집과 같다. 세상의 모든 집은 없는 재료를 새로 발명해 짓는 게 아니다. 나무며, 흙이며, 모든 재료는 기존에 존재해 있던 것들이다. 그런 재료로, 어떤 설계에 따라, 어떤 목수가 짓느냐가 그 차이를 만들 뿐이다. 책도 마찬가지가 아닐까.

특히 역사 관련 책은 기본적으로 사료(史料)를 바탕으로 쓴다.

요즘은 사료가 대부분 공개되어 있어서 맘만 먹으면 접근해 공부할 수 있다. 그렇다 하더라도 모든 역사가 기록되어 전해지는 건 아니며, 사료 또한 기록하는 사람에 따라서 왜곡될 여지도 있고, 해석하는 사람에 따라서 착오가 생길 수도 있다. 지금도 동일한 사안에 대해 진보적인 신문과 보수적인 신문의 기록이 판이한 것과 마찬가지다. 이렇듯 모든 사료는 기록자의 호오(好惡)에 영향을 받기 마련이다. 따라서 역사책은 이를 감안한 저자의 이해와 판단에 의한 재구성이 필요하며, 역사의 빈 공간이나 왜곡 가능성이 있는 부분은 저자의 합리적 상상과 냉철한 판단으로 채워야 한다. 나 또한 역사를 공부하고 이순신을 더 깊이 알아가면서 내 나름의 이해와 판단, 합리적 상상을 바탕으로 이순신에 관한 책을 쓰고 싶었다. 누군가 이 책을 읽고 이순신에 대해 좀 더 알고, 마음이 동해 우리나라 곳곳에 남아 있는 그의 흔적을 찾아 떠나주길 바라는 마음 또한 녹여내고 싶었다.

그래서 이 책은 역사 인물과 함께 떠나는 인문여행서이기도 하다.

임진왜란이 끝난 후 조선의 뛰어난 문장가로 활약한 상촌 신흠 선생은 인생의 세 가지 즐거움으로 "문 닫고 마음에 맞는 책을 읽는 것, 문 열고 마음에 맞는 벗을 맞는 것, 문 나서서 마음에 맞는 경치를 찾는 것"을 꼽았다. 이 책이 마음에 맞는 누군가가, 마음에 맞는 벗과 함께 이순신의 발길을 따라 남도의 바닷가를 찾는다면, 글쓴이에겐 가장 큰 즐거움일 것이다. 아울러 유튜브에 자기만의 콘텐츠로 무장한 수많은 영어회화 크리에이터들이 존재하듯이, 서점가에도 자기만의 콘텐츠로 무장한 이순신 관련 책들이 지금보다 더 많이 출판되길 꿈꿔본다. 이순신은 충분히 그래도 되는 인물이다.

이순신은 정말 크고 위대한 사람이었다.

이는 시간이 지날수록 더 가치가 올라가는 '진품명품'처럼 미래로 갈수록 더할 것이다. 〈들어가는 글〉를 쓰면서 이순신을 한마디로 표현할 수 있는 말이 무엇일까 생각해봤다. 오랜 고민 끝에 선택한 말은 '대방무우(大方無隅)'였다. 노자의 『도덕경』에 나오는 문구다. '정말 큰 사각형은 모서리가 없다.' 이만큼 이순신을 잘 표현하는 문구도 없는 듯했다. '대방'은 한없이 넓다. 가늘게 높이 솟기만 하는 마천루가 아니라 세상의 모든 서 있는 것들이 자리할 수 있는 넓음, 간혹 그것들이 쓰러져도 품어줄 수 있는 넉넉함, 이순신은 그런 사람이 아닐까. 한없이 넓어(제너럴)져야 한없이 높아(스페셜)질 수 있는 법이다. 이순신은 그런 사람이었다. 한없이 넓어 한없이 높이 올라간 사람이었다. 그런 사람의 모서리를 찾는 건 무의미하다. 대방무우. 한없이 '제너럴'하면서도 한없이 '스페셜'함으로써 신이라 불린 사나이, 우리 역사에서 영웅을 넘어 유일하게 성웅(聖雄)으로 불린 불멸의 슈퍼히어로에게 이보다 어울리는 말이 있을까.

우리 역사에 그러한 이순신이 있어서 다행이다.

이순신 개인으로는 전쟁이라는 참혹한 시기를 온몸으로 맞서 보내고, 그 결과로 죽음을 맞이했으니 불행한 삶으로 여길 수도 있다. 그러나 역사적으로 보면 이순신은 성공한 사람이었다. 조선 시대에도 그랬고, 현대에도 그렇다. 이순신이 성공한 요인은 무엇일까? 내가 보기엔 요즘 유행하는 성공 요인 중 하나인 '그릿(GRIT)'이 아닐까 싶다. 그릿의 핵심은 근성과 끈기이다. 근성이 있다는 것은 사람이 '야물다'는 의미이다. 허투루 하거나 쉽게 물러서지 않는다. 여기엔 용기와 결단력도 필요로 한다. 끈기는 기본적으로 인내를 바탕으로 한다. 쉽게 포기하지 않는다. 그렇다고 희망을 버리지도 않는다. 희망을 버릴 바엔 차라리 죽음을 선택한다. 결국 주어진 것을, 원하는 목표를 해내고 만다.

이순신의 그릿을 확인할 수 있는 일화는 많다.

무과 시험 중 말에서 떨어져 발이 부러지자 버드나무 가지를 꺾어 다리를 싸매고 완주하는 모습이나, 남해안의 발포진 만호 시절에 직속상관인 전라 좌수사가 거문고를 만들려고 발포진 관아 뜰에 있는 오동나무를 베어가려고 하자, "관아 뜰에 있는 오동나무도 나라의 물건이니 사사로이 베어서 쓸 수 없다"며 거절한 일(이 일로 이순신은 파직된다), 두만강변의 조산보 만호 시절에 녹둔도 사건이 일어나자, 직속상관인 북병사가 자신의 죄를 면피하기 위해 이순신을 무고하려 했으나 죽음을 무릅쓰고 저항한 일(이 일로 이순신은 첫 번째 백의종군을 한다), 칠천량해전으로 조선 수군이 궤멸하자 수군을 포기하고 도원수 권율의 휘하로 합류해 육군을 도우라는 임금의 지시에도 불구하고 전남 보성의 열선루에 앉아 그 유명한 '상유십이(尚有十二, 신에게는 아직 열두 척의 배가 있습니다)'를 서슴없이 적어 내려가는 모습 등 차고 넘친다. 이순신은 이처럼 자신이 해내야만 하는 것, 그리고 부당하거나 자신이 납득할 수 없는 것에 대해서는 근성과 끈기로 정면 돌파했다. 이순신이 거둔 전승 신화는 모두 이를 바탕으로 가능했다. 그러다 보니 이 책은 그러한 이순신의 그릇을 확인하는 여정이기도 하다. 여기에 전투를 준비할 때마다 부하 장수들을 불러 계책을 함께 수립하고, 부하 장수의 죽음에 통곡할 줄 알고, 죽은 병졸들 하나하나 그 가족의 생계까지 신경 쓰는 그의 마음이 더해져 조선 수군은 일본 수군을 물리칠 수 있었다.

또 한 권의 책을 세상에 내놓는다.

안개가 자욱이 깔리는 저녁 무렵이나 비가 보슬보슬 내리는 날이면, 사람들은 빈대떡과 파전에 탁주 한 사발이 간절해진다. 그런 날이면 기름에 잘 익은 전 냄새도 촉촉한 공기를 타고 더 멀리 더 맛난 향을 실어 나르기 때문이다. 어쩌면 진중의 이순신도 그러지 않았을까. 승전의 기쁨을 안고 돌아온 어느 날, 비라도 온다면 군사들의 지치고 피곤한 몸과 마음을 빈대떡에 탁주 한 사발로 달래줬을 것이다. 이순신과 여러 달을 함께 보냈다. 책이 나오면 그의 마지막 숨결이 쉬고 있는 관음포를 찾아, 바다에 책 한 권 띄워 놓고 그와 나누는 막걸리 한잔을 꿈꿔 본다.

차 »
례

들어가는 글 ～～～～～～ 4

1 마지막 전투 ～～～～～～ 15

2 순신의 이름으로 ～～～～～～ 57

3 죽으면 그뿐이거늘 ～～～～～～ 77

4 모두가 알고 있었다 ～～～～～～ 105

5 어디로 가시렵니까? ～～～～～～ 143

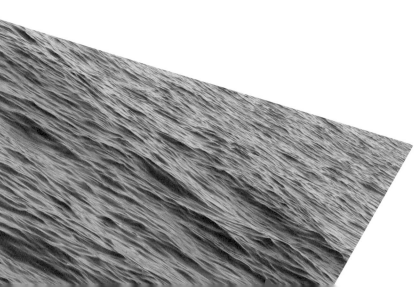

6 이제부터가 진짜 전쟁이다 ——— 177

7 진주가 없으면 호남도 없다 ——— 211

8 전라도를 지켜라 ——— 237

9 흐르는 강물은 길이길이 푸르리니 —— 263

10 백의종군하라! ——— 281

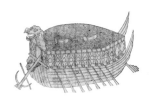

11 신에게는 아직 열두 척의 배가 있습니다 ── 303

12 울돌목은 더 이상 울지 않는다 ── 319

13 신(神)이라 불린 사나이 ── 345

나오는 글 ── 365

참고도서 ── 367

1
마지막 전투

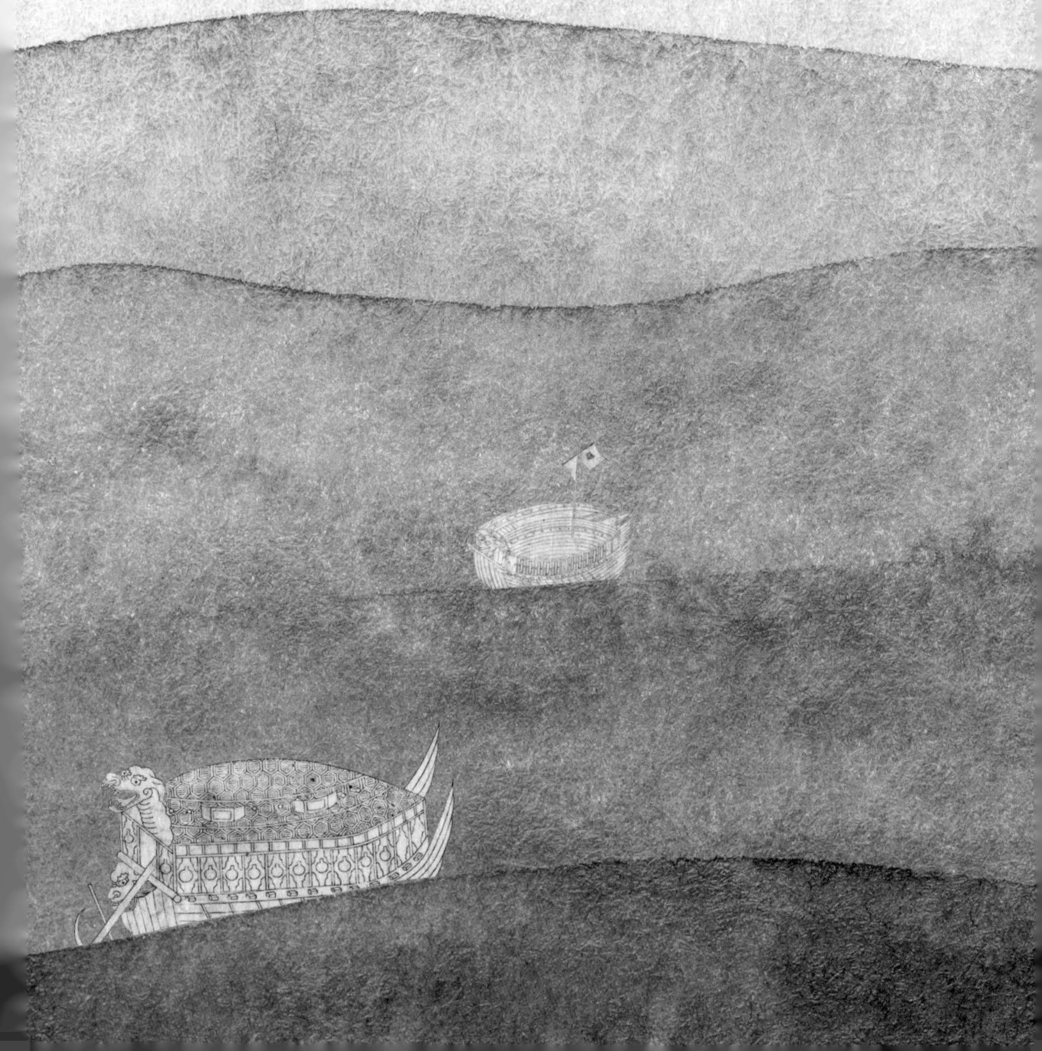

검은 바다 위, 그 고요 속으로 한 무리의 윤슬이 마치 반딧불처럼 날아다녔다. 달로부터 날아온 빛들이 때론 저 검은 우주 속으로 다시 날아오르는 듯하다가도, 때론 저 짙은 바닷속으로 빨려 들어갔다. 그 빛 중 일부는 현자총통 위에서도, 창끝에서도, 조용히 나부끼는 깃발 위에서도 아롱거렸다.

이순신의 마음속에는 오직 하나의 생각뿐이었다.

"저들을 절대 살아서 돌아가게 할 수는 없다."

이미 명나라에서 온 수군 도독 진린에게도 자신의 굳센 의지를 강하게 전달했었다. 진린은 적장 고니시 유키나가의 뇌물 공세에 마음이 흔들리고 있었다. 육지의 명나라 제독 유정은 이미 고니시 유키나가의 꾐에 넘어간 상태였다. 그는 전쟁이 끝나가는 마당에 남의 나라에 와서 군이 피를 흘리고 싶지 않았다. 더구나 적장은 퇴로만 보장해주면 순천 왜성(예교성)을 자신에게 넘겨주겠다고 했다. 그렇게 손 안 대고

코 푼 다음에 든든하게 한몫 챙겨서 명나라로 금의환향할 생각이었다. 이런 상황에서 진린마저 왜성에 진을 치고 있던 고니시 유키나가 부대의 탈출을 돕거나 방관한다면, 이순신이 거느린 조선 수군만으로는 쉽지 않은 싸움이었다. 적들이 자신들의 섬나라로 물러가면 그것으로 기나긴 전쟁이 끝날 거라는 걸 이순신도 알고 있었다. 어쩌면 지긋지긋한 전쟁의 종식이었으니 이순신으로서도 그냥 그렇게 끝내는 게 편할 수도 있었다.

그러나 그렇게 돌아가게 놔둘 수는 없었다.

1592년 임진년에 침탈해온 적들은 7년이라는 긴 시간 동안 조선 반도와 그 땅에 사는 죄 없는 백성들의 삶을 유린하였다. 그 와중에 비참하게 삶을 마감한 죽음이 또 얼마이던가. 더구나 전쟁을 끝내기 위한 강화 협상이 진행 중임에도 일방적인 재침(정유재란, 1597)으로 자신을 믿고 따랐던 거의 모든 조선 수군을 칠천량 깊은 바닷속에 수장시켰다. 이순신은 그 자리에 없었다. 삼도수군통제사직은 원균이 대신했었다. 피로 붉게 물든 그날의 그 바다에서 살아 돌아온 사람은 고작 120여 명뿐이었다. 미우나 고우나 함께 왜적을 무찌르던 원균도 돌아오지 못했다. 누명 때문에 그 싸움에 함께하지 못했다는 것이 핑계는 될 수 있을지언정 고통을 완화시켜주진 못했다. 선조에게 받은 고문의 고통을 견디며 백의종군의 길을 내려온 건 오직 한 가지 이유 때문이었다. 저 무도한 왜적들을 물리치고 조선 백성의 목숨과 삶의 터전을 지켜내는 것. 하지만 자신과 생사고락을 함께하던 병사들의 죽음을 대면해야 하는 고통은 견디기 힘들었다.

죽음은 그걸로 끝난 게 아니었다.

남해안의 바닷길이 열리자 적들은 5만 6천여 대병력으로 남원성을 공격하여 사흘 만에 1만여 명의 우리 백성을 말 그대로 학살하였다. 이 중에는 6천여 양민들도 포함되어 있었다. 적들은 자신들의 수장인 도요토미 히데요시가 본국에서 내린 명령에 따라 조직적으로 양민을 학살하였다. 닥치는 대로 사람들의 귀와 코를 잘랐으며, 임신한 여자의 목을 베기도 하였다. 남원성 전투는 1593년 제2차 진주성 전투와 함께 임진왜란↑ 최대의 학살극이었다.

→ 흔히 '임진왜란'으로 명명되는 건 세 가지 경우가 있다. 첫째는 1592년부터 1598년까지 왜적이 쳐들어온 7년 전쟁을 통칭하는 용어로 쓰인다. 둘째는 정유재란 (1597~1598)과 구별하기 위해 이를 제외한 나머지 기간을 지칭한다. 셋째는 7년 전쟁을 세 시기로 세분화할 때, 앞 2년은 임진왜란, 중간 3년은 강화 협상기. 뒤 2년은 정유재란으로 나누기도 한다. 남원성 전투는 엄밀히 말하면 정유재란에 속하나, 여기서는 첫째 용례를 따랐다.

이게 모두 작년(1597년)에 벌어진 일이었다.

그 이전에는 적들이 감히 침략하지 못했던 곳에서 벌어진 참상이었다. 이순신은 지금도 코와 귀를 베인 아이들의 울음소리가 들리는 듯했다. 당시 참상에 대해 일본의 종군 승려 게이넨마저 일기에 '조선인을 죽이고 귀와 코를 자르니 길바닥은 온통 피바다가 되었고, 마을에 들어가 불을 지르니 집들이 잿더미가 되고 연기가 고을마다 자욱하며, 귀와 코가 잘린 어린애들이 피투성이가 되어 우는 소리가 온 산천을 진동했다'고 적었다.

그런 적들을 개선장군처럼 돌아가게 놔둘 수는 없었다.

만약 아무 일 없었다는 듯 편하게 돌아간다면 적들은 또 언젠가 다시 우리 땅을 짓밟으러 돌아올 것이다. 그러니 후손들이 살아갈 이 땅에 앞으론 한 발짝도 들일 엄두를 내지 못하게 본때를 보여줘야 한다. 또한 억울하게 죽은 군사와 백성이 흘린 피의 대가를 반드시 치르게 해야 한다. 이 마지막 싸움에서 설령 자신이 죽는 한이 있더라도.

이제까지와는 차원이 다른 큰 싸움이 될 것이다.

지난여름에 도요토미 히데요시가 죽자 그 유언에 따라 왜군은 철수를 준비했다. 당시 왜군은 동해안의 울산에서부터 남해안의 순천까지 바닷가를 연결해 쌓아놓은 20여 개의 왜성에 군대를 주둔시켜 놓았었다. 칠천량해전의 패배로 해상 제해권을 잃은 조선 수군으로서는 경상도 지역의 왜군이 철수하는 걸 막을 방도는 없었다. 하지만 전라도의 바다에는 아직 이순신이 있었다. 칠천량에서 전사한 원균의 뒤를 이어 다시 삼도수군통제사에 오른 이순신은 명량해협에서 적을 대파한 후 전라도 일대의 제해권은 다시 되찾았다. 명량대첩은 백의종군하던 중에 통제사에 오른 이순신이 간신히 남은 수군을 수습하여 치른 해전이었다. 이때 거둔 대승을 토대로 이순신은 남해안 일대의 고을과 섬을 돌아다니며 수군 재건에 박차를 가했다. 어느 정도 진용이 갖추어지자, 이순신은 고하도(보화도라고도 불렀다)에 있던 통제영 진영을 완도 우측에 위치한 고금도로 옮겼다. 이때가 1598년 2월 18일↓이었다.

우선 고하도는 너무 서쪽으로 치우쳐 있었다.

지금은 육지와 연결되어 있지만 원래는 목포 바로 턱밑에 있던 작은 섬이었다. 그러다 보니 목포에서 여수에 이르는 전라도 남해안의 다도해 지역을 관할하기가 쉽지 않았다. 혹시 고하도라는 지명이 생소하신 독자들은 아마 목포해상 케이블카를 떠올리면 보다 쉽게 그 위치를 짐작할 수 있을지도 모르겠다. 목포 출신의 모 전직 국회의원

이 늘 자랑해마지 않는 해상케이블카의 바다 구간이 바로 목포의 유달산과 고하도 사이를 운행한다. 따지고 보면 이 케이블카는 이순신의 유적지에서 이순신의 유적지로 연결된 셈이다. 유달산이 이순신과 무슨 연관이 있을까 싶겠지만, 유달산은 노적봉과 강강술래의 이야기가 전해지는 곳이다.

강강술래는 다들 익숙하겠지만, 노적봉 이야기는 잘 모르는 사람들이 많다.

먼저 우리 전통 민속놀이인 강강술래는 한자로 표현하면 '강강수월래(強羌水越來)'이다. '강한 오랑캐가 물을 넘어 쳐들어온다'는 뜻이 된다. 강강술래가 언제 어디서 시작되었는지는 정확하지 않다. 여럿이 손을 맞잡고 둥그런 원을 만들어 도는 단순한 군무 형태이다 보니 인류가 집단을 이루고 산 이후부터는 어떤 계기로든지 시작될 수 있는 놀이이고, 진도와 해남 등 강강술래를 민속놀이로 보존하는 지역도 여러 곳이다. 다만 이 민속놀이가 주로 전라남도 해안가 마을에서 성행

20

하고 있고, '강강수월래'라는 이름이 함께 쓰이는 걸로 보아 적어도 오랑캐가 물을 건너 쳐들어왔을 때 그들을 무찌르기 위해 어떤 식으로든 써먹었던 것으로는 추측할 수 있다. 이와 관련해 현재 전하는 가장 설득력 있고 광범위하게 퍼진 이야기가 일본의 강한 수군을 상대해야 했던 이순신의 전술이라는 것이다. 그리고 적은 군사로 일본의 대군을 상대해야 했던 이순신이 마을의 아낙들을 모아 군복을 입힌 채 노적봉 주위를 돌게 한 것이 그 시작이라고 한다.

물론 이와 비슷한 이야기는 다른 지역에도 몇 가지 버전이 더 있다.

어쩌면 원균이 이끌던 조선 수군이 칠천량해전으로 거의 궤멸된 후 백의종군하던 이순신이 다시 통제사가 된 이후에 치러진 모든 전투에서 이 전술이 활용되었을지도 모른다. 13척으로 적선 133척을 물리친 명량대첩에서 알 수 있듯이, 당시 조선 수군은 싸울 때마다 군사나 전선의 수에서 절대적 열세에 놓일 수밖에 없었다. 따라서 여러 정황상 강강술래 이야기는 임진왜란 초기가 아니라 정유재란 때 행해진 것으로 짐작할 수 있다. 이 이야기가 전해지는 곳이 목포, 해남, 진도 등 주로 전라 우수영 지역으로, 정유재란이 일어나기 전에는 감히 일본 수군이 넘보지 못했던 지역이기도 했다. 임진왜란 초기 일본은 수군보다는 육군에 집중했었다. 그러나 이순신에게 막혀 바다를 통해 한양이나 평양에 진출한 육군에게 군량과 무기 등을 공급하지 못하는 상황이 발생했다. 그로 인해 전체 전쟁을 그르치고 있다는 걸 알게 된 도요토미 히데요시는 정유재란을 준비하면서 무엇보다도 수군 전력 증강에 심혈을 기울였다. 이처럼 증강된 수군력을 바탕으로 왜군은 경상도의 바다를 통과해 전라도 남해안까지 침략할 수 있었다.

전하는 이야기로는 군사적 열세를 만회하기 위해 이순신은 강강술래 외에도 여러 방법을 동원했다. 예를 들면 영산강에 백토가루를 뿌려 바다로 흘러드는 물줄기가 쌀뜨물로 보이게 하여, 왜군에게 아군의 군세가 상당한 것처럼 위장하기도 했다. 전라 좌수영이 있던 여수 진남관 앞뜰에 석인상(石人像) 1기가 서 있는데, 이 또한 이순신이 왜군의 눈을 속이기 위해 돌로 사람의 형상을 만들어 세운 석조물로 알려져 있다. 원래 7기를 만들어 세웠는데 지금은 1기만 남아 있다.

그리고 그중 하나가 유달산 노적봉 이야기다.

노적봉은 유달산 높은 곳에 솟아있는 커다란 바위다. 이순신은 짚으로 이엉을 엮어 이 바위를 덮었다. 멀리 바다 위에서 바라보는 왜군에게 마치 엄청난 군량미를 쌓아놓은 것처럼 보이게 하기 위해서였다. 그래서 바위는 노적봉(露積峯)이라는 이름을 얻게 되었다. 노적봉 이야기도 다른 버전이 존재한다. 대표적인 게 득량도(得粮島)라는 이름의 유래이다. 사람들에게 많이 알려진 이름인 득량만은 전남 보성과 고흥 사이에 있는 바다다. 그 이름은 만의 초입에 있는 섬 득량도 때문에 붙여졌다. 섬이 득량도로 불리게 된 유래는 두 가지 설이 존재한다. 하나는 "임진왜란 때 이순신이 이곳에서 식량을 구했다"는 설이고, 다른 하나는 "이순신이 풀을 엮어 산꼭대기에 마름처럼 쌓아두고 군량미처럼 보이게 해 왜군을 속였다"는 설이다. '양식을 얻었다'는 한자풀이에 비추어 보면 첫 번째 설이 그럴 듯해 보이지만, 실상 득량도가 그다지 큰 섬이 아니어서 농토가 많지 않고, 가운데에 옛 성의 흔적이 남아 있

마치 성벽처럼 보이는 천생산

는 비교적 큰 산이 우뚝 솟아 있는 섬이다 보니 두 번째 설도 꽤 설득력이 있어 보인다. 노적봉의 다른 버전일 가능성이 큰 셈이다.

　　당시 조선의 군사력이 왜군보다 열세였기에, 이런 종류의 이야기가 생길 수밖에 없었을지도 모른다. 육지에서도 비슷한 이야기가 존재했다. 다만 차이가 있다면, 육지 전투에서는 그 주인공으로 말이 등장한다. 그리고 속임의 목적이 군량미가 아니라 물이다. 이는 산성 전투의 특성 때문이다. 산성에 웅거하고 있는 군대에 가장 중요한 것은 군량미와 물이다. 이 중 군량미는 주로 외부에서 가져와 비축해 놓고 사용하기에 상대방은 그 비축량을 짐작할 수 없다. 하지만 물은 산 자체에서 나오는 자연수에 의지해야 한다. 인간은 물이 없으면 버틸 수 없다. 아무리 쌀이 풍족해도 소용없다. 더구나 들판에 홀로 우뚝 솟아 변변한 계곡 하나 없는 산이 품고 있는 물은 한정적이다. 그러다 보니 산성을 포위하여 고사 작전을 펴는 군대는 성내의 물이 떨어지길 기다리면 승산이 있다고 여겼다. 마찬가지로 성내에서 농성하는 입장에서는 외부의 적들에게 성내에 물이 풍부한 척 속여야 했다. 임진왜란 때도 그랬다. 그 첫 번째가 의병장 곽재우와 관련된 미덕암(米德岩) 이야기다. 경북 구미에 가면 천생산이 있다. 이 산은 멀리서 보면 두 개의 커다란 성벽처럼 보인다. 자연 바위로 이루어진 이곳은 실제로 임진왜란 당시 산성으로 사용되었다. 왜군

미덕암

멀리서 본 미덕암

독산성

이 이곳을 포위해 공격해 오자, 곽재우는 산 아래에서 잘 보이도록 돌
출된 커다란 바위에서 말 등에 흰 쌀을 부어 말을 목욕시키는 것처럼
꾸몄다. 성안에 물이 풍부한 것처럼 보이게 하기 위해서였다. 이를 본
왜군은 후퇴했다. 왜군을 물리친 게 물처럼 보인 '쌀의 덕'이라고 하여
이 바위를 미덕암이라고 불렀다는 이야기다.

  그리고 또 하나 유명한 전투가 있으니, 바로 독산성 전투이다.

  독산성(독성산성으로도 불린다)은 지금의 경기도 오산에 있는 산성이
다. 선조가 평양마저 빼앗기고 의주로 피란 가자, 당시 전라도 관찰사
였던 권율은 근왕병을 이끌고 독산성에 진을 쳤다. 이 소식을 들은 왜
군이 성을 공격했다. 쉽게 공략하지 못하던 왜군은 마침내 산성을 포
위하고 고사 작전을 펼쳤다. 그리 크지 않은 산이니 성내에 물이 부족

할 거란 계산에서였다. 그러자 권율은 산의 중앙, 가장 높은 곳에서 말 등에 흰 쌀을 부어 말을 목욕시키는 것처럼 꾸몄다. 결과는 미덕암 이야기와 동일했다. 이후 '말을 씻긴 곳'이라는 의미로 그 자리를 세마대(洗馬臺)라 불렀다. 물론 이런 이야기만으로 왜군을 물리쳤겠는가. 권율은 성을 굳건히 지키면서도 수시로 적을 기습해 타격을 입혔다. 이때의 승리가 1592년 12월이었다. 많이 알려진 전투는 아니지만, 독산

독산성 세마대

성 전투의 승리는 이듬해 1월과 2월로 이어지는 평양성 전투와 행주대첩 승리의 서막을 연 전투였다.

케이블카 이야기를 하다 보니 이야기가 옆길로 잠시 새었다.

여하튼 고하도에 머물던 이순신은 적의 수군을 보다 잘 감시할 수 있고, 여차하면 즉시 공격할 수 있는 곳이 필요했다. 그래서 선택한 곳이 고금도였다. 무엇보다 고금도는 꽤 큰 섬이었기에 자체적으로 식량을 생산해 군량미를 해결할 수 있었다. 당시에는 삶의 터전을 빼앗긴 백성들이 이순신이 있는 곳으로 모여들었기에 그들을 수용하고 먹일 곳도 필요했다. 고금도는 섬에서 나는 식량만으로도 완도 전체를 먹

순천 왜성 입구

여 살릴 수 있다는 말이 있을 정도로 농토가 넓었기에 이 모든 게 가능했다. 물론 가장 중요한 것은 언제든 순천에 주둔 중인 왜군을 감시하고, 필요할 때 공격할 수 있는 거리에 있어야 했다. 이순신은 고금도에 머물며 임진왜란 7년 전쟁의 마지막 전투를 준비했다.

결과적으로 고금도는 이순신의 마지막 통제영이 되었다.

고니시 유키나가 부대가 철수 움직임을 보이자, 고금도에 머물고 있던 이순신은 순천 앞바다에 있는 묘도(猫島)와 장도(獐島)로 나아가 진을 쳤다. 묘도는 후방의 조금 큰 섬이고, 장도는 순천 왜성 바로 코앞에 자리 잡은 섬이었다. 이 두 섬을 오가며 이순신은 왜성에 있는 고니시 유키나가의 해로를 막고 있었다. 진린의 명나라 수군도 이순신과

순천 왜성 정상

함께했다. 진린의 함대가 묘도에
진을 치고 있었다는 흔적은 지금도
남아 있다. 묘도(지금의 여수시 묘도
동)에 가면 '도독마을'이 있다. 정유
재란 당시 진린이 묘도에 와 27일
간 진을 설치한 데서 유래한 지명
도독마을에서 바라본 이순신대교
이다. 묘도는 근래에 여수 쪽(묘도대교)과 광양 쪽(이순신대교)으로 모두
다리가 개통되어 지금은 육지나 다름없다.

　장도 또한 바다가 매립되어 율촌산업단지가 들어섰지만, 당시까지
만 해도 순천부에 속했던 작은 섬이었다. 순천 왜성은 바다가 육지로
푹 들어온 만의 맨 안쪽에 있었고, 장도가 바다 한가운데에서 그 입구

순천 왜성에서 바라본 장도

를 막고 있었다. 그러니 1만 5천여 명의 왜군이 배를 타고 철수하려면 반드시 장도 옆을 지나가야 했다. 이순신은 단 한 놈의 왜군도 살아서 돌아가지 못하게 하겠다는 의지로 그곳을 틀어쥐고 있었다.

적들은 구석에 갇힌 생쥐마냥 필사적으로 탈출을 시도할 것이다.

그러나 이순신의 의지는 확고했다. 몇 년 전 왜군의 대대적인 살육으로 6만여 명의 생목숨이 진주성에서 죽임을 당했을 때 도요토미 히데요시는 진주성에 대한 직접 공격을 지시하며 "한 사람도 남기지 말고 모조리 죽이라"는 명령을 가토 기요마사에게 내렸었다. 이제 그 목숨값을 그대로 되돌려줄 차례였다. 같은 하늘 아래에서 도저히 용서할 수 없는 놈들과의 마지막 승부는 그렇게 시작되었다.

이 섬이 그 장도냐?

장도의 이순신 동상

역사 공부를 하면서 '장도'라는 섬이 내 기억 속에 들어온 건 세 번이었
다. 그중 한 군데는 완도군에 속하는 장도(將島)이고, 두 군데는 순천과
연관이 있는 장도(獐島)였다. 완도군의 장도는 저 유명한 해상왕 장보고
의 청해진 유적지가 있는 곳으로, 장군도라고도 불린다. 하지만 이 글은
순천의 장도에 관한 것이니 장보고는 잠시 잊도록 하자. 순천의 두 군데
중 하나는 앞서 언급했듯 이순신이 고니시 유키나가의 철수를 막기 위해
순천 왜성 앞 바다에 진을 친 섬이고, 다른 하나는 우리나라에 온 최초의
코끼리가 유배 아닌 유배를 당했던 섬이다.

이번 이야기의 주인공은 바로 그 코끼리다.

우리나라에 코끼리가 처음 등장한 건 조선 태종 때인 1411년이었다. 그때 일본 왕이 우리나라에는 일찍이 없었던 코끼리를 바쳤다. 태종은 이를 사복시(궁중의 가마나 말에 관한 일을 맡아보던 관청)에서 기르게 하였다. 그런데 문제가 생겼다. 다름 아닌 코끼리의 왕성한 먹성이었다. 날마다 콩 4~5두씩을 먹어치웠다. 그러다 보니 일 년에 들어가는 콩이 수백 석이었다. 더구나 이듬해인 1412년에는 공조전서까지 지냈던 이우가 코끼리에 밟혀 죽는 일이 발생했다. 『태종실록』에 따르면 '이우가 기이한 짐승이라 하여 가보고, 그 꼴이 추함을 비웃고 침을 뱉었는데, 코끼리가 노하여 밟아 죽였다'는 것이다. 그러자 조정에서는 1413년 11월에 코끼리를 전라도 지역의 해도로 보냈다. 식량만 축내고 나라에는 이익도 없을뿐더러 사람을 죽이기까지 한 죄에 대한 일종의 유배인 셈이었다. 코끼리가 유배된 해도가 어디인지는 약 6개월 뒤 다른 실록 기사에 등장한다. 1414년 5월 3일자 실록에 코끼리에 대한 전라도 관찰사의 보고가 실렸다. 그 내용인즉 '길들인 코끼리를 순천부 장도에 방목하는데, 수초를 먹지 않아 날로 수척해지고, 사람을 보면 눈물을 흘린다'는 것이다. 이를 불쌍히 여긴 태종은 코끼리를 육지로 보내 처음과 같이 기르도록 했다.

이후 코끼리가 어디서 어떻게 사는지 기록에 나타나지 않다가 6년이 지난 1420년 실록에 다시 등장한다. 이때는 이미 세종이 왕위를 계승한 뒤였다. 당시 전라도 관찰사가 "지금 도내 네 곳의 변방 지방관에게 명하여 돌려가면서 먹여 기르라 하였으나, 폐해가 적지 않고 도내 백성들만 괴로움을 받게 되니, 청컨대 충청도와 경상도까지 아울러 명하여 돌아가면서 기르도록" 해달라는 것으로 보아, 그때까지 전라도에서 관리 책임을 맡아 기르고 있었던 것으로 보인다. 전라도 관찰사의 청이 받아들여져, 이때부터는 삼도(전라·충청·경상)가 돌아가면서 맡아 길렀다. 그러나 이도 오래 가지 못한 듯했다. 이듬해 충청도 공주에서 코끼리를 기르던 종이 코끼리에 채여 죽자, 관찰사는 "바다 섬 가운데 있는 목장에 내놓아 기르길" 청했고, 세종은 "물과 풀이 좋은 곳을 가려서 이를 내어놓고, 병들어 죽지 말게 하라"고 명했다. 이후 실록에는 이 코끼리에 대한 기사가 더 이상 나오지 않는다. 다시 장도로 돌아갔는지, 아니면 더 머나먼 섬으로 보내졌는지 알 수 없다. 다만 『선조실록』에 따르면 태종 때 일본으로부터 받은 코끼리가 2마리라는 기록이 나오는 걸 보니, 어디에 가서든 외롭지 않았길 바랄 뿐이다.

그런데 실록 기사만으로는 코끼리가 유배 갔던 장도가 정확히 어디에 있는 섬인지 알 수 없었다. '순천부 장도(獐島)'라고 했으니 순천 근처에 있는 남해안의 섬일 것이다. 처음에 나는 이순신이 진을 쳤던 그 장도라고

상진항 _장도를 오가는 배 '장도사랑'이 정박해있다.

여겼다. 한자 표기도 동일했다. 그러나 확증할 만한 기록도 없고, 장도 현지에 가도 코끼리와 관련된 설명이 없었다. 더구나 지도를 찾아보면 그 인근에만도 장도라는 섬이 네 곳이나 되었다. 순천 왜성 앞에 하나, 여수 시청 앞에 하나, 노량해전이 벌어진 격전지인 하동 노량항 앞에 하나, 그리고 순천만 서쪽에 하나 있었다. 이 중 노량항 앞에 있는 섬 장도(長島)는 실록에 나온 한자와 다르니 쉽게 제외할 수 있다. 그렇다면 남은 셋 중 어디일까?

아쉽게도 내 바람처럼 순천 왜성 앞의 장도는 아니었다.

우리나라 최초의 코끼리가 유배된 곳은 바로 순천만에 있는 장도였다. 장도라는 이름이 붙은 건 대개 섬 모양이 노루처럼 생겼기 때문이다. 지금은 행정구역상으로 보성군 벌교읍에 속한다. 벌교의 상진항에서 배를 타고 들어갈 수 있다. 이 섬에 딸린 목섬이라 불리는 작은 섬이 바로 그 유배지였다. 참고로 꼬막 하면 벌교 꼬막을 모르는 사람은 별로 없을 것이다. 우리가 좋아하는 벌교 꼬막 대부분은 이곳 장도의 갯벌에서 나온다.

백제금동대향로의 코끼리 문양

마지막으로 하나만 더 알아보고 지나가자.

내가 아는 한, 기록상으로 살아있는 코끼리가 우리나라에 온 건 말씀드린 것처럼 1411년이다. 그러나 우리나라에 코끼리의 존재가 알려진 건 그보다 한참 전이었다. 1993년에 부여 능산리 고분군에서 백제 시대 최고 걸작이 출토되었다. 바로 백제금동대향로이다. 이 아름다운 향로에

코끼리 문양이 새겨진 바둑판

조각된 여러 동물상 중에 코끼리도 있었다. 따라서 코끼리가 백제에 들어왔는지는 알 수 없지만, 이 향로를 만든 사람은 분명 코끼리의 존재를 알고 있었다. 또한 의자왕이 일본에 선물했다고 알려진 바둑판에도 코끼리 문양이 새겨져 있는 걸로 보아, 적어도 백제에서는 코끼리의 존재가 널리 알려졌던 것으로 추측할 수 있다.

다행히 진린은 이순신의 말에 설득되었다.

그러나 11월 14일에 이미 왜군의 배 한 척을 사천으로 빠져나가게 한 후였다. 장도에서 이순신이 바다를 봉쇄하고 있는 상황에서는 도저히 탈출할 수 없다고 생각한 고니시 유키나가는 사천과 부산의 왜군에게 구원병을 요청할 수밖에 없었다. 이때의 일에 대해 『선조실록』은 이렇게 기록하고 있다. 퇴로가 막힌 고니시 유키나가가 육지의 유정에게는 수급 2천을, 바다의 진린에게는 수급 1천을 보내줄 테니 자기를 돌아가게 해달라고 했다. 그러자 진린은 "나에게도 수급 2천을 주면 보내줄 수 있다"고 했다. 고니시 유키나가는 날마다 진린에게 예물을 보내고 술과 안주, 창검 등의 선물을 보내면서 "남해에 사위가 있는데 그와 만나 의논해야 하므로 사람을 보내어 불러오려고 하니 이곳의 배를 내보내달라"고 요청했다. 이순신이 "속임수의 말을 믿어서는 안 된다. 사위를 불러온다는 것은 구원병을 청하려는 것이니 결코 허락할 수 없는 일"이라며 반대했으나, 진린은 듣지 않았다.

그 일이 있고 4일이 지났을 때 이순신은 진린을 찾아갔다.

그 자리에서 이순신은 "나간 지 벌써 4일이 되었으니 내일쯤은 필히 많은 군사가 도착할 것이다. 우리 군사가 먼저 나아가 맞이해 싸우면 아마도 성공할 것"이라며 출전을 청했다. 그러나 진린은 이 또한 허락하지 않았다. 이순신은 눈물까지 흘리며 거듭 요청했다. 한시가 급한 마당에 한 개인의 자존심이 국가의 자존심보다 우선일 수 없었다. 현실적으로도 진린 함대의 도움 없이는 너무 힘든 싸움이었다. 이순신의 진심에 결국 진린도 허락하지 않을 수 없었다.

　진린이 고니시 유키나가의 뇌물에 조금 흔들리긴 했지만, 그래도 명나라 수군이 이순신 함대와 함께 전투에 출전할 수 있게 된 건 큰 다행이었다. 사실 강화 협상을 일방적으로 깨뜨린 왜군에게 칠천량해전에서 조선 수군이 대패하자, 급한 건 오히려 명나라였다. 애초에 임진년에 일어난 이 전쟁은 왜군이 명나라로 갈 길을 조선에 열어달라는 '가도입명(假道入明)'의 명분으로 시작되었다. 그러나 이순신이 이끄는 조선 수군이 남해안에서 일본 수군의 바닷길을 막음으로써 명나라가 안전할 수 있었다. 하지만 칠천량의 패배로 바닷길이 열렸을 때 명나라로서는 가슴이 철렁했다. 이미 수군 파병을 결정하고도 미적거리고 있던 명나라는 그제야 부랴부랴 수군을 보냈다. 그러나 이때 온 수군은 그 수도 얼마 안 되었지만 결정적으로 바다가 아닌 육지에서 활동했다. 그러던 차에 이순신이 명량대첩에서 승리하자 누구보다 기뻐한 것 또한 명나라였다. 진도의 울돌목에서 막지 못했다면 왜군은 바다를 건너 중국 본토로 바로 쳐들어갈 수도 있었다. 일본에서 중국으로 가는 바닷길은 오래전부터 왜구들이 수도 없이 다니던 길이었다. 그동안 한낱 왜구의 노략질도 어쩌지 못하는 명나라였다. 더구나 당시는 조선에 군사를 파병했을 뿐 아니라, 여진족 등 중국 북부 이민족의 움직임도 심상치 않은 시대였다. 그러니 남쪽으로 일본 수군이 쳐들어온다면 혼자 감당할 자신이 없었다. 그러한 고민을 이순신이 해결해준 셈이었다. 명량대첩에서 승리하자 명나라 경리 양호가 이순신에게 은과 비단을 상으로 내린 것도 다 그런 사정이 있기 때문이었다. 그리고 명나라 조정은 수군을 추가로 파병하였다.

실질적인 명나라 수군이 조선에 온 건 이때 진린이 거느린 군대였다. 진린은 일반 병사에서 총병의 자리까지 오른 입지전적 인물이었으니 분명 그럴만한 능력이 있었을 것이다. 더구나 광동성 수군 부총병 시절 왜구들과 전투를 했던 경험도 있었다. 1598년 6월 한양에 도착한 진린의 수군은 한양에 잠시 머물다 남하하여 1598년 7월 16일에 고금도의 통제영에 합류했다. 조명 연합 수군이 한자리에 모인 건 사실상 이때가 처음이었다. 그리고 4개월여가 흘렀다.

마침내 11월 18일이 되었다.

이순신은 지나간 7년을 떠올렸다. 전쟁이 일어날 거라는 소문이 떠돌던 엄중한 시기에 여러 사람의 추천으로 전라 좌수사가 된 게 1591년 2월이었다. 이순신은 혹시라도 일어날지 모르는 전쟁에 대비하기 위해 누구보다도 열심히 준비하였다. 그리고 나서 1년 2개월이 지난 1592년 4월, 결국 전쟁은 터지고 말았다. 이후부터는 모든 게 전쟁의 시간이었다. 삶에 대한 희망은 희미하고 죽음은 늘 주위에 달라붙어 있었다. 그사이 아까운 목숨들이 속절없이 떠났다. 칠천량의 그 검은 바다만 생각하면 지금도 분이 삭지 않는다. 그리고 어머니도 끝내 세상을 등지고 말았다. 백의종군의 길을 떠날 때였다. 임금이 자신을 죽이려 할 때도 아깝지 않던 목숨이었지만, 어머니의 죽음 앞에서는 세상이, 그리고 자신의 그 질긴 목숨이 원망스러웠다. 이순신은 죄수가 되어 어머니의 마지막 기억 속에 남고 말았다. 그것만한 불효가 어디 있겠는가. 나라를 구한들 어머니의 기억이 바뀌겠는가. 그래도 어머니의 장례를 치를 수 있어서 다행이었다. 하지만 곁에 오래 머물지 못하고 죄인의 몸으로 다시 길을 떠나야 했다. 부모 상중에는 있는 벼슬도 내려놓아야 하는 게 마땅한 도리였지만, 당시는 참혹한 전시 상황이었다. 조선 반도 어느 집인들 상중 아닌 집이 있겠는가. 남쪽에는 여전히 죽지도 살지도 못하는 더 많은 목숨들이 거리를 헤매고 있었다. 그러니 반드시 왜군을 이 땅에서 몰아내야 했다.

그 무렵 적들은 수군 병력을 대대적으로 강화해 다시 쳐들어왔다.

이는 실상 자신에 대한 복수임을 이순신도 알고 있었다. 적들은 이순신만 없다면 전쟁을 금방 승리할 수 있다고 판단했다. 이순신이 백의종군을 하게 된 것도 적들의 이간계에 빠진 임금 때문이 아니었던가. 적들의 계략은 성공한 듯 보였다. 이순신이 없는 틈을 타, 이제껏 한 번도 진출하지 못했던 전라도의 바다까지 침범하였다. 이순신으로서도 더 이상 물러설 수 없었다. '필사즉생 필생즉사(必死卽生 必生卽死)'의 마음으로 해남과 진도 사이의 바다, 울돌목 한가운데에 섰다. 명량대첩은 예상치 못한 대승이었다. 죽기로 마음먹으니 죽음조차도 감히 쉽게 덤비지 못했다. 그러나 승리의 기쁨도 잠시, 이순신은 청천벽력 같은 소식을 들었다. 막내아들 이면이 죽었다. 남원성을 분탕질한 적들은 전주, 공주를 거쳐 삽시간에 아산까지 치고 올라갔다. 아산은 이순신의 집이 있는 곳이었다. 적들은 마치 이순신에 대한 복수를 하듯 아산 구석구석을 헤집고 다녔다. 집에 있던 이면은 이 소식을 듣고 결연히 맞섰으나, 장렬하게 전사하고 말았다.

현재 이면의 무덤은 현충사 경내 우측 가장 안쪽에 자리 잡고 있다. 『난중일기』에 이순신은 아들의 부고 편지를 받은 순간의 침통한 심정을 적어두었다. 이순신에게는 적을 한 놈도 살려서 보내지 말아야 할 이유가 하나 더 늘어난 셈이다.

명량대첩의 승리로부터 또다시 1년 2개월이 지났다.

당시 순천 앞바다는 동북아시아 삼국의 수군 제1진이 다 모인 곳이었다. 고니시 유키나가로부터 구출 요청을 들은 사천, 남해, 고성의 왜군은 연합 함대를 구성해 하동과 남해 사이의 노량수로를 통해 달려오고 있었다. 약 300여 척의 대함대였다. 이 첩보를 들은 이순신과 진린의 연합 함대가 노량수로 쪽으로 이동했다. 1598년 11월 18일 밤 10시경이었다. 조선 수군은 남해의 관음포 앞에 진을 쳤다. 이순신과 조선 수군은 숨죽인 채 적선이 모습을 드러내기만 기다렸다. 검은 바다 위로 마치 윤슬처럼 군사들의 눈빛들이 반짝이고 있었다. 누가 뭐래도 이번이 마지막 전투가 될 것이다. 이순신은 컴컴한 하늘을 올려다보며 기원했다. "이 원수들을 섬멸할 수 있다면 죽어도 아무런 근심이 없겠

관음포 앞바다

나이다."

드디어 조명연합군의 포성이 울렸다.

이를 신호로 피할 수 없는 마지막 전투가 시작되었다. 조명연합군의 화력 앞에 왜선들은 좌충우돌하였다. 이순신 함대는 왜선들의 중앙을 향해 정면으로 치고 들어갔다. 왜적들은 조총을 쏘아대며 저항했다. 이순신의 함대와 진린의 함대는 위기에 빠질 때마다 서로 구해주며 왜적들을 압박했다. 바다 위에는 불에 타고 부서진 배의 파편들이 뒤엉켜 붉은 물결을 이루고 있었다. 결국 왜선의 무리가 관음포 쪽으로 꽁무니를 빼고 도망쳤다. 조선 수군이 뒤를 추격했다. 그러나 적들이 도망쳐 들어간 관음포 안쪽은 육지로 막혀 있었다. 적들은 저 멀리 푸른 벌판이 바다인 줄 착각하고 그 길로 들어선 것이다. 그곳은 '간힌곡' 혹은 '가청곡(假靑谷)'이라고 부르는 곳이었다. 그렇게 부르는 데에는 전하는 설화가 있다.

간단히 이야기하면 이렇다.

임진왜란이 일어나기 전에 도요토미 히데요시는 조선에 밀정을 보내 조선 땅의 지도를 그려오게 했다. 승려로 위장한 밀정이 안동 지역을 지날 때 이를 수상히 여긴 안동 사람 류서방은 일부러 벙어리 행세를 하며 그의 짐꾼으로 취직했다. 둘은 남해안을 돌고 돌아 마지막으로 관음포 앞까지 왔다. 그날 밤 목적을 달성한 밀정이 술에 취해 잠들었을 때 류서방은 지도를 꺼내 고쳐 그렸다. 즉 관음포 안쪽 육지를 바다처럼 그린 것이다. 결국 노량해전에서 관음포로 도망친 적장은 그 지도를 보고 그곳이 바닷길인 줄 알고 만 깊숙이 들어와 갇힌 것이다.

이 간힌곡 이야기도 다른 버전들이 있었다.

기본 틀은 동일했다. 밀정이 승려로 변장하고, 그가 잠입한 곳이 안동인데 반해 지도가 수정된 지역은 남해 간힌곡이며, 그 해결사로 등장하는 히어로가 류씨라는 점이다. 독자들도 안동의 류씨라면 떠오르는 인물이 있을 것이다. 바로 그렇다. 안동은 임진왜란 당시 영의정으로 전쟁을 진두지휘했던 류성룡의 고향이다. 그래서 이런 의구심이 드는 것도 사실이다. 어쩌면 이 설화는 누군가 류성룡과 이순신을 연결시키기 위해 만들어낸 것이 아닐까? 물론 그 진실은 알 수 없다.

부용대에서 내려다본 하회마을

그럼 다른 버전 하나만 더 살펴보자.

이 버전의 해결사는 바로 류성룡의 형인 류운룡이다. 동생인 류성
룡에 가려 많이 알려진 인물은 아니지만, 지금도 하회마을을 찾는 사
람들은 그가 머물던 겸암정사를 찾곤 한다. 하회마을을 감싸고 흐르
는 물 건너 절벽이 부용대인데, 이 부용대 좌우로 각각 아담한 정사가
하나씩 있다. 하회마을에서 봤을 때 오른편이 류성룡의 옥연정사이고,
왼편이 류운룡의 겸암정사이다. 개인적으로는 사람들이 안동에 갈 때
하회마을 안쪽보다는 이 두 정사와 부용대에 오르기를 권하는 편이
다. 옥연정사는 류성룡이 말년에 은퇴해 머물며 저 유명한『징비록』을
저술한 곳이고, 하회마을이 가장 아름다운 풍경을 드러낼 때는 부용

대에서 내려다볼 때였다.

  각설하고, 앞날을 내다볼 줄 아는 류운룡이 어느 날 점을 쳐보니, 3일 후에 일본의 밀정이 승려로 가장해 자기 집에 온다는 점괘가 나왔다. 역시나 3일 후에 승려 한 사람이 집으로 찾아왔다. 류운룡은 승려를 극진히 대접하는 척하며 술을 많이 먹여 취하게 했다. 결국 승려는 술에 취해 곯아 떨어졌다. 이 틈을 타서 류운룡이 승려의 바랑을 뒤져보니 자세하게 그려진 조선 지도가 나왔다. 류운룡은 지도를 꺼내어 남해 관음포 안쪽의 좁은 육지를 푸른색으로 칠하여 바다로 보이게 한 후 지도를 다시 바랑 속에 넣었다. 이후 이야기는 동일하다. 이 버전을 보면 앞을 내다볼 줄 아는 류운룡이 노량해전이 일어날 줄 미리 알고 관음포 지역의 지도를 수정한 것처럼 읽힌다. 그리고 야사에는 이때 밀정이 안동에 온 이유가 밝혀지는데, 바로 류성룡을 죽이기 위해서였다. 장차 전쟁이 일어났을 때를 대비해 영의정으로 활약할 류성룡을 미리 제거하기 위해서였다.

기생 월이와 속싯개

이순신이 2차 출정 후 치렀던 전투 중 하나인 당항포해전에서도 갇힌곡 이야기와 비슷한 설화가 전해진다. 일명 '속싯개' 이야기다. 다만 주인공이 류서방이 아니라 기생 월이로 바뀌었다. 내용은 이렇다.

임진왜란이 일어나기 일 년 전 어느 날, 월이가 있는 경남 고성 읍내의 주막집에 수상한 승려가 찾아왔다. 고성 일대의 해로와 육로에 대한 염탐을 끝낸 그는 주막에 와서 그간의 피로를 풀고 있었다. 월이는 그가 승려로 위장한 일본의 첩자임을 눈치챘다. 월이는 어릴 적 부모님이 왜구에게 무참히 살해당한 아픈 기억이 있었다. 월이는 그에게 일부러 술을 계속 마시게 해서 곯아떨어지게 했다. 그런 후 그의 바랑을 뒤지니 아니나 다를까 지도가 나왔다. 월이는 조심스레 지도를 위조했다. 경남 고성군의 당항만에서 고성만까지 새로 바닷길을 그려 넣었다. 현재 대전 통영 간 고속도로를 타고 통영에서 북쪽으로 올라오다 보면 고성IC 우측 바다가 당항만이고, 좌측으로 고성 읍내를 지나면 고성만이다. 당항만이 육지 안쪽으로 깊숙이 들어와 있기에 직선거리로는 그리 멀지 않다.

다음 날 첩자는 지도를 가지고 돌아갔다.

그리고 당항포해전 당일, 당항포에 왜선이 정박해 있다는 첩보를 접한 이순신이 출정했고, 이순신 함대에 쫓기던 왜선들은 그 지도를 보고 당항만으로 깊숙이 들어와 고성만으로 빠져 나가려고 했다. 이후의 이야기는 굳이 말하지 않아도 알 것이다. 여기서 연유해 '속았다'는 의미의 속싯개라는 말이 생겼다. 속싯개는 현재 경남 고성군 마암면 삼락리와 고성군 거류면 거산리 사이의 바다를 일컫는다. '개'는 순우리말로 강이나 내에 바닷물이 드나드는 곳, 즉 갯가를 뜻하므로 속싯개는 '속은 갯가'인 셈이다.

대개 이런 이야기들은 역사로 기록되기보다는 백성들의 입을 통해 전해지기 마련이다. 그러다 보니 서로 다른 버전들이 공존하기도 한다. 그러니 그 사실 여부를 따지기보다는 당시 백성들의 마음속을 살짝 엿보는 경험으로 여겨도 충분할 듯하다. 누구는 쇠스랑을 들고 의병에 참여하고, 누구는 적장을 껴안고 짙은 강물 속으로 뛰어들었듯, 참혹한 난리를 당한 백성들은 어떡하든 이를 극복하려고 자기가 처한 위치에서 저마다 노력했다. 그러한 백성들의 마음들이 모여 이런 설화들을 기억하고 후대에 전하지 않았을까 싶다.

당항포해전 이야기가 나온 김에 하나만 더 정리하고 가자.
이는 백성들을 향한 이순신의 마음을 엿보는 데 도움을 주기 때문이다.
이순신의 승전 역사에서 당항포해전은 여섯 번째 전투였다(참고로 1594년에 제2차 당항포해전이 또 일어난다). 그런데 이 해전부터 이순신의 전술 중 하나가 변화했다. 기존에는 왜선들을 만나면 초토화시키려 노력했다. 그러나 당항포해전에서는 왜선 26척 중 하나를 일부러 파괴하지 않고 남겨두었다. 배를 모조리 침몰시킬 경우 적들이 육지로 올라가 백성들을 침탈하고 살육하기 때문이었다. 이순신의 전술은 주효했다. 물에 빠진 적들은 하나 남은 배에 모두 올라타서 긴 당항만을 빠져나가기에 급급했다. 그러나 지도를 찾아보면 알 수 있지만, 당항만은 그 입구가 아주 좁았다. 이순신은 철수하는 척하면서 그 입구인 좌부천

당항포의 바다 _ 사진 왼쪽에 당항포 관광지가 조성되어 있다.

앞바다에 전선을 매복시켜 놓았다. 결과는 짐작하는 그대로다. 그날 당항만을 빠져나간 왜선은 한 척도 없었다. 이순신의 다른 해전과 마찬가지로 완벽한 승리였다.

푸른 벌판이 바다인 줄 착각하고 도망쳤던 왜군들은 이순신 함대에 의해 갇혔다.

그리고 거의 궤멸되다시피 했다. 당시 좌의정이던 이덕형은 이날의 전투 결과에 대해 선조에게 보고할 때 "왜적의 시체와 부서진 배의 나무판자, 무기 또는 의복 등이 바다를 뒤덮고 떠 있어 물이 흐르지 못하였고 바닷물이 온통 붉었다"라고 적었다. 애초에 적선이 워낙 많았기에 전투는 쉽게 끝나지 않았다. 밤을 꼬박 새고, 아침 해가 떠올랐지만 양측의 공방전은 계속되었다. 조선 수군의 피해도 만만치 않았다. 날이 밝자 휘하 장수 상당수가 보이지 않았다. 병사들 또한 임진왜란이 시작된 이래 가장 많은 사상자가 발생했다. 그럼에도 이순신은 쉬지 않고 활을 쏘고 북을 치며 군사들을 독려했다. 조금만 밀어붙이면 이 전투를 승리로 끝낼 수 있었다. 그 순간 어디선가 쉬익 하는 바람소리가 공기를 갈랐다. 왜적이 쏜 총탄 하나가 이순신의 왼쪽 가슴에 닿았다. 곁에는 큰아들 이회와 조카 이완, 부하 군관 송희립 등이 있었다.

바닥에 쓰러진 이순신은 아우성치는 사람들 사이로 저 멀리 북쪽 하늘을 올려다보았다.

관음포 첨망대

노량해협 너머 파란 하늘 속에 하얀 구름들이 뭉게뭉게 모여 있었다. 저 구름 아래에 어머니가 사시던 아산이 있을까. 저 옛날 당나라 측천무후 시대의 명재상이었던 적인걸의 심정이 이러했을까. 적인걸은 중원 외곽인 병주로 부임해 있을 때 부모가 그리울 때면 태항산에 올라, 산 너머 하늘에 걸린 하얀 구름을 보고는 일행에게 말했다. "저 구름 아래 내 부모님이 있겠지." 그렇게 오랫동안 서 있다가 구름이 걷히면 산을 내려갔다. 망운지정(望雲之情)의 고사는 거기서 유래했다. 자식이 객지에서 부모를 그리는 정을 말한다. 이순신은 한동안 그렇게 먼 구름만 올려다보았다. 어머니는 저 구름 아래 땅속에 계셨다. 어머니가 조금만 더 사셨더라면 얼마나 좋았을까. 이제 전쟁도 끝나 가는데.

이순신은 마지막 숨을 모았다.

그리고 단호하게 말했다. "전방급 신물언아사(戰方急 愼勿言我死)". 즉 "전투가 한창 급하니, 나의 죽음을 알리지 마라." 후대 사람들이 이순신을 떠올릴 때면 가장 먼저 떠올리는 문장이 하필 그의 마지막 말이 되었다. 이회와 이완이 통곡하자 송희립은 울지 못하게 하고 이순신의 갑옷과 투구를 벗겨 자신이 입었다.ᵏ 그리고 그 어느 때보다 더 열심히 전투를 독려했다. 이완도 자리에서 일어나 북을 두드리며 아직 싸우고 있는 병사들에게 힘을 불어넣었다. 관음포의 바다는 여전히 차갑게 불타고 있었다. 1598년 11월 19일 오전이었다.

→ 이때의 일은 정확하지 않은 듯하다. 이순신의 죽음 당시 곁에 누가 있었는지, 누가 이순신의 역할을 대신해 전투를 마무리했는지 등에 대한 기록은 명확하지 않다. 어느 실록 기사에는 송희립이 했던 역할을 손문욱이라는 인물이 했다고도 한다. 그래도 이순신의 말처럼 "전투가 한창 급하고", 총탄이 날아드는 위기의 상황에서도 누군가의 임기응변이 있었던 것만은 분명해 보인다.

첨망대에서 바라본 관음포 바다

어쩌면 관음포는 이순신의 마지막에 어울리는 장소였다.

관음포는 자연스레 관세음보살을 떠올리게 한다. 관음포가 있는 남해군 고현면 지역은 고려 때 팔만대장경이 판각되었던 곳으로 알려져 있다. 불력으로 외적의 침입을 막고자 전체 민중의 힘을 모았던 대역사를 행한 곳이었다. 그때의 그 마음이 노량해전에 임하는 이순신의 마음과 같지 않은가. 또한 세상의 모든 소리를 들어 중생의 고통을 줄여주는 보살인 관세음보살의 다른 이름은 시무외자(施無畏者), 혹은 시

관음포 이순신 공원

무외보살이라고 한다. 곧 두려움을 없애 주는 보살이다. 이순신은 두려움을 용기로 바꾸며 수많은 전투를 승리로 이끌었다. 이순신 그 자체가 두려움을 없애 주는 시무외자였다. 이순신은 자신과 닮은 그곳에서 더 이상 두려움 따윈 없는 곳으로 돌아갔다. 그곳은 어머니가 먼저 가 계신 곳, 막내아들이 기다리고 있는 곳이었다.

임진왜란 최대의 격전은 그렇게 막을 내렸다.

돌아간 왜선은 겨우 50여 척 정도였다. 더불어 이순신의 전쟁도 끝이 났다. 지난밤 검은 바다 위를 자유롭게 날아다니던 하얀 윤슬은 밤새 빨갛게 물들었다. 이순신도 빨간 옷으로 갈아입고 떠났다. 혹자는 그 빛이 달로부터 왔다고 믿고 있으나 사실 더 먼 곳으로부터 온 빛이었다. 스스로 빛을 내는 존재, 태양이 그 빛의 주인임을 알 만한 사람은 알고 있었다. 우리 역사에 스스로 빛을 냈던 몇 안 되는 인물 중 하나인 이순신, 노량해전으로 그는 불패의 장수에서 불멸의 성웅이 되었다. 불멸의 이순신은 그곳 관음포 바다에서 영원히 반짝이는 윤슬이 되었다.

현재 관음포 지역은 온통 이순신의 흔적으로 채워져 있다.

남해군에서는 이곳에 이순신 순국공원을 조성했다. 이순신의 마지막 숨결이 머물고 있는 곳이니, 그 상징성만으로도 충분히 찾아가볼

만한 공원이다. 순국공원에서 이
순신의 일생을 마주한 후 그 옆 숲
길을 걸어 첨망대에 올라 관음포
앞바다를 바라다보노라면, 자신
도 몰랐던 남다른 감정이 몸 안에
서 움트는 걸 느낄 수 있다. 조금
더 걸음을 옮기면 바닷가에 정갈한
한옥으로 지은 리더십 체험관을 둘
러볼 수 있다. 바둑을 좋아하는 분

관음포 이락사

들은 익히 아시겠지만, 2020년 10
월에 이곳 누각인 관음루에서 한국
바둑계의 쌍두마차인 신진서와 박
정환의 일명 '슈퍼매치' 7번 승부의
제1국이 이루어졌었다.

이순신의 유해는 관음포의 뭍으
로 모셔졌다.

처음 유해를 모신 자리에는 '이
락사(李落祠)'라는 사당을 세웠으
며, 이순신이 최후를 맞이한 관음
포 앞바다는 '이순신이 순국한 바
다'라는 의미로 '이락파(李落波)'라

대성운해 글씨

묘당도 월송대

묘당도 충무사

불렀다. 이락사에 가면 '대성운해'
라는 현판이 걸려 있다. 혹자는 노
량해전을 함께 치른 명나라 수군
도독 진린이 이순신이 죽었다는 비
보를 듣고 세 번 통곡하며 한 말
중에서 따온 것이라고 하고, 혹자
는 후대의 송시열이 한 말이라고도
한다. 하지만 관음포에 오면 그건
그리 중요하지 않다. '큰 별이 바다
에 떨어져 잠들어 있다'는 것, 그것

마지막 전투 ～～～～～～～～～～～～～～～～

남원 관왕묘

으로 충분하다.

이후 이순신의 유해는 마지막 진영이 있던 고금도의 묘당도 본영으로 옮겨 안장했다.

지금도 묘당도에 가면 유해를 임시로 안장했던 월송대(月松臺)가 소나무의 엄숙한 보호 아래 자리 잡고 있다. 이곳에서 80여 일을 머문 유해는 집이 있는 아산으로 돌아갔다. 기나긴 전쟁을 끝내고 비로소 어머니 품으로 돌아간 것이다.

월송대를 바라보고 있는 곳에는 이순신을 기리는 사당인 충무사가 있다.

이 자리는 원래 진린이 세운 관왕묘가 있던 곳이었다. 관왕묘는 우

여수 충민사 _이순신을 모신 최초의 사당이다.

리에게 익숙한 삼국지의 걸출한 장수인 관우를 모신 사당이다. 임진왜
란 당시 조선에 온 명나라 장수들은 자신들이 머무는 곳에 이렇듯 관
왕묘를 많이 세웠다. 관우의 보살핌을 빌어 전투에서 승리하고자 하
는 기원을 담고 있었다. 당시 격전지였던 곳에는 아직도 관왕묘의 흔
적이 남아 있다. 지금 남아 있는 관왕묘 중 가장 크고 잘 관리되고 있
는 곳 중 하나가 전북 남원의 관왕묘이다. 익히 알 듯이 아무리 관우
일지라도 남원성 전투의 처참한 패배를 막아주진 못했다. 그러나 곳
곳에 관왕묘가 세워짐으로써 임진왜란 이후 조선에서 관우를 신격화
하는 계기가 되었다. 즉 지금도 우리 사회에 뿌리 내리고 있는 관우 신
앙의 본격적인 출발점이 임진왜란이었다.

흔히 할리우드 마블 영화의 작법으로 보자면, 이순신의 외롭지만 영웅적인 싸움의 절정은 명량대첩이다. 모함에 빠졌다가 간신히 목숨을 구하고 백의종군하던 최고 장수의 귀환, 13척 대 133척의 승부(더구나 적들의 배후에는 별도로 200여 척의 본진이 있었다), 두려움에 떨던 부하 장수들이 미적거리며 앞으로 나아가지 않을 때 홀로 적진으로 돌진해 들어가 사력을 다해 싸우는 장면, 끝내 군사들의 두려움을 용기로 바꾸며 승리하는 모습은 영웅의 이미지로 손색이 없다. 만약 전쟁이 그때 끝이 났다면 아마 이순신 영화도 거기서 막을 내렸을 것이다.

하지만 이순신의 마지막 결정적 장면은 아직 끝나지 않았다.

도저히 살려 보낼 수 없는 적들과의 마지막 승부, 그것이 노량해전이었다. 그러나 이순신은 할리우드 마블의 주인공처럼 살아남아 영생하지 못했다. 대신 관음포 바다 위에서 반짝반짝 빛나는 수많은 하얀 나비가 되어, 시간이 거듭될 때마다 후손들의 마음속으로 하늘하늘 날아 들어왔다.

Guide's Pick

삼촌을 닮은 조카

이순신의 마지막 말이라고 전해지는 "나의 죽음을 알리지 마라"를 직접 들은 사람은 당시 주변에 있던 몇몇 인물일 것이다. 그런데 기록에 의하면 그 말이 세상에 전해지게 된 건 조카인 이완에 의해서였다. 그의 말이 승정원일기에 기록되면서 널리 퍼졌다고 한다. 앞서 말했듯이 이완은 노량해전 때 이순신 곁에서 죽음을 지켜보았다.

임진왜란이 끝난 후 이완은 무과에 급제했다.
아마 삼촌인 이순신처럼 무재를 타고났는지도 모른다. 나중에 이완은 인조반정의 여파로 일어난 이괄의 난을 진압한 공로로 공신이 되었으며, 이후 의주부윤이 되었다. 당시는 명과 후금 사이에 군사적 긴장 관계가 극도로 치달을 때이니, 조정에서 그를 의주부윤에 발탁한 것은 그만큼 재능을 인정했기 때문이다. 우리 역사의 여러 전쟁에서 알 수 있듯이 의주는 북방의 이민족이 우리나라를 쳐들어오는 1차 관문이었다. 더구나 당시는 후금의 요동 공격 때 조선으로 도망쳐온 명나라 장수 모문룡이 후금의 배후를 치겠다는 명분으로 평안도 철산 앞바다의 가도(椵島)에 머무르며 조선 조정을 괴롭힐 때였다. 그러다 보니 이완은 후금뿐 아니라 모문룡이 조선 조정과 백성들을 상대로 벌이는 패악질도 상대해야 했다.

결국 이완에게 안타까운 일이 벌어지고 말았다.
후금군이 쳐들어 온 정묘호란이 일어나자, 이완은 의주부윤으로서 격렬히 맞서 싸웠으나 중과부적으로 패하고 말았다. 그러자 이완은 병기고에 불을 지르고 분사했다. 아무리 뛰어난 장수라도 적이 침략하는 첫 관문에서 대부대의 예봉에 맞서 싸우기는 힘들다. 임진왜란 때 동래성을 지켰던 송상현처럼, 이완 또한 너무 빨리 죽음을 맞이했다. 만약 이완이 후방을 지키던 장수였다면, 정묘호란과 병자호란에서 삼촌처럼 활약할 수 있지 않았을까 하는 괜한 아쉬움은 이순신의 후광 때문만은 아닐 것이다.

2
순신의 이름으로

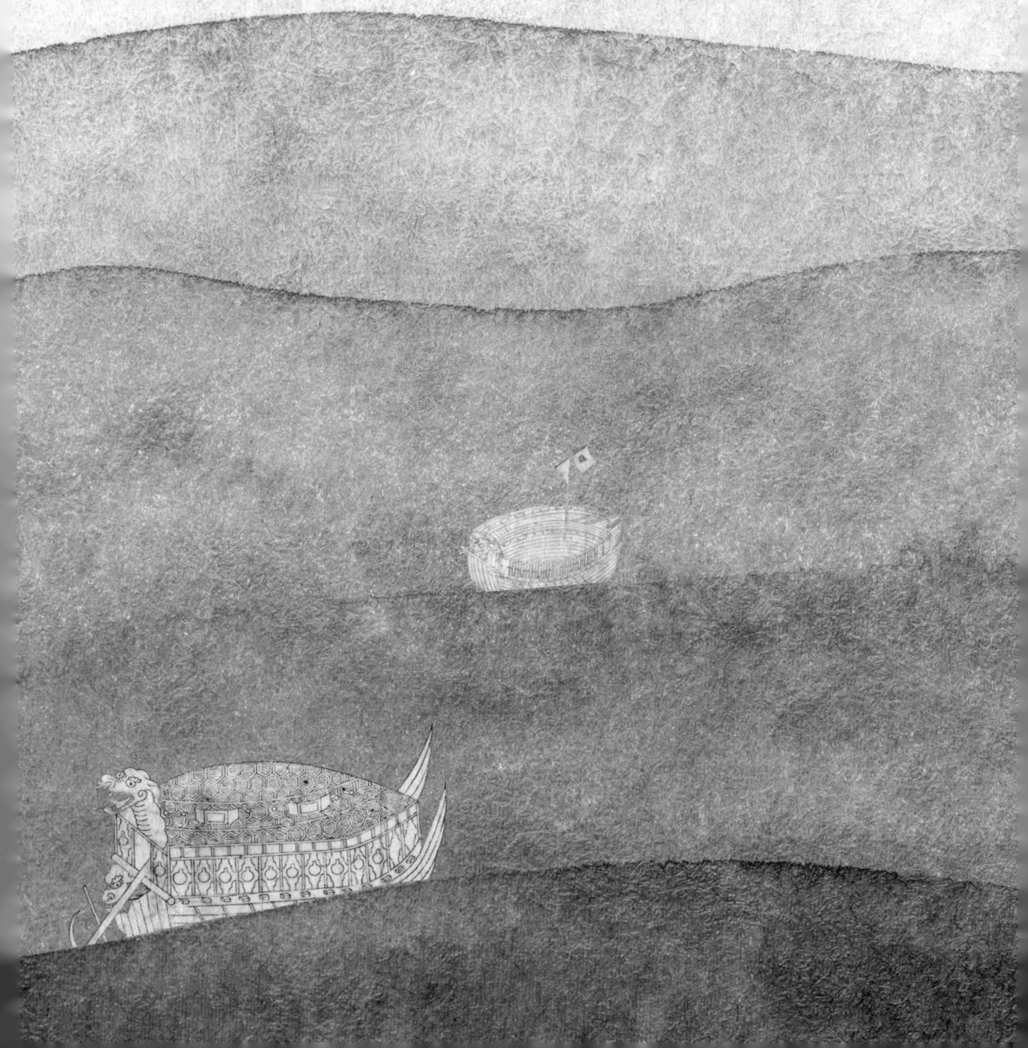

예나 지금이나 자식의 이름을 함부로 짓는 부모는 없다. 가끔 드라마에서나 볼 법한 이름을 가지는 경우도 있지만, 그것 또한 피치 못할 저간의 사정이 있거나 나름대로 의미를 부여한 이름인 경우가 많다. 더구나 조선이라는 유교 시대의 양반 가문이라면 더욱 공을 들였을 뿐만 아니라 이름을 소중히 여겼다. 그래서 다른 이의 본이름은 함부로 부르지도 않았다. 그 흔적이 자(字)나 호(號)이다. 자나 호의 존재 이유 중 하나는 본이름 대신 편하게 부를 수 있는 이름이 필요해서였다. 요즘으로 치면 SNS에서 쓰는 아이디(ID)와 비슷하다. 그런 이유로 인간관계나 문집 등에서는 주로 호를 많이 사용했다. 역사 인물 중에 우리가 다산이나 퇴계, 율곡처럼 이름보다 그 호에 더 익숙한 것도 그 때문이다.

현대사회에서 한때 우리말로 짓는 이름이 유행하기도 했지만, 우리 이름의 대개는 한자에 그 근간을 두고 있다. 지금의 젊은 세대는 좀 덜하지만, 우리 세대만 하더라도 태어나면서 자기 이름 중 한 글자는 이미 정해져 있었다. 가문의 항렬에 따른 돌림자가 그것이다. 그래서 같은 집안사람의 경우 생전 처음 보는 사람인데도 그 돌림자만으로 족보상 서열이나 호칭이 정해지곤 했었다.

이름과 호칭에 대해서는 이 정도만 언급하고, 이 책의 주인공인 이순신의 이야기로 들어가 보자. 이순신의 아버지인 이정(1511~1583)은 초계 변씨(1516~1597)와 혼인하여 4남 1녀를 낳았다. 어머니는 충남 아산이 고향이었다. 이순신 형제에게 돌아온 돌림자는 '신(臣)'이었던 모양이다. 다른 아버지들처럼 이정 또한 자식의 이름으로 며칠간 고민하며 심사숙고했을 것이다. 집안에 다른 어른이 계셨더라면 좋았겠지만, 이정의 아버지는 손자들을 보지 못하고 일찍 돌아가셨다. 그러니 오롯이 혼자 결정해야 했다. 그러다 어느 순간 머릿속으로 퍼뜩 들어온 생각이 고대 중국의 전설상의 임금들이었나 보다. 돌림자로 쓰는 '신'과도 제법 어울려보였다. 그렇게 해서 큰아들은 희신, 둘째는 요신, 셋째는 순신, 넷째는 우신이라 붙였다. '희(羲)'는 팔괘를 처음 만들고, 그물을 발명하여 어업과 사냥술을 알려주었다는 고대 중국의 삼황 중 한 명인 복희에서, '요(堯)'와 '순(舜)'은 많은 사람들에게 '요순시대'로 친숙한 요임금과 순임금에서 이름을 가져왔다. 그리고 '우(禹)'는 순임금의 뒤를 이어 치수 사업을 성공시킴으로써 하 왕조를 연 우임금에서 딴 것이다.

이순신의 이름과 관련하여 백호 윤휴가 적은 『백호전서』에는 이런 내용이 전한다.

17세기 중엽 예송논쟁과 북벌론의 중심에 있었던 인물인 윤휴와 이순신의 집안은 사돈 간이었다. 윤휴의 아버지 윤효전의 첩이 바로 이순신의 서녀였다. 우리가 익히 아는 역사 인물 중에 이처럼 이순신 집안과 인연이 있는 사람이 더러 있었다. 임진왜란으로 시작해 인조반정으로 막을 내린 혼란의 시기였던 선조, 광해군, 인조 대를 거치며 모두 영의정에 올랐던 명재상 이원익도 이순신과 사돈 간이며, 정조 시대 실학자 박제가는 1766년에 이순신의 5대손인 이관상의 딸과 결혼했는데, 그녀 역시 서녀였다. 이런 인연으로 윤휴는 집안에서 전해져오는 이순신에 관한 내용을 자세히 들었고, 이를 토대로 이충무공의 탄생부터 죽음에 이르기까지를 『백호전서』에 「통제사 이충무공의 유사」 편으로 실을 수 있었다.

정이 순신을 낳았는데, 그의 모친 변씨가 분만할 때를 당해서 꿈에 그의 조고(돌아가신 할아버지)인 거가 고하기를,

"아들을 낳을 것이고 또 귀하게 될 것이니, 순신이라고 이름을 지어야 한다."

하였으므로, 마침내 순신으로 이름을 지었다.

사실 꿈은 꿈일 뿐이다.

지금도 그렇지만 당대에도 이순신은 망해가는 국가를 위기에서 구해낸 민족의 영웅이었다. 그러니 이후의 이순신 가계와 관련된 기록은 모두 이순신이 중심에 설 수밖에 없었을 것이다. 사실 "귀하게 될 것이니, 순신이라고 이름을 지어야 한다"는 말은 아무런 맥락상의 타당성

을 찾을 수 없는 서술이다. 어쩌면 순신이란 인물이 귀한 사람이 되었기에 사후적으로 붙여 논 이야기처럼 보이기도 했다. 어쨌든 이순신의 아버지는 첫째와 둘째 아들의 이름을 희와 요로 지을 때부터 그다음 아들들이 태어나면 순, 우를 마음에 두고 있었을 가능성이 크다. 추측컨대 만약 아들이 더 태어났다면 그 이름은 '단신'으로 짓지 않았을까. 단(旦)은 흔히 '주공(周公)'으로 불리는 인물로, 은나라를 멸망시키고 천하를 통일한 주나라 무왕의 동생이다. 무왕이 죽자 조카인 어린 성왕을 보필해 정사를 잘 처리했던 인물이다. 더구나 주공(단)은 유학의 비조인 공자가 가장 흠모했던 인물이었으니, 그 상징성만으로도 탐나는 이름자였을 것이다. 공자는 자기보다 앞선 인물 중 가장 모범적인 사람으로 주공을 꼽았다. 후세의 신하들뿐 아니라 황제들도 모범으로 삼아야 할 인물이라며 극찬했다. 주공이 곧 공자가 태어난 노나라의 시조이니 지연(地緣)이 작용했을지도 모르지만, 공자의 주공 사랑은 끝이 없었다. 제자들을 가르칠 때도 걸핏하면 주공을 언급했다. 자기가 하고 싶은 말이 있을라치면 "주공이 꿈에 나타나 말하시길……"이라는 말부터 시작했다. 공자 이후의 유학자들이 툭하면 공자의 말이라며 "자왈(子曰)……"이라 덧붙이듯, 공자는 주공의 입을 끌어와 자기 말에 정당성을 부여하곤 했다. 더구나 혹여 꿈에서 주공을 보지 못했을 때면, "오랫동안 주공을 꿈에서 보지 못한 것을 보니 정말로 내가 허약해지고 늙은 것 같다"고 탄식했다. 그러니 공자 이후로 주공을 흠모한 이가 얼마나 많았을지 상상하는 건 어렵지 않다.↓ 주공은 그 아버지인 주 문왕과 함께 우리가 주역(周易)이라고 부르는 책의 저자이기도 했다. 혹은 주공보다 앞 세대로, 폭군의 대명사인 하나라 걸왕을 물리치고 은나라를 세운 탕왕에서 그 이름을 빌려와 '탕신'이라고 했을 수도 있다. 아버지 이정의 작명법을 고려하면 충분히 가능한 이름이 아닐까 싶다. 공부하다 보면 이런 상상, 그 자체만으로도 스스로 미소 짓고 즐거울 때가 있는 법이니 굳이 아낄 필요 없는 상상이다. 나에게는 이것이 하나의 공부 놀이이기도 하다. 어쨌든 이순신의 동생들이 더 있었다면 충분히 우리 역사에 등장했을 법한 이름들이다.

→ 주공을 흠모하는 이유 중 하나는 반역의 누명을 쓰면서도 어린 조카의 왕위를 탐내지 않고 오히려 조카를 보필해 태평성대를 이룩했기 때문이다. 그런데 조선의 임금 중에서 주공을 유독 흠모한 인물이 있는데, 아이러니컬하게도 그는 조카의 왕위를 강제로 빼앗은 세조였다. 이는 조선왕조실록에도 적혀 있다. 바로 세조가 사육신을 친국하는 장면이다. 세조가 자신을 배반한 이유를 묻자, 성삼문이 세조를 힐난하는 대답 중에 이런 말이 나온다. "나으리는 평일에 걸핏하면 주공(周公)을 인용했는데 주공 역시 이런 일이 있었소?" 이로 미루어 세조는 수양대군 시절 주공을 입에 달고 살았던 듯싶다. 아마도 자신의 처지와 그 옛날 주공의 처지가 똑같았기 때문이었을 것이다. 어쩌면 자신도 주공처럼 왕위에 욕심이 없다는 걸 보여줘야 했던 생존 본능이었는지도 모른다. 그러나 수많은 목숨을 죽이면서까지도 자신의 욕망을 통제하지 못했던 수양대군은 결국 주공이 되진 못했다.

흔히 요순은 성군의 대명사이고, 왕조시대는 물론 지금까지도 요순시대 하면 어진 임금이 다스리는 태평성대를 일컫는다. 조선에도 요순으로 불린 인물이 있다. 바로 세종이다. 세종이 죽자 사람들은 그를 '해동 요순'으로 불렀다. 『세종실록』에 실제 있는 기록이다. 세종 또한 셋째아들이었으니, 이순신의 아버지는 순신을 이름으로 정할 때 바로 그 '해동 요순'을 떠올렸을지도 모르겠다. 결과적으로 아버지의 바람은 어긋났다. 아들이 어진 순임금의 신하(舜臣)가 되어 태평성대에서 살기를 바랐지만, 현실에서 이순신의 임금은 순임금도 세종도 아닌 선조였다. 또한 조선은 전쟁 없는 2백 년이 막을 내리고 왜적의 대대적인 침입을 받은 혼돈의 시대였다. 이제 그 이름에 걸린 소망은 임진왜란이라는 최악의 전쟁을 최대한 빨리 끝내고 이 땅에 요순시대와 같은 평화와 안정을 되찾아 줄 이름으로 바뀐 셈이다. 그래도 이순신과 순임금의 공통점은 있었다. 바로 물($水$)이다. 순임금의 가장 큰 골칫거리는 매년 크게 범람하는 황하의 물이었다. 오죽하면 황하 범람에 대한 해결책을 찾은 신하(우임금)에게 왕위를 물려주었겠는가. 익히 알 듯이 이순신 또한 수많은 남해바다의 승리뿐 아니라 울돌목의 거센 물살을 이용해 나라를 구했다. 어쩌면 문과 시험을 준비하던 이순신이 무과 응시로 방향을 틀고, 다시 험준한 함경도 국경 지역에서 근무하다 남해바다로 내려와 수군 지휘관으로 정착한 것도 치수를 가장 중요시했던 순임금과 연관된 그 이름자에 기인할지도 모른다.

Guide's Pick

묘한 인연

인연이란 말을 규정하는 속성 중에는 '의도치 않음'이 있다. 물론 불가의 연기설에는 그 '의도치 않음'조차도 그렇게 될 수밖에 없게 만드는 직접적인 원인이 있다고 하지만, 세속의 인연은 늘 그 '의도치 않음'에 바탕을 두게 된다. 그래서 의도된 것들은 잘 짜여진 시나리오의 냄새가 나지만, 의도치 않은 만남이나 관계는 어떤 보이지 않은 운명이 개입했다고 느끼는 것일지도 모른다.

그런 면에서 보면 이순신과 진린 사이에는 보이지 않는 인연의 끈이 연결되어 있다는 생각을 떨칠 수가 없다. 둘의 인연을 이어주는 사람은 바로 '순임금'이다. 앞서 언급했듯, '순신(舜臣)'이라는 이름을 그대로 풀면 '순임금의 신하'이다. 그럼 진린은 대체 순임금과 어떻게 연결되어 있을까?

궁금증을 해소하기 전에 먼저 다른 이야기부터 해보자.

그래야 이해하기가 더 쉽기 때문이다. 혹 진린의 후손이 우리나라에 살고 있다는 이야기를 들어 본 적이 있는가? 우리나라 성씨 중에 중국에서 들어온 성씨가 많다는 건 익히 알려진 사실이다. 그중에는 광동 진씨도 있다. 대강의 이야기는 이렇다.

임진왜란 때 군사를 파병해 조선을 도왔던 명나라는 결국 1644년 청나라에 의해 멸망한다. 그러자 진린의 손자는 조선으로 넘어왔다. 일종의 망명인 셈이다. 처음에 그 손자는 일가를 데리고 할아버지인 진린이 머무르며 왜적을 물리쳤던 고금도에 살았다. 그러다 다시 해남으로 이주했다. 그래서 지금도 해남에는 광동 진씨 집성촌이 있다. 여기서 광동은 중국의 광동성을 의미한다. 애초에 진린이 살던 곳이 광동성이었다. 그런데〈광동 진씨 족보서〉에 따르면 광동 진씨의 원조(먼 조상)가 바로 순임금이었다. 어차피 순임금 자체가 전설시대의 오제(五帝) 중 한 명이니 이 자리에서 그 진위를 따질 필요는 없다. 다만 이로써 순임금을 매개로 한 이순신과 진린의 흥미로운 인연이 만들어진 셈이다. '순임금의 신하'와 '순임금의 먼 후손'이 조선의 남쪽 끝 바다에서 '의도치 않게' 만났으니, 인연은 인연이었다.

『조선왕조실록』과 『징비록』 등 여러 사료에는 중국에서 들어온 진린이 한양에서 선조의 전송을 받으며 남해바다로 떠날 때 선조와 신하들이 진린의 광포한 성격으로 인해 이순신과 불화가 생길까 염려했는데, 결국 그 염려가 기우로 끝난 것도 따지고 보면 둘의 이러한 인연이 작동한 게 아닐까. 더구나 진린은 이순신에게 함께 명나라로 돌아가 큰 뜻을 도모하자고 제안하기도 했다는데, 이는 이순신의 능력에 매료된 측면도 있지만 그러한 인연의 끈이 조금은 작동한 게 아닐까. 그리고 그 인연 때문일까. 진린의 후손은 지금도 여전히 이순신이 맹활약하던 곳에서 살고 있다. 고금도나 장도, 그리고 노량해전의 격전지인 관음포에 갈 때면 둘의 인연을 떠올려보는 것도 재미있는 역사 여행의 묘미가 아닐까 싶어 여기에 적어둔다.

어찌 되었든 이순신의 사주에는 물이 깊이 연관되어 있나 보다.

이순신이 태어난 동네는 한양의 건천동(乾川洞)이다. 한마디로 마른 개천이 있는 동네였다. '마른 개천'이라는 서로 어울리지 않은 두 글자가 조합된 이유는 이렇다. 마을에 개천이 있지만 비가 오지 않은 날은 바닥이 말라있어서 사람들이 다니는 길이 되었다. 그러나 비가 조금이라도 올라치면 금세 물이 불어 콸콸 흐르는 냇가로 변했다. 주변의 지형을 보면 왜 그런지 쉽게 이해할 수 있다. 이 개천은 남산에서 흘러내린 물이 청계천으로 합류하는 수로였다. 남산의 북사면이 사시사철 내줄 수 있는 물을 품고 있을 만한 지형은 못된다. 그러니 평소에는 건천동까지 흘러내릴 물이 없었다. 하지만 비가 오는 날은 상황이 다르다. 평소 물을 품지 못하는 산은 비가 오더라도 모두 토해낸다. 남산 북사면에 내리는 비는 다투어 이 개천으로 모여들었다. 그러면 마

생가터 표지석

른 내가 금세 물로 가득 찼다.

생각건대 이러한 개천이면 평상시에는 동네 아이들의 놀이터였을 것이다. 들쑥날쑥 제멋대로인 둑을 오르내리며 아이들은 전쟁놀이도 하고 숨바꼭질도 하지 않았을까. 그리고 그 속에는 이순신도 있지 않았을까.

지금은 동네 이름이 인현동(仁峴洞)으로 바뀌었다.

동네 이름에 '현(峴)'이 들어간다는 건 그곳에 '고개'가 있었다는 뜻이다. 동네 이름의 변천으로만 보면 이 마을의 이름 속 상징이 개천에서 고개로 넘어간 셈이다. 하지만 여전히 건천동의 흔적은 남아 있다. 바로 '마른내로'라는 도로명이다. 한자로 표기하면 건천로다. 명동성당

교차로부터 동대문역사문화공원역까지의 길이다. 그 길의 한 곳, 지금 의 명보아트센터 자리가 바로 이순신이 태어난 곳이다. 그 앞에 생가 터임을 알려주는 표지석이 있다.

건천동에는 우리가 익히 아는 인물들이 여럿 살았다.

그중 동네에 대한 자부심이 가장 컸던 사람은 아마 허균인 듯하다. 허균은 『성소부부고』라는 문집에 자신보다 먼저 건천동에서 살았던 인물들을 적시하면서 간단한 소회를 언급하였다.

> 나의 친가는 건천동에 있었다. 청녕공주 저택의 뒤로 본방교까지 겨우 서른 네 집인데, 이곳에서 국조 이래로 명인(名人)이 많이 나왔다.
>
> 김종서·정인지·이계동이 같은 때였고, 양성지·김수온·이병정이 한 시대였으 며, 유순정·권민수·유담년이 같은 시대였다. 그 후에도 노 정승(노수신)과 나의 선친(허엽) 및 지사 변협이 같은 때이며, 근세에는 류서애(류성룡)와 가형 (허봉) 및 덕풍군 이순신·원성군 원균이 한 시대이다. 서애는 국가를 중흥시 킨 공이 있었고, 원·이 두 장수는 나라를 구원한 공이 있었으니 이때에 와서 더욱 성하였다.   * 괄호 안 이름은 저자 삽입

이처럼 건천동은 이 책에 등장하는 주요 인물들인 이순신과 류성 룡, 원균이 나서 자란 동네였다. 또한 허균이 언급하지 않았지만 선조 때 본격화한 동서 붕당의 한 축인 동인의 김효원이 살던 동네였다. 김 효원이 살던 건천동이 경복궁의 동쪽이라 그 일파에게 동인이란 이름

이 붙은 건 많이 알려진 이야기다. 이런 사정만 봐도 건천동이 조선 시대 내내 궁궐을 드나들던 관료들이 많이 살던 곳이었음은 쉽게 짐작할 수 있다.

허균은 이순신보다 한 세대 뒤 인물이지만, 이순신과 류성룡, 원균은 비슷한 시대에 한 동네에서 자랐다. 위 글에서 보듯 당시 건천동은 서른네 집 정도가 살았으니, 마음만 먹으면 이웃들의 면면뿐만 아니라 세간도 알 수 있었을 것이다. 나이로 따지면 이순신을 기준으로 류성룡이 세 살 위였고, 원균이 다섯 살 위였다. 그 정도 가구 수에 그 정도 나이 차이면 상식적으로는 어릴 적에 함께 어울릴 가능성이 크다. 그러나 그들의 어린 시절 사귐에 대해서는 전하는 사료가 없다. 다만 류성룡이 이순신의 어릴 때 모습을 회상하는 글이 있지만, 그렇다고 이순신과 류성룡이 함께 놀면서 자랐다고 단정할 수는 없다. 둘의 자료를 비교해 보면 속된 말로 '노는 물이 달랐다.'

류성룡은 이순신과는 전혀 딴판의 어린 시절을 보냈다.

정경세가 쓴 「서애행장」에는 류성룡의 어머니가 꾼 태몽 이야기가 있다. "어떤 사람이 하늘에서 내려와 '부인은 특별한 아이를 낳을 것'이라고 일러주었으며, 네 살 때 글을 읽을 줄 알았고, 여섯 살에『대학』을 배웠으며, 행동거지가 어른과 같아 일찍이 아이들과 놀며 장난친 적이 없었다"고 했다. 태몽으로만 보면 이순신이나 류성룡 둘 다 귀하고 특별한 아이가 될 운명을 타고 태어났지만, 어릴 적 관심사는 달랐다.

그럼 이순신의 어린 시절은 어떠했을까.

자료마다 서술은 조금씩 차이가 있어도 그 전하는 바는 거의 동일했다. 우선 윤휴의 『백호전서』에 이순신의 어린 시절이 나오는데, '놀이를 하면서도 항상 전진(戰陣)의 모양을 만들어서 놀았고', '동리 사이에서 혹 불쾌한 일이 있을 경우에는 그때마다 상대방을 꺾어 굴복시켜야 직성이 풀렸으므로 마을 사람들이 그를 두려워하였다'고 했다. 이와 비슷한 이야기는 류성룡의 『징비록』에도 나온다.

> 그는 어려서부터 재주 있고 활달해 어디에도 구속을 받지 않았다. 아이들과 놀 때는 나무를 깎아 활과 화살을 만들었다. 활도 잘 쏘았으며 마음에 들지 않는 사람이 나타나면 눈을 쏘려고 해 어른이나 노인들도 그를 두려워했다. 어떤 사람은 그의 집 대문 앞을 지나기조차 꺼려하는 경우가 있었다.

한마디로 류성룡이 문인의 기재를 타고났다면, 이순신은 무인의 기질을 타고난 셈이다. 개인적으로는 역사 인물들의 어린 시절에 대한 품평이나 그 일화를 그다지 신뢰하는 편은 아니다. 그 글들이 그 인물의 어린 시절 당시에 쓰인 것도 아니다. 대개는 제자나 후손 등 주변 인물들이 적기 마련이고, 사후에 해당 인물의 문집을 편찬하면서 기록되는 경우도 많았다. 그러다 보니 그 인물이 성인이 된 후의 행적이나 업적 등에 따라 영향을 받기 마련이었다. 즉 각색의 유혹을 뿌리칠 수가 없다. 자기의 스승이나 선조를 회상하다 보면, 그가 살았던 영광스런 일생의 공적이 어린 시절부터 그 싹이 보였을 거라고 쉽게 수긍하는 것이다. 그 일생이 수미쌍관(首尾雙關)이면 위대한 인물의 이야기로 더할 나위 없지 않겠는가.

현충사 이순신 고택 외관

그런 점을 감안하더라도 이순신과 류성룡은 어릴 때 어울려 논 것 같진 않다.

물론 당시에 세 살 차이면 충분히 친구로 사귈 수도 있었다. 지금도 많은 글에선 둘이 친구였다고 쓰고 있다. 그러나 둘의 삶의 궤적을 종합적으로 검토해 보면, 왠지 이순신이 문 밖 개천가에서 뛰어다닐 때 류성룡은 문 안 방구석에서『대학』을 읽고 있었을 것 같다. 류성룡 정도의 기재를 타고난 인물이면 이미 어린 동년배들이 읽던『소학』은 떼었을 것이다. 그리고 이순신에게 있어 류성룡은 둘째 형인 이요신과 동갑내기였다. 동네에서 전쟁놀이를 함께하기엔 불편한 관계가 아니었을까. 이순신이 류성룡의 부하 역할을 할 리도 만무해 보이고 말이다. 그러니 어린 이순신의 입장에서 류성룡의 존재를 알았다 하더라도 같이 어울리기는 쉽지 않았을 것이다.

그리고 한창 전쟁놀이에 빠질 나이쯤에 이순신은 건천동을 떠났다.

이순신이 정확히 몇 살 때 건천동을 떠나 충남 아산으로 이사했는지는 알 수 없다. 연구자들도 각자 이런저런 기록들을 토대로 나름 추정할 뿐이다. 확실한 사료가 없으니 어쩔 수 없다. 역사는 그렇다. 사료의 빈 공간은 인간의 상상력으로 채울 수밖에 없다. 다만 그 상상이 나름의 근거에 의한 합리적 상상이어야 한다. 그러기에 가급적 많은 사료를 찾아 본 사람이 더 사실에 근접한 상상을 할 수 있다. 좀 더 가까운 추정치를 내놓을 수 있기 때문이다.

기존에 나와 있는 책이나 몇몇 자료를 찾아보면 저마다의 이유를 가지고 그 나이를 추정하지만, 개인적으로 백 퍼센트 신뢰할 만한 이

현충사 이순신 고택

유는 찾을 수 없었다. 다만 기존의 연구 성과를 종합하면, 얼추 8살부터 12살 사이에 아산으로 이사한 걸로 보인다. 지금으로 치면 대략 초등학교 때 서울에 살다가 시골로 내려간 셈이다.

아산에는 외가가 있었다.

아산은 야트막한 산들과 너른 들판이 펼쳐져 있는 그 지형적 특징으로 말미암아 비산비야(非山非野)로 불리던 충남 북서부 지역 중 하나이다. 한창 왕성한 활동력을 지닌 이순신에게는 그 모든 곳이 놀이터이고 전쟁터였을 것이다. 그러나 그런 것들도 나이를 먹다 보면 시들해질 때가 온다. 이순신 또한 어느 순간부터는 글공부에 매진했다. 글공부를 언제, 어떻게, 그리고 얼마나 열심히 했는지 알 수 있는 자료는

현충사 충무공 이순신 기념관

없지만, 그가 10대 중후반쯤에는 글공부를 했던 것으로 보인다. 그가 쓴 『난중일기』와 같은 일기류나 선조에게 올린 장계 등의 문장을 보면 속된 말로 '젊은 날 공부 좀 한 티가 났다.' 그리고 그가 혼인으로 인해 과거 시험 과목을 무과로 바꾸기 전까지 문과를 준비했다는 기록이 있다. 그가 21세 때 혼인을 했으니 그 이전에는 문과 준비를 했던 셈이다.

이순신은 아산의 명문가인 상주 방씨 집안으로 장가를 갔다.

장인은 보성군수를 지낸 방진이었다. 많은 이순신 전문가들은 이순신을 무인의 길로 인도한 사람이 바로 방진이라고 말한다. 그는 조선시대 전체를 통틀어도 손꼽히는 명궁 중 한 명이라고 한다. 그러니 이순신의 활 솜씨는 장인의 가르침을 받은 결과였다. 더구나 장인의 경험과 지도력을 이순신은 누구보다 빠르게 흡수했던 것으로 보인다. 쪽(藍)이 없는 청출어람(青出於藍)은 없다. '명장 밑에 졸장 없다'는 세간의 말에 의지한다면, 명장 이순신을 만든 사람 중 첫손은 방진이라 해도 지나치지 않을 듯싶다. 또한 여전히 많은 사람들이 찾고 있는 현충사는 사실 방진이 살던 집이자, 방진이 죽은 후 이순신이 물려받은 곳이었다. 이순신은 방진의 외동딸과 혼례를 치렀다. 전하는 일화에 의하면 그녀 또한 아버지를 닮아 무예의 기재가 있었다고 한다. 밤마다 이순신의 무술 연습 상대가 되어 주었다고도 하니, 그 사실 여부를 떠나 달빛 아래에서 가쁜 숨을 몰아쉬며 함께 무술도 연마하며 키웠을 사랑이 부럽기도 했다. 어쩌면 가끔 퓨전 사극에 등장하는 무술 잘하는 여인을 떠올리면 그녀의 모습이 보일 수도 있겠다 싶다. 그런 이미지를 가진 인물들은 대체로 당차면서도 영특하기 마련이다. 그녀 또한 그랬나 보다.

그녀의 영특함을 보여주는 꽤 유명한 일화가 있다.

그녀가 아버지와 함께 보성에 살 때였다. 보성에 화적떼가 출몰하여 백성을 약탈할 뿐 아니라 군수인 방진의 집에까지 쳐들어왔다. 방진은 역시 명궁답게 활을 쏘아 도둑을 물리치고 있었다. 그러던 중 화살이 모두 떨어지고 말았다. 방진은 다급히 그녀에게 방 안에 있는 화살을 가져오라고 했다. 그러나 방에도 남은 화살이 하나도 없었다. 이때 그녀의 영특함이 빛을 발하였다. 그녀는 베 짜는 데 쓰는 대나무 다발을 바닥에 힘껏 내던지며 "아버님, 화살 여기 있습니다"하고 소리쳤다. 방진의 활 솜씨를 두려워했던 화적들은 화살이 아직 많이 남아 있다고 여기고 서둘러 도망쳤다. 이런 대담함과 애드립은 배운다고 해서 되는 게 아니다. 그녀의 타고난 성정이 그랬을 것이다. 결국 그녀의 기지로 인해 마을은 더 이상 피해를 입지 않았고, 이후에도 화적떼의 피해 없이 태평해졌다고 한다. 이는 보성에서 그녀의 이름이 오랫동안 '태평'으로 불리게 된 일화이기도 했다. 그러나 그녀의 실제 이름은 방수진이었다. 이순신이 쓴 친필 편지를 모은 서간첩에 이 이름이 등장했다. 이로써 그녀는 조선 중기의 여인으로는 허난설헌 등과 함께 그 이름이 전해지는 몇 안 되는 인물인 셈이다.

　무과를 준비하던 이순신은 28세인 1572년에 훈련원 별과에 응시했다. 첫 시험을 치른 이날의 풍경은 너무나도 많이 알려진 유명한 이야기다. 이순신은 달리는 말에서 떨어져 왼쪽 다리가 부러지는 큰 부상을 당했다. 그러나 그는 곧 한쪽 발로 일어서서 앞에 있는 버드나무 가지를 꺾어 껍질을 벗겨서 자신의 다리에 싸매고는 다시 끝까지 시험을 완수했다. 이러한 부상 투혼에도 불구하고 그는 결국 탈락하고 말았다. 탈락이라는 고배를 마신 이순신은 더욱 열심히 준비해 32세에 다시 무과 시험에 응시했고, 여기서 중간 정도의 성적으로 합격해 벼슬길에 나섰다. 그리고 꿈에 나타난 할아버지의 예언처럼 이순신은 귀한 이름이 되었다.

이순신은 우리의 역사 위인 중에서도 꽤 많은 어록을 남긴 인물이다. 그러한 속칭 '이순신 어록' 중에 후대 사람들에게 가장 많이 회자되는 건 역시 "나의 죽음을 알리지 마라(勿言我死)"와 함께 "죽고자 하면 반드시 살 것이고, 살고자 하면 반드시 죽을 것이다(必死則生 必生則死)"일 것이다. "물언아사"는 노량해전에서 마지막 숨으로 토해낸 말이었고, "필사즉생"은 명량대첩을 앞에 두고 죽음을 불사하는 결연한 의지의 표명이었다. 그런데 생각해 보면 이순신의 어록은 유독 '죽음'과 관련되어 있다. 7년 전쟁의 한복판을 관통한 삶이었으니 어쩌면 당연한 일이다. 전장에서는 죽음마저도 의연한 자세로 받아들여야 했기 때문이리라.

이처럼 세인들에게 많이 알려진 말 외에 개인적으로 이순신을 이순신답게 만든 어록은 따로 있다. 바로 "사생유명 사당사의(死生有命 死當死矣)"이다. "죽고 사는 것은 하늘에 달린 일이다. 죽게 되면 죽을 뿐

전방급 신물언아사(관음포)

필사즉생 필생즉사(관음포)

이다." 종교적 해탈의 느낌마저 주는 이 말을 스스럼없이, 그것도 여차하면 실제로 죽을 수도 있는 상황에서 담담하게 내뱉을 수 있는 사람은 도대체 몇이나 있을까. 그럼에도 이순신의 이러한 사생관이 드러난 결정적 장면은 여러 곳에서 확인할 수 있다. 당연하겠지만, 그 모두가 죽을 수도 있는 절체절명의 순간이었다. 수많은 전장을 누비며 생사의 문턱을 무수히 스치며 살아온 무관으로서, 죽고 사는 건 천명에 맡기고 적진으로 돌진한 적이 어디 한두 번이었겠는가. 두만강의 그 차가운 바람 속에서 오랑캐의 칼날에 맞서며, 혹은 한산도와 명량의 깊은 물속에서 출렁이면서, 차마 누군가에게 말하지 못했지만 그는 늘 운명에 목숨을 내맡겼으리라. 왕조시대 한 개인의 목숨은 어느 순간에 어떤 죄목으로 날아갈지 아무도 장담하지 못했다. 수많은 사화와 역모 사건 속에서 인간의 목숨은 속절없이 날아가 곤 했다. 과장해서 말한다면, 하늘조차도 어쩌지 못하는 목숨들이었 다. 더구나 임진왜란이라는 참혹한 전쟁의 시기에 무관의 목숨은 어떠 했겠는가. 죽음은 전쟁터에만 있지 않았다. 모략과 조작은 애먼 사람 의 죽음을 재촉하곤 했다. 이순신도, 아니 오히려 이순신이었기에 그 죽음판의 중심에 있을 수밖에 없었다. 그때마다 이순신의 머릿속은 오 히려 더 명징해지면서 하나에 집중하곤 했다. "죽고 사는 것은 하늘에 달린 일, 죽게 되면 죽을 뿐!"

기록에 따르면 이순신이 처음 이 말을 했던 건 바로 조산보 만호 시 절이었다.

조산보는 세종 때 김종서가 개척한 육진에 설치한 29군데 진보(鎭 堡) 가운데 한 곳으로, 두만강 하류 지역에 위치했다. 이순신이 처음에 함경도의 육진 지역으로 발령받아 온 것은 1583년이었다. 그때는 조 산보가 아니라 그보다 강 상류 쪽으로 한참 올라간 곳에 위치한 건원 보의 권관으로 부임했었다. 이순신이 건원보에 있을 때 부친인 이정이 작고했다. 조선 시대에는 어느 관직에 있더라도 부모상을 당하면 관 직에서 물러나 집으로 돌아가 상을 치르도록 했다. 그리고 특별한 경 우가 아니면, 상중에는 관직에 복귀할 수 없었다. 만약 이를 어기고 관 직에 돌아오면 사간원이나 사헌부의 탄핵을 받아야 했다. 요즘 식으 로 말하면 국가공무원이 부모상을 당했는데도 휴직하지 않고 계속 근무한다며 검찰이 그를 탄핵하고, 언론이 온갖 헐뜯는 기사를 쏟아내는 셈이다. '효'에 근간을 둔 국가에서 이는 중요한 제도였다. 이순신 또한 부친상의 소식을 듣자마자 급히 집으로 돌아가서 삼년상을 치렀다. 그런 후에 다시 조산보의 만호에 제수되어 두만강으로 향했다.

조산보 만호는 류성룡이 천거했다.

당시는 임진왜란이 일어나기 5년여 전이라 남쪽의 왜구보다는 북쪽의 오랑캐가 현실적으로 더 걱정거리였다. 조산보는 두만강을 끼고 오랑캐와 맞대어 있는 곳이었다. 걸핏하면 그들이 강을 건너와 우리 백성을 죽이고 물건을 약취해가는 일이 빈번하게 발생했다. 그러니 류성룡의 머릿속에 이순신만한 장수가 없었을 것이다. 요즈음 회사에서는 흔히 볼 수 있는 풍경이지만, 예나 지금이나 인사이동으로 쓸 만한 사람이 자기 부서로 전입해 오면, 그에게는 처음에 주어진 보직 외에도 다른 업무가 추가로 자꾸 늘어나기 마련이다. 이순신에게도 두만강 하류 지역에 있는 섬인 녹둔도의 둔전을 관리, 감독하는 일이 추가되었다. 이 일은 강 건너 오랑캐로부터 둔전을 지켜내는 중요한 임무였다. 둔전은 변경 지역이나 군사적 요충지에 주둔한 군대의 군량을 마련하기 위하여 마련한 토지를 말한다. 경우에 따라선 병사들이 직접 경작하기도 하고, 주변 농민에게 경작시켜 수확량을 배분하기도 했다. 이순신은 이때의 둔전 경영의 경험을 살려 삼도수군통제사 시절에 남해안의 섬 지역에도 여러 곳의 둔전을 마련해 군량미를 충당했다.

문제는 녹둔도가 홀로 동떨어져 있어서 방어가 허술하다는 점이었다.

이 때문에 이순신은 여진족의 기습에 대비하고자 여러 차례에 걸쳐 당시 북병사(지금의 함경북도 지역의 병마절도사) 이일에게 군사를 더 늘려 줄 것을 요청했으나 거절당했다. 결국 사건이 터지고 말았다. 둔전의 추수철이 되자, 일단의 오랑캐 무리들이 안개가 자욱한 때를 틈타 우리 군의 성책을 포위, 공격하였다. 당시의 전투 상황에 대해 기록마다 조금씩 차이가 있는데, 『선조실록』은 북병사 이일이 올린 치계만 간략하게 기록했다.

"적호(賊胡)가 녹둔도의 목책을 포위했을 때 경흥 부사 이경록과 조산 만호 이순신이 군기를 그르쳐 군사 10여 명이 피살되고 1백 6명의 인명과 15필의 말이 잡혀갔습니다. 국가에 욕을 끼쳤으므로 이경록 등을 수금하였습니다."

반면에 『선조수정실록』은 『선조실록』에는 없는 전투 상황과 이후의 조치 등을 좀 더 상세히 기록하였다. 즉 "이경록과 이순신이 군사를 거느리고 추격하여 적 3명의 머리를 베고 포로로 잡혀가던 50여 인을 빼앗아 돌아왔으며, 이일이 이순신에게 죄를 돌림으로써 자신은 벗어나기 위하여 형구를 설치하고 이순신을 베려 했다"고 적시해 놓은 것이다. 이 사건으로 녹둔도의 둔전은 결국 폐지되었다.

또한 17세기 중엽 인물인 윤휴는 『백호전서』에서 당시 상황을 이렇게 묘사했다.

성책 안에는 군졸 10여 명밖에 없었다. 이순신이 성책의 문을 닫고 손수 활을 쏘아 아군 진영에 접근해온 적군 수십 명을 사살하니, 오랑캐가 놀라서 달아

났다. 이에 이순신은 단기로 성책 문을 열고 나가서 큰소리로 외치며 쫓아가니, 오랑캐가 마침내 모두 도망쳐 버렸으므로, 그들에게 붙잡힌 사람들을 모두 다시 구하여 돌아왔다.

절대적인 수적 열세에도 불구하고 이순신이 단기필마로 돌진해 오랑캐를 물리치고, 적들에게 붙잡혀 끌려가던 사람들을 모두 구했다는 것이다. 따지고 보면 집안에서 영웅담처럼 회자되어 오던 이야기를 정리하다 보니 다른 기록들보다 훨씬 더 '전지적 이순신 시점'에 가깝다고 볼 수 있다. 어쩌면 윤휴 자신이 북벌론을 주장하면서 이순신 같은 장수의 필요성을 절감했기에, 좀 더 영웅적인 서사를 가미했을 수도 있다.

그런데 늘 그렇듯 문제는 사건이 끝난 후에 벌어지곤 한다.

특히나 책임을 지지 않으려는 상사가 면피용 희생물을 찾아 어슬렁거리면서 머리를 굴리기 시작하면 누군가는 그의 먹잇감이 될 수밖에 없다. 이일이 그런 사람이었다. 윤휴는 그 이후에 벌어진 상황을 이렇게 묘사하였다.

그런데 이일은 적이 침범하게 했다는 이유로 죄를 얻을까 염려한 나머지, 이순신을 죽여서 입막음하려고 이순신을 수감한 다음 참형시키려고 하였다. 그러자 군리들이 빙 둘러서서 보고 눈물을 흘리면서 술잔을 권하니, 이순신이 정색하며,

"죽고 사는 것은 천명인데, 마시고 취하면 무엇 하겠느냐"하고, 술잔을 거절

하였다. 그러고는 관아에 나가 변론을 하였는데, 이일이 이순신에게 패군의 정상을 공술하게 하자, 이순신이 이를 거절하며 말하기를,

"나는 녹둔도의 군졸이 적고 약하기 때문에 누차 군졸을 늘릴 것을 청하였으나, 주장(主將)이 허락하지 않았다. 군부(軍簿)가 여기에 있으니, 만일 조정에서 그 사실을 알면 죄가 나에게 있지 않을 것이다. 또 나는 힘껏 싸워서 적을 물리치고 쫓아가 우리 쪽 사람들도 다시 빼앗아 돌아왔는데, 패군으로 논죄하려고 해서야 되겠는가."

이순신은 주변 사람들이 생사를 걱정하며 술을 권하자, 감옥에 갇힌 상황에서도 정색하며 "죽고 사는 것은 천명"↘이라고 했다 어쩌면 자신은 절대 허투루 죽지 않는다는 자신감의 발로일 수 있지만, 왕조 시대에 그게 어디 자기 마음대로 될 것인가.

그러고 나서 단호한 표정으로 패군의 죄를 인정하지 않았다.

오히려 사건의 원인이 이일에게 있으며, 조정에서 정확한 진상을 파악한다면 책임은 권력만 쥔 채 수수방관했던 사람에게 있다고 강조했다. 이일은 이순신의 기세에 눌려 차마 그를 함부로 죽이지 못하고 감옥에 가두고는 조정에 보고했다. 그러자 임금인 선조는 "백의종군하여 공을 세워 스스로 속죄하도록 하라"는 명을 내렸다. 사건의 전후 맥락은 도외시한 채 북병사인 이일의 보고만을 가지고 판결을 내린 셈이다. 결국 이순신의 첫 번째 백의종군은 이렇게 해서 시작되었다. 흔히 요새 사람들은 백의종군

→ 엄밀히 구분하면 『백호전서』에 적힌 정확한 문구는 '사생명야(死生命也)'이다. 그러나 그 의미는 '사생유명(死生有命)'과 동일하다.

을 하게 되었다고 하면 무슨 엄청난 처벌을 받은 것으로 여기지만, 지금의 회사 기준으로 보면 보직해임 정도에 해당한다고 보면 된다. 툭하면 사직과 출사를 밥 먹듯이 했던 조선 관료 세계의 속성상 그리 중한 처벌로 볼 순 없지만, 그래도 부당한 이유로 당하는 개인에게는 엄청난 처벌인 셈이다.

이렇듯 조정에서 기록한 실록과는 달리 이순신과 가까운 개인이 기록한 글에는 사건 전후의 상황이 좀 더 자세하게 기록되어 있다. 이순신의 조카(맏형인 이희신의 아들)인 이분이 지은 『이충무공행록』에도 이순신이 여진족의 침략을 대비하기 위한 조치를 요구했으나 이일이 이를 묵살했으며, 그래 놓고도 이순신에게 패전의 책임을 덧씌워 죽이려 했다는 내용이 기록되어 있다.

첫 번째 백의종군은 그리 오래 가지 않았다.

이순신이 순변사 휘하에 종군하여 오랑캐 우두머리인 우을기내를 잡아서 죄를 사면받았기 때문이다. 『선조수정실록』에서는 이때부터 이순신이 유명해졌다고 했는데, 아마도 이 사건의 발생과 전투 과정, 그리고 이일과의 갈등에 따른 선조의 처리, 그리고 이를 자신의 능력으로 극복해내는 드라마틱한 전개 과정이 조정의 관료들에게 깊은 인상을 주었던 것 같다. 특히나 당시는 함경도 육진 지역이 국경 지대로서 조정에서 가장 예의주시하던 곳이었던 점도 한몫했을 것이다. 『징비록』에서 류성룡은 이순신을 정읍현감에 발탁하면서 "실력자였지만 조정에 그를 천거해 주는 이가 없었기 때문에 무과에 급제한 지 10여 년이 넘도록 승진될 수 없었다"고 했는데, 이순신을 '실력자'의 반열에 올려놓은 결정적인 사건이 바로 이때의 일일 가능성이 크다. 또한 이때의 사건을 계기로 이순신은 당시 순변사였던 정언신(녹둔도에 처음 둔전을 설치한 인물이다)에게도 확실한 눈도장을 찍은 게 분명해 보인다. 나중에 임진왜란의 전운이 감돌 시기인 1589년 1월, 왜적의 침입을 막기 위해 지위 고하를 묻지도 따지지도 말고 유능한 무신을 추천하라는 무신불차탁용(武臣不次擢用)의 명이 내려졌을 때, 당시 병조판서였던 정언신은 우의정 이산해와 함께 이순신을 천거했다. 이후에도 무신의 인재 중용은 계속되는데, 류성룡은 말할 것도 없고 정탁 등 조정의 실력자들이 이순신을 천거하게 되는 배경에는 녹둔도 사건이 어느 정도 영향을 끼쳤을 것으로 짐작된다.

이순신이 "죽고 사는 것은 하늘에 달린 일, 죽게 되면 죽을 뿐!"의 신념을 드러낸 두 번째 장면은 1589년 10월에 발생한 정여립 모반 사건(기축옥사)과 관련이 있었다. 그 사건이 대체 이순신과 무슨 연관이 있나 싶겠지만, 정여립 모반 사건은 조선 전체를 통틀어서 가장 큰 공안 사건이었다. 그러다 보니 직접적으로 연루된 사람들 외에도 상당수의 애먼 사람들이 엮여 들었다.

이야기를 정리하면 이렇다.

조정의 추국청에서 연일 비명소리가 들리고 피범벅이 되어 죽은 사람들이 들것에 실려 나가던 살벌한 시기에 이순신은 한양으로 올라가고 있었다. 그때 마침 길 위에서 평소 친분이 있는 의금부 도사를 만났다. 그런데 그가 정여립 역모에 연루되었다는 전라도 도사 조대중의 집을 수색했는데 거기서 이순신이 쓴 편지가 발견되었다면서 이순신에게 은밀히 제안을 건넸다. 그 편지를 상부에 보고하지 않고 빼주겠다는 것이다. 가는 게 있으면 오는 게 있어야 하는 것이 인지상정 아니겠냐는 은근한 눈빛이었다. 그러나 이순신은 단호했다. 단지 안부편지일 뿐이라고 선을 그은 뒤, "압수물은 공물인데 사사로이 빼서는 온당치 않다"며 오히려 그를 나무랐다. 그런데 이때가 어떤 때였던가. 정여립이나 그 연루자들과 조금이라도 엮이면 모두 추국청으로 잡혀가던 시절이었다. 편지 한 통만으로도 이유 불문하고 죽음으로 내몰리던 살벌한 분위기였다. 눈에 먼지가 들어가 눈물만 흘려도 정여립의 죽음이 안타까워 흘리는 눈물이라며 잡아갔다. 이는 실록에도 기록되어 있었다. 평소 눈병을 앓아 바람만 쏘이면 저절로 눈물이 흘러내렸던 한 관리는 그로 인해 잡혀 가 결국 죽임을 당했다.

당장 조대중만 하더라도 정여립과의 관계 때문에 잡혀간 게 아니었다.

당시 조대중은 전라도 관내인 부안의 관기를 데리고 보성에 이르러 안타까운 이별을 하면서 눈물을 흘린 것인데, 이를 정여립의 죽음을 슬퍼해 울었다고 엮어서 끌고 간 것이었다. 결국 조대중은 고문을 받다 장살되었다. 이순신이라고 해서 조대중처럼 억울하게 죽지 말란 법이 있겠는가. 그럼에도 이순신은 죽고 사는 것은 단지 하늘에 맡길 뿐, 자신이 당당하고 떳떳하면 그것으로 그만이었다. 이는 다음의 일화에서도 여실히 드러난다. 이 또한 정여립 모반 사건과 연관된 일이었다.

모반 사건이 일어나자 수사를 지휘하는 책임자로 우의정 정언신이 위관이 되었다.

그전에 먼저 한 가지는 짚고 넘어가야 할 것 같다. 조선 최대의 공안 사건임에도 정여립이 실제로 역모를 꾀했는지, 역모를 꾀하지 않았다면 왜 자살했는지 여부는 지금까지도 미스터리로 남아 있다. 처음 역모에 대한 고변이 있었을 때 대부분의 조정 관료들도 믿지 않았다. 그래서 학계 일각에서는 이 사건을 동서 붕당 간의 대결 구도, 즉 음모론의 관점에서 파악하기도 한다. 여하튼 위관을 맡은 정언신도 그다지 역모를 믿지 않았던 모양이다. 수사 총책임자가 역모에 대한 확신을 가지고 추궁해도 미궁에 빠지기 십상인 게 취조인데, 그렇지 않으니 이에 불만을 제기하는 사람들이 생기는 건 어쩌면 당연했다. 그 대표주자가 바로 우리가 익히 아는 인물인 송강 정철이었다. 당시 정철은 벼슬을 그만두고 경기 고양에 머물고 있었다. 아들의 초상을 치른 후였다. 하지만 역모 소식을 듣고 급히 궁에 들어가 선조를 만났다. 그리고 나서 위관이 정언신에서 정철로 바뀌었다.↓ 더구나 정언신은 정여립과 먼 친척 간으로 역적인 정여립을 비호했다 하여 의금부 옥에 갇히기까지 했다.

현대사회에서도 그렇지만 누군가 공안 사건으로 붙잡혀 감옥에 갇히면 그를 찾아가 면회하는 게 쉽지 않다. 괜히 공모자로 낙인찍힐 수도 있고, 그게 아니더라도 최소한 수사기관의 감시대상에는 오르기 마련이었다. 그러나 이순신은 달랐

→ 다른 자료에서는 정여립 사건이 일어나자 선조가 정철을 위관으로 삼고자 고양으로 사람을 여러 차례 보냈는데, 정철이 두어 번 고사하다가 결국 수락했다고도 한다.

다. 앞서 언급했지만 이순신과 정언신은 함경도에서의 인연이 있었다. 이일이 책임을 덮어씌워 죽이려 했을 때 이순신을 변호하는 상소를 올린 이도 정언신이었다. 무신불차탁용 때는 이순신을 추천하기도 했다. 또한 이순신이 함경도에 있을 때 부친상을 당했는데, 그때도 조정에 있던 정언신이 여러모로 도움을 주었다고 한다. 그러니 이순신으로서는 뜻하지 않게 어려움에 처한 옛 상관이자 은인을 그냥 지나칠 수가 없었다. 세상이 아무리 각박하고 살벌해도 자신이 해야 할 일이고, 그게 옳은 일이라 판단되면 나머지는 운명에 맡기고 그냥 앞으로 쭉 직진하는 스타일이 여기서도 드러났다. 이순신은 의금부로 정언신 면회를 갔다. 말은 쉽지만 당시로서도, 지금으로서도 누구나 할 수 있는 일은 아니다. 여차하면 끌려가 큰 곤욕을 치를 수도 있기 때문이다.

결국 정언신은 이 일에 연루되어 유배 끝에 죽고 말았다.

역사적으로 많이 알려진 인물은 아니지만, 정언신은 함경도 순찰사 시절 그 막하에서 활동했던 사람이 이순신, 김시민, 이억기, 신립 등이었다는 사실 하나만으로도 한 번쯤은 기억해야 할 인물이다. 이들은 모두 이탕개 난을 진압한 참전용사들이었으며, 임진왜란을 막는 데 일조한 백전의 용사들이었다. 이순신의 일화에서 보듯 정언신은 이들을 모두 아우르는 리더십을 갖춘 인물이었던 것으로 보인다. 개인적으로도 이순신을 공부하면서 정언신이라는 인물을 주목했다. 다만 아직까지는 둘의 관계를 확대할 만한 사료나 책은 찾지 못했다. 정언신을 주목하는 이유는 사실 간단한 질문에서 출발했다. 이순신에 대한 자료를 정리하면서 생겼던 이런저런 질문 가운데 하나가 "이순신에게 스승은 없었을까?"였다. 아무리 살펴봐도 명확히 스승이라고 할 만한 인물이 없었다. 당연히 질문은 꼬리를 물었다. "그렇다면 스승으로 불릴 만한 사람은 누가 있을까?" 익히 알 듯이 조선 시대의 특정 인물에 대해 공부를 하다보면 거의 꼭 나오는 관계가 그 인물의 스승이다. 어떤 인물을 소개할 때 "누구의 문인(門人)이다"는 표현은 "누구의 제자이다"는 말이다. 특히 당시는 조선의 어느 때보다도 '시대의 스승'이 많이 존재했었다. 걸출한 스승들인 이황, 이이, 조식 외에도 기대승, 성혼, 정인홍, 박순 등 많은 제자를 배출한 스승들이 넘쳐나던 시절이었다. 더구나 조선은 '군사부일체(君師父一體)'의 시대였다. 스승을 임금과 부모의 사이에 놓고, 임금과 부모처럼 대했던 시대였다. 이는 스승을 대하는 자세를 의미하기도 하지만, 그만큼 사제지간을 맺는 연이 많다는 의미이기도 했다. 혹자는 그것이 조선 중기에 태동한 붕당의 바탕이 되었다고 비판적으로 보기도 하고, 혹자는 정여립 모반 사건이 발생하게 된 여러 배경 중 하나의 키워드가 '스승에 대한 배신'으로 보기도 한다. 모반 사건으로 죽은 대표적인 인물인 정여립과 이발은 원래 이이의 문인이었고, 정개청은 박순의 문인이었다. 이이와 박순은 서인의 대표적인 스승이었다. 그래서 이들 모두 스승을 배신했다는 비난을 서인으로부터 받아야 했다. 그 진실을 지금 따질 순 없지만, 그만큼 스승과 제자 간의 의리를 중요시했던 시대임은 분명했다.

그러나 내가 아는 한 이순신에게 스승은 따로 없었다.

혹자는 "이순신은 무신이니 앞에 언급한 스승들하고는 관련 없지 않느냐?"고 할 수 있지만, 당시에 누구의 문인이 되는 데 문·무과는 중요하지 않았을 뿐더러, 이순신도 원래는 젊은 시절 문과 시험을 준비한 사람이었다. 또 혹자는 "류성룡이 있지 않느냐?"고 할 수 있지만, 사실 류성룡은 어릴 적에는 같은 동네의 세 살 형이고, 어른이 돼서는 이순신이 정읍현감과 전라 좌수사가 되는 데 도움을 주긴 했지만, 이는 스승이라서가 아니라 관료로서 유능한 인재를 발탁하는 행위에 가까웠다. 더구나 류성룡은 이황의 수제자임에도 오랜 관직 생활의 영향 탓인지 제자를 거두지 않는 것으로 유명한 인물이었다.

이순신의 행적을 쫓다보면 스승에 가장 가까운 사람이 있긴 했다.

다름 아닌 보성 군수를 지낸 방진이란 인물이다. 방진을 만나면서 이순신은 문과의 꿈을 접고 무과로 전향했다. 그러니 지금 우리에게 충무공 이순신으로 기억되는 인물의 시작은 어쩌면 방진으로부터일 수 있다. 또한 방진은 조선 전체에서도 손꼽히는 명궁이었으므로 이순신이 활쏘기 등 무예를 수련하는 데 여러모로 도움을 많이 주었다. 그러니 스승으로 불릴 수도 있다. 그러나 방진이 이순신 인생에 누구보다 큰 영향을 끼치긴 했지만, 스승이라기보다는 장인어른으로 자리매김하는 게 더 옳을 듯하다.

결국 아직까지는 이순신에게 스승이라 불릴 만한 마땅한 인물은 찾지 못했다.

다만 꼭 젊은 시절에 직접 찾아가 실질적인 배움을 얻어야만 스승이라 부르는 건 아니고, 살면서 마음속으로 사숙한 가르침이 있다면 그 또한 사제지간이 될 수 있지 않을까. 이순신과 정언신의 알려진 일화만 보면 마치 그래 보여서 하는 말이다.

정여립 모반 사건 때 이순신은 어디에 있었는가?

조선 사회에서 16세기는 가장 사건 사고가 많은 혼란스런 시대였다. 무오 사화(1498)로 15세기가 문을 닫았지만, 새로운 세기가 시작되었어도 사화는 끝나지 않았다. 갑자사화(1504), 기묘사화(1519), 을사사화(1545)가 연이어 발생하면서 16세기 중반까지 훈구 세력과 외척들이 수많은 사림과 정적을 제거한 가히 '사화의 시대'를 보냈다. 또한 건국 후 200년이 되는 세기말에는 일본의 침략으로 7년간이나 온 국토와 백성이 유린되었던 '전쟁의 시대'였다. 그리고 그 전쟁이 발발하기 불과 3년 전에 조선 역사상 가장 처참한 공안 정국이 시작되었다. 흔히 기축옥사로 불리는 정여립 모반 사건이다.

3년간이나 지속된 이 옥사에 대해 혹자는 옥사에 연루되어 희생당한 사람이 4대 사화 때 희생당한 사람을 모두 합친 것보다 많다고도 하니, 함부로 쉽게 가늠할 수 없는 엄청난 사건이었음은 분명하다. 그런데 이번 책을 준비하면서 살펴보니, 당시 이순신의 동선이 기축옥사의 현장과 묘하게도 겹쳐지는 걸 알 수 있었다. 그래서 생긴 궁금증이 "정여립 모반 사건 때 이순신은 어디에 있었는가?"였다. 그럼 당시의 상황을 재구성해보면서 궁금증을 풀어보자.

정여립 모반 사건은 1589년 10월 2일 황해감사의 장계로부터 시작되었다. 당시 정여립은 벼슬길을 접고 전주 인근(현 김제시 금산면 동곡마을)으로 낙향한 상태였다. 전주에서 선전관이 이끄는 군사들이 체포하러 오자, 정여립은 자신이 지은 서당이 있는 진안군 죽도 방향으로 도망을 치다가 결국 10월 17일에 천반산 중턱의 작은 굴(송판서굴) 앞에서 자결했다.

그렇다면 이 당시 이순신의 행적을 살펴보자.

1589년이면 이순신이 45세 되던 해로, 기록으로 확인할 수 있는 행적은 이렇다. 1589년 2월에 이순신은 전라도 순찰사 이광의 군관 겸 조방장이 되었다가, 11월에 차사원이 되어 한양으로 올라왔다. 차사원은 정3품 이하의 당하관 관리 중에서 다양한 특수 임무를 수행하기 위해 파견했던 임시 관직이다. 그리고 곧 서반 승지로 불리며 무신의 청요직으로 알려진 선전관에 임명되었으며 12월에는 류성룡의 천거로 정읍현감이 되어 다시 전라도로 내려갔다.

이 기록만 놓고 보면 정여립 사건이 발생해 정여립이 자결한 1589년 10월에 이순신 또한 전라 감영이 있던 전주에 있었다고 추측할 수 있다. 또한 정여립 사건 다음 달에 차사원과 선전관에 연달아 임명되었다는 것만 확인될 뿐 그 구체적인 선발 배경이나 임무는 전하지 않아 그 궁금증을 증폭시켰다. 혹시 정여립 사건과 관련한 발탁 인사나 후속 조치를 위한 인사는 아니었을까. 그러니 아무리 기록을 찾아봐도, 정여립 사건에 이순신이 개입한 정황은 확인할 수 없었다. 당시 실록에도 정여립 사건과 관련해 10월 7일에 전주 부윤 윤자신과 판관 나정언을 새로 임명한 것 말고는 전주 지역 인물들에 대한 기사를 찾아볼 수 없었다.

그렇지만 이순신과 정여립은 1589년이라는 조선 사회의 문제적 시기에 전주를 중심으로 한 동일한 공간에 살았던 건 분명해 보인다. 그러나 안타깝지만 지금으로선 머릿속 상상으로만 둘 사이를 연결할 수밖에 없다. 다만 이거 하나는 확실하다. 이순신과 정여립 둘 다 사후에 "죽지 않고 어딘가에 살아있다"는 소문이 끊임없이 나돌았던 인물이라는 점이다.

전주 감영의 남문인 풍남문

이왕 내친 김에 이순신과 정여립 모두에게 관련된 인물 이야기 하나만 더 하고 끝내자.

혹시 영화 「명량」에서 이순신이 늦게 출격한 부하 장수인 거제 현령 안위를 돌아보며 소리치는 장면을 기억하시는가? 그 안위가 바로 전라도 김제 출신으로 정여립의 5촌 조카이다. 안위는 정여립 모반 사건 때 평안도로 유배되었다가 임진왜란 때 방면된 인물이다. 이렇듯 우리가 아는 인물들이 어떤 인연으로 서로 얼기설기 엮여있는 게 역사이기도 하다.

이순신의 '사생유명' 정신을 볼 수 있는 세 번째 장면은 이순신의 생애에서 사람들에게 가장 많이 알려진 장면 중 하나이다.

1597년 왜군의 재침으로 시작된 정유재란으로 인해 이순신은 누명을 쓰고 한양 의금부로 압송되었다. 재침을 준비하면서 왜군이 가장 큰 공을 들인 건 이순신 제거였다. 이순신이 막고 있는 바다를 장악하지 않고는 전쟁을 이길 수 없다고 판단했다. 이를 위해 일본은 전선을 새로 건조하는 등 수군 전력을 대폭 증강했다. 뿐만 아니라 이순신을 옭아매려는 계략을 오랫동안 준비했다.

사전 작업으로 고니시 유키나가는 부하인 요시라를 조선군 진영에 자주 보내 친분을 맺도록 했다. 요시라가 지속적으로 만난 사람은 경상 우병사 김응서였다. 정유재란을 코앞에 두고 고니시 유키나가는 요시라를 김응서에게 은밀히 보내 군사 기밀을 슬쩍 흘렸다. 즉 강화 회담이 이뤄지지 못한 것은 가토 기요마사 때문이며, 그가 며칠 뒤 군대를 이끌고 반드시 바다를 건너올 예정이니, 제발 수전에 능한 조선군이 바다에서 기다리고 있다가 쳐부숴 주었으면 좋겠다는 내용이었다. 그러면서 이 기회를 놓치면 안 된다고 거듭 강조하였다.

이 말을 들은 김응서는 즉각 조정에 이 사실을 알렸고, 조정에서는 매우 좋은 기회라 여기며 이순신으로 하여금 나가 싸우도록 했다. 김응서나 조정 관료들은 이것이 적의 계략일 수도 있다는 의심을 추호도 하지 않았다. 그도 그럴 것이 고니시 유키나가와 가토 기요마사가 서로 원수지간처럼 경쟁한다고 믿었기 때문이다. 그러나 이순신은 그것이 왜적의 간계일 거라 의심하고는 부산 앞바다로 출정하지 않았다.

더구나 동해와 남해가 만나는 부산 앞바다는 섬들로 둘러싸인 남해와 달리 파도가 높아 이순신이 이끄는 조선 수군에 불리한 곳이었다. 그러니 함부로 출정했다가는 돌이킬 수 없는 큰 낭패를 불러올 수도 있었다.

그사이 결국 가토 기요마사가 부산에 상륙했다.

이때에 맞춰 요시라는 다시 김응서를 찾아가, 가토 기요마사가 이미 상륙했는데 왜 조선 수군이 그냥 놔뒀는지 모르겠다며 안타깝다는 듯 말했다. 김응서가 이 사실을 조정에 전하자, 조정에서는 모든 잘못을 이순신에게 뒤집어씌웠다. 대간에서는 이순신을 체포해 국문해야 한다고 주장했다. 결국 선조는 의금부 도사를 보내 이순신을 잡아들이게 하고, 그 자리에는 원균을 앉혔다. 조정 관료들은 앞다퉈 이순신을 비난하는 목소리를 쏟아냈다. 선조의 마음도 이미 굳어져 있었다. 이순신이 바다에서 연전연승했기에 의주까지 도망쳤던 자신이 다시 한양으로 돌아올 수 있었다. 선조 자신은 백성을 버렸지만, 이순신은 백성을 살렸다. 그러나 그것이 오히려 이순신을 용서할 수 없는 이유가 되었다. 선조의 시기심은 이미 이순신의 목숨을 노리고 있었다. 그런 상황에서 이순신을 천거하고 때론 뒷배가 되어주었던 류성룡마저 함부로 나서서 이순신을 변호할 입장이 못 되었다.

이순신이 살아서 의금부를 나갈 방도는 없어보였다.

조정 대신들이나 의금부 관원들도 모두 이번에는 이순신이 죽음을 피할 수 없을 거란 걸 예감하고 있었다. 국가와 백성을 위해 바다 위에서 사력을 다해 싸웠지만, 결국 역적 혐의를 쓴 죄인이 되어 있었다. 그런 와중에도 이순신은 의금부 감옥 안에서 '사생유명 사당사의(死生有命 死當死矣)'라는 말을 남겼다. 이번엔 정말 죽음의 그림자가 바로 코앞까지 다가와 있었다. 그럼에도 죽고 사는 건 다 운명이니, 죽으면 죽을 뿐이라니. 어떻게 하면 그토록 죽음에 초연할 수 있을까. 진정한 영웅은 죽음을 대하는 자세에서 이미 판가름 나는 듯했다. 그런 그였기에 노량의 차디찬 바다 위에서 마지막 숨을 거둘 때조차 "나의 죽음을 알리지 마라(勿言我死)"고 담담하게 토해낼 수 있었을지도 모른다.

그때 나선 이가 바로 정탁이었다.

정탁은 선조에게 이순신은 명장이라 죽여서는 안 된다며 너그럽게 용서하여 앞으로 공을 세우도록 해야 한다고 간했다. 이로써 간신히 죽음을 면한 이순신은 관직이 삭탈당한 채 그 유명한 백의종군의 길로 나서게 되었다. 다만 이 과정에서 이순신은 간신히 죽음을 면할 수 있었지만, 늙은 어머니는 아들이 옥에 갇혔다는 소식을 듣고 두려움과 근심으로 보내다 아산으로 올라오는 배 안에서 끝내 세상을 뜨고 말았다.

태안 안흥항 _이순신 노모의 유해가 도착한 곳이다.

Guide's Pick

두 개의 물언(勿言)

누군가를 영웅이 되거나 요즘 식으로 스타가 되도록 하는 것은 무엇보다도 그 행동에 기초한다. 이순신에게 23전 23승의 전적이 없었다면 역사는 지금과는 다르게 기록하고 기억할 것이다. 그렇지만 그들을 더욱 빛나게 하는 것은 그들이 한 말이다. 대개의 영웅들은 결정적 순간에 내뱉은 결정적 한마디가 있기 마련이다. 음식에 빗댄다면, 행동이 좋은 재료라면 말은 비법양념 같은 것이다.

이순신 또한 우리나라의 최고 영웅답게 수많은 어록을 가지고 있었다. 그리고 그중에 최고는 역시나 "나의 죽음을 알리지 마라"일 것이다. 한자로 쓰면 "물언아사(勿言我死)"이다. 앞서 언급했던 이 말을 다시 하는 이유는 반복을 통해 독자들의 머릿속에 주입시키려는 게 아니다. '물언(勿言)'이라는 말을 쓰다 보니, 내가 아는 다른 '물언'이 떠올랐기 때문이다. 누운 김에 좀 쉬어가듯이, 그게 떠오른 김에 함께 알아보고 가면 좋을 것 같다. 어차피 책을 읽는 행위는 공부를 하고자 하는 의도 아니던가. 어떤 글을 읽다가 그와 연관되는, 혹은 그것으로 인해 연상되는 것들을 함께 알아보는 것도 좋은 공부법 중 하나이다. 한때 유행했던 꼬리에 꼬리를 무는 공부법인 셈이다. 그럼 꼬리를 물어보도록 하자.

내가 아는 한, 세상에는 2개의 '물언'이 있다.
이순신의 마지막 한마디인 '물언아사'가 하나이고, 공자가 제자인 안연에게 가르친 '비례물언'이 또 하나이다. 그런데 공자의 가르침에는 함께 어울려 다니는 다른 친구들이 있다. 그들을 모두 불러 모으면 이렇다. '비례물시 비례물청 비례물언 비례물동(非禮勿視 非禮勿聽 非禮勿言 非禮勿動)'이나. 이를 공자의 '사물(四勿)'이라고 한다. 뜻을 풀이하면 이렇다. '예가 아니면 보지도 말고, 예가 아니면 듣지도 말고, 예가 아니면 말하지도 말고, 예가 아니면 행하지 마라.' 굳이 유학자가 아니더라도 인간으로 살면서 한 번쯤은 음미해 봐도 좋을 문장이다. 정치인이든 연예인이든 유튜버든 요즘은 말을 많이 해야 살아남을 수 있는 시대이다. 좋은 말이든 나쁜 말이든, 거친 말이든 순한 말이든, 모든 말이 곧 돈이 되는 세상이다. 그럴더라도 삶의 어느 순간은 입을 다물어야 하는 '물언(勿言)'이 필요할 때가 있는 법이다. 불가에 묵언수행이 있다면 유가에는 바로 '물언'이 수행의 한 방편인 셈이다. 말이 넘쳐나는 시대일수록 '물언'이 주는 교훈은 필요하다. 최소한 공자님 말마따나 '예가 아닌데도' 너무 많은 말을 내뱉

신창향교 대성전 _우리나라 향교에는 공자의 위패를 모신 대성전이 있다.

고 있는 건 아닌지 스스로 점검할 필요는 있지 않을까.

다시 꼬리 물기를 해보자.
공자는 '예'에 대한 많은 어록을 남겼다. 그중 가장 유명한 게 '극기복례(克己復禮)'이다. 이 또한 제자인 안연과의 사이에 탄생한 어록이다. 안연이 "인(仁)이 무엇이냐"고 묻자, 공자는 "자기를 이겨내고 예로 돌아가는 것"이라고 대답했다. 즉 인은 곧 극기복례이다.
기왕 꼬리를 문 김에 좀 더 물어보자.
공자가 말한 '예'에 관한 어록 중 개인적으로 가장 인상적인 건 바로 '불학례 무이립(不學禮 無以立)'이다. '예를 배우지 않으면 설 수 없다.' 이 말은 함께 다니는 짝꿍이 있다. 바로 '불학시 무이언(不學詩 無以言)', '시를 배우지 않으면 말을 할 수가 없다'는 가르침이다. 즉 시를 배우지 않으면 높은 벽 앞에 혼자 서 있는 것과 같아 남들과 어울려 말을 할 수가 없

오산 궐리사 _조선시대에 공자를 모신 사당이다. 궐리는 공자가 태어난 곳이다.

고, 예를 배우지 않으면 남들 앞에 설 수 없다는 가르침이다. 이 말은 공자의 아들인 백어(伯魚)의 입을 통해서 알려졌다. 백어가 아버지인 공자에게 배운 가르침을 얘기하는 과정에서 나온 말이었다. 따지고 보면 공자는 이들에게 '시'와 '예' 두 가지만 가르친 셈이다. 백어의 원래 이름은 '리(鯉)'이다. 공자는 20살 때 공리를 낳았다. 공자가 아들을 낳자 노나라 소공이 잉어 몇 마리를 선물했다. 그러자 기쁜 마음에 공자는 아들 이름을 '리(鯉, 잉어)'라 지었다. 참 간편한 작명이었다. 공자도 자식 이름 지을 때 획수를 따졌을까. 문득 궁금하다. 지금도 사람들은 이름 지을 때 한자 획수를 엄청 따지는데, 공자가 저리 편히 지은 걸 보면 괜한 짓 같기도 하니 말이다.

공자의 가계 이야기를 하는 김에 더 꼬리를 물어 공자의 손자이자 공리의 아들인 자사(子思)까지는 언급해야겠다. 동양 고전을 다룬 책에 자주 등장하는 이름이기도 하거니와 그 자신이 『중용』의 저자로 알려져 있다. 『중용』은 원래 『예기』 49편 중 하나였다. 이를 남송의 주희가 따로 떼어내 독립된 책으로 만들면서 사서(四書)의 하나로 자리매김했다. 즉 우리가 아는 사서를 정립한 건 주희였다.

『중용』 이야기가 나오면 다시 꼬리를 물 인물이 17세기 조선에 등장한다. 이 책에서 이미 언급했던 인물인 백호 윤휴이다. 윤휴는 주자 성리학만을 유일한 믿음으로 받드는 조선 후기 성리학자들에 의해 '사문난적(斯文亂賊, 성리학에서 교리를 어지럽히고 사상에 어긋나는 언행을 하는 사람)'으로 지목되었다. 그 이유인즉, 그가 『중용』에 자신의 시각으로 주석을 달았기 때문이다. 요즘 사람들은 "그게 왜?"라고 반문할지도 모른다. 하지만 당시 성리학자들에게는 있을 수 없는 일이었다. 주자의 해석에 말을 보태고 빼고 할 수 없다는 것이다. 이때 윤휴가 한 말은 이것이었다. "어찌 천하의 이치를 주자만 알고 나는 모른단 말인가? 주자가 다시 태어난다면 나를 인정하지 않겠지만 자사가 태어난다면 내 말이 맞다고 할 것이다." 이런 배짱은 배워둬야 한다. 그것이 우리가 옛사람들의 어록을 기억하는 이유 중 하나이기도 하다.

당파적으로 남인이었던 윤휴와 대립각을 세운 인물은 서인의 영수 송시열이었다. 백승종 교수의 책, 『중용, 조선을 바꾼 한 권의 책』에는 당대의 걸출한 두 인물의 만남과 사귐, 그리고 불화의 내용이 나온다. 불화의 시작이 바로 윤휴가 28살에 쓴 『중용설(中庸說)』이었다. 백승종 교수의 책을 인용하면 불화의 마지막은 이렇다.

『중용』을 둘러싼 대립과 갈등에서 시작된 두 사람의 불화는, 끝내 상대방의 목숨을 빼앗기에 이르렀다. 먼저 손을 쓴 것은 송시열 측이었다. 그들

은 윤휴를 사문난적으로 몰아 사약을 내렸다. 윤휴가 제거된 지 9년 만에 송시열도 사약을 마시고 세상을 떠났다. 집권에 성공한 남인들이 복수한 것이었다.

그리고 흥미로운 이야기가 이어진다.

이에 앞서 송시열 측은 윤휴의 자제들이 편찬한 『백호전서』도 모조리 불태웠다. 주희의 해석에서 벗어나 학문적 자유를 추구한 윤휴의 노력이 물거품으로 사라지는 듯했다. 그러나 그의 후손들은 조상의 원고를 남몰래 깊이 간직했다. 1927년, 윤휴의 8세손 윤신환 등이 마침내 『백호전서』를 간행했다.

윤휴의 문집 『백호전서』의 드라마틱한 생존 스토리이지만, 내 눈길을 끈 건 따로 있었다. 바로 8세손이 그 일을 했다는 점이다. 반사적으로 이순신의 8세손 이야기기 떠올랐기 때문이다. 매천 황현이 쓴 『매천야록』에 나오는 이야기다. 지금에 와서 그 사실 여부를 확인할 순 없는 노릇이니, 그냥 '야록(野錄)'에 실린 당대의 가십거리 정도로 생각하고 읽으면 살짝 웃음이 나기도 한다.

1876년 봄에 흑전청륭이 강화도에 배를 대고 있었으므로 조정과 민간이 모두 두려워했다. 마침 이문영이 운현(흥선대원군)을 뵙게 되자 운현이 우스갯소리로 물었다. "자네는 충무공의 후손이니 왜놈을 격파할 무슨 좋은 계책이라도 있는가?" 이문영이 즉시 대답했다. "대감께서는 급히 서두르지 마십시오. 그들을 막는 것은 아주 쉽습니다." "어떤 계책이 있는가?" "충무공의 팔대손이 이처럼 못났으니 가등청정(가토 기요마사)의 팔대손인들 어찌 영특하고 용감하겠습니까?" 이 말을 듣는 자마다 허리

가 끊어지도록 웃었다. 그때 흑전청룡이 가등청정의 팔대손이라는 말이 있었는데, 이문영 역시 충무공의 팔대손이었다.

이야기가 꼬리를 물고 물어 이순신과 윤휴의 8세손까지 이어졌다. 앞서 언급했듯 윤휴와 이순신의 집안은 사돈 간이었다. 그러니 꼬리에 꼬리를 물다 결국 다시 본 몸통으로 돌아온 셈이다. 물론 꼬리를 더 물려면 그 재료는 무궁무진하다.

이런 꼬리 물기는 흔히 하는 공부 방법 중 하나이다.
책 하나를 깊이 탐독해도 기억에 남는 게 그리 많지 않을 때가 많다. 책과 책을 연결하고 인물과 인물을 엮어서 기억하면 그래도 좀 더 낫다. 예를 들어 '물언아사'만 기억하려면 쉽지 않다. 마찬가지로 '비례물언'만 기억하려고 해도 쉽지 않다. 그러나 '물언아사'와 '비례물언'을 연결하여 꾸러미로 묶으면 기억하기가 훨씬 쉽다. 이 책에서도 기회가 되는 한 중간중간 이러한 공부 방법에 따라 독자들이 알면 좋을 만한 이야기들을 살펴볼 예정이다.

4 모두가 알고 있었다

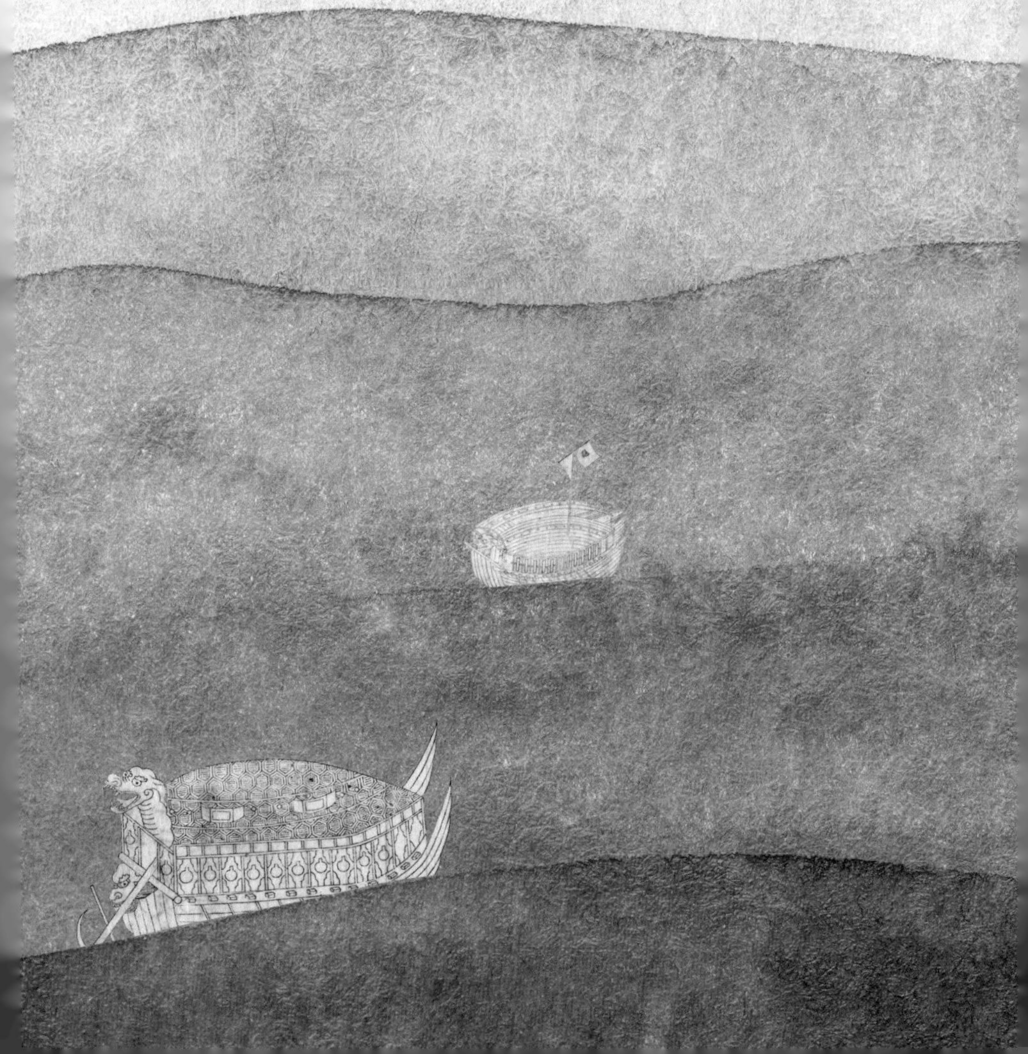

전쟁이 일어날 거라는 분위기는 꽤 오래전부터 조선 반도를 떠돌고 있었다. 선조를 비롯한 많은 조정 대신들이 애써 외면하고 있었지만, 세상사가 그렇듯 외면한다고 사라지는 건 아니었다. 일본이 명나라로 치고 들어갈 거라는 소문은 당시 동북아시아에 파다했다. 명나라도 이미 알고 있었다. 도처에 퍼진 중국 상인들이 소문을 실어 날랐고, 중간에서 양국과 무역으로 먹고 살던 유구국(현재의 오키나와) 또한 부지런히 명나라에 일본에 대한 정보를 제공했다. 조선 조정에서도 그러한 소문을 명나라에 보고해야 하는지를 가지고 갑론을박이 벌어졌다. 가장 큰 걱정은 이미 명나라가 알고 있는데도 조선이 보고하지 않았을 때 닥칠 문책이었다. 그런 경우 일본과 한통속이라는 의심을 피할 수 없었다. 결국 명나라에 일본의 정세를 알려야 한다는 주장이 받아들여져 김응남을 성절사로 보냈다.

사실 모두가 알고 있었다.

일본에 통신사로 갔던 황윤길과 김성일이 돌아와 서로 다른 의견을 피력했을 때도 그 자리에 있던 사람들은 모두 전쟁이 일어날 걸 알고 있었다. 조선 반도에 전쟁의 기운이 서리기 시작한 건 오래전부터였다. 건국 후 200년 가까이 전쟁이 없었다는 건 역설적으로 전쟁의 시간이 가까워지고 있다는 말과 다름없었다. 오랜 평화는 어쩔 수 없이 관료들의 매너리즘과 병사들의 나태함으로 나타났다. 가뜩이나 문관 중심을 표방한 나라에서 국방의 중요성은 잊힌 지 오래였다. 선조조차도 이탕개의 난이 일어난 후에 율곡 이이에게 "오랫동안 평화를 누린 나머지 병사들 또한 해이해진 지 오래"라고 했다. 임진왜란이 일어나기 8년 전에 죽은 이이가 주장한 십만양병이 괜히 나온 건 아니었다. 당시는 일본뿐 아니라 여진족도 위협적이었다. 이런 위기감 속에 이이는 십만 군병을 양성해 미리미리 대비하자고 주장했던 것이다. 『토정비결』을 쓴 이지함조차 15년 후에 전쟁이 일어난다고 예언하지 않았던가. 어쨌든 남쪽이든 북쪽이든 어디선가는 한 번 터질 듯한 분위기였다. 두만강 쪽에선 여진족이 계속 우리 땅을 넘어왔고, 남해안에선 왜구들이 점점 대범하게 침탈해왔다.

시간이 지날수록 조선을 침탈할 적의 윤곽이 확실해져갔다.

일본은 여러 경로를 통해 명으로 갈 길을 열어달라고 요구했다. 그 중심에는 대마도주인 소 요시토시와 승려 겐소가 있었다. 1591년 조선의 통신사가 일본에서 귀국할 때 함께 온 겐소 일행은 부산포에 도착하자 통신사 일행과는 별도로 선위사 오억령을 따라 한양으로 향했다. 이때 겐소는 오억령에게 대놓고 "내년에 조선의 길을 빌려 명을 침범할 것"이라고 했으며, 한양에 도착해서도 통신사였던 김성일과 황윤길을 다시 만난 자리에서 "조선이 명에 조공할 수 있는 길을 열어주면 무사할 것"이라고 노골적으로 요구했다. 말이 조공이지 이는 조선을 짓밟고 명나라에 쳐들어가겠다는 선전포고나 다름없었다. 일본도 조선이 길을 열어주지 않을 걸 알고 있었다. 그렇기에 오래전 고려가 원나라 군대를 인도하여 일본을 공격했던 빚을 갚으려 한다는 말도 서슴지 않았다.↗

→ 몽골이 최강국의 지위를 구가하던 원나라 세조 쿠빌라이 집권 당시 총 2번(1274, 1281)에 걸쳐 일본 원정에 나섰으나, 막강한 군사적 우세에도 불구하고 모두 실패하고 말았다. 이때 원나라는 고려에 병선 제공과 군사 합류를 요구해 고려군도 원정에 참여할 수밖에 없었다. 원정 실패의 원인은 익히 알려진 대로 때마침 불어 닥친 태풍 때문이었다. 일본은 이 태풍을 '신이 일으킨 바람', 즉 신풍(神風, 가미카제)이라 했는데, 여기서 유래한 것이 제2차 세계대전 당시 그 참혹한 자살 특공대인 가미카제다.
원나라가 개경에 설치했던 정동행성(征東行省)은 애초에 정동(일본 정벌)을 위해 설치한 관청이었으나, 정벌에 실패한 후 고려 내정 간섭 기구로 전환되었다.

소 요시토시는 1591년 6월 부산에 들어와 부산진 첨사 정발을 통해 가도입명을 요구하는 문서를 전달했다. 그러나 조선 조정은 가타부타 말이 없었다. 답신을 기다리던 소 요시토시는 결국 빈손으로 돌아갔다. 이후 부산포에 있던 왜관의 분위기도 바뀌었다. 왜인들의 왕래가 뜸해지기 시작했고, 그곳에 거주하던 왜인들도 일본으로 돌아가기 시작했다. 사실 소 요시토시의 머릿속은 복잡하게 돌아가고 있었다. 도요토미 히데요시의 명령에 따라 어쩔 수 없이 조선을 왔다 갔다 해야 했지만, 조선이 자신의 요구를 절대 들어주지 않을 거라는 것 또한 알고 있었다. 사실 그가 원하는 건 일본과 조선 사이에 전쟁이 일어나지 않는 것이었다. 대마도는 예나 지금이나 척박한 땅이다. 척박하다는 건 농사지을 땅이 거의 없다는 걸 의미했다. 제주도의 절반 가까이 되는 면적이지만, 농토는 거의 없었다. 그러다 보니 대마도는 전통적으로 외부와의 무역을 통해 식량을 공급해야 했다. 문제는 육지와의 거리였다. 자신들의 본토인 일본의 육지는 조선보다 세 배 이상 멀었다. 조선의 부산포까지는 고작 50킬로 정도였으니 반나절이면 충분히 갈 수 있는 거리였다. 그러나 소 요시토시로서는 전쟁을 막을 수 없었다. 그는 1592년 4월 11일에 부산으로 건너와 최후통첩을 전달했다. 임진왜란 발발 불과 이틀 전이었다.

소 요시토시나 겐소의 입뿐만이 아니었다.

도요토미 히데요시가 조선 조정에 보낸 국서에도 동일한 내용이 들어있었다. 이처럼 일본은 여러 경로를 통해 자신들의 의지와 야욕을 드러내고 있었다. 도요토미 히데요시는 조선은 안중에 없었을지도 모른다. 조선이 요구를 들어주지 않으면 짓밟고 가면 된다고 여겼을 것이다. 1590년 호조 우지마사로 대표되는 관동 지역의 호조 가문과의 전쟁에서 승리한 그는 마침내 약 100여 년간 계속되었던 일본의 전국시대를 통일한 상태였다. 수십 년간 전쟁터에서 단련된 그의 군사들은 이미 하나하나가 전쟁 기계나 다름없었다. 여기에 포르투칼인을 통해 들여온 조총이라는 신무기도 있었다.

왜란이 일어날 거라는 건 모두가 알고 있었다.

임진년이 가까워질수록 더욱 명확해졌다. 임금인 선조도, 조정 관료들도, 부산의 백성들도, 여수 바닷가의 이순신 장군도 모두 알고 있었다. 조정에서도 나름 대응책을 고심했을 것이다. 그 증거 중 하나가 바로 앞서 언급했던 무신불차탁용이다. 사실 불차탁용 인사 방식은 조선 초기부터 존재했었다. 또한 무인에게만 해당되는 제도도 아니었다. 문신도 불차탁용할 만한 인재가 있으면 직급에 상관없이 뽑아 썼다. 요즘으로 치면 발탁인사인 셈이다. 하지만 이때는 명확한 이유와 목적이 있었다. 1591년 1월이면 조선에 전운이 감돌던 시기였다. 눈앞에 닥친 왜적의 침입을 막을 수 있는 장수가 필요했다. 문신 중심의 조선 사회 내내 그래왔지만, 곳곳마다 문신 출신 지휘관들이 성을 지키고 있었다. 비상시국에는 비상매뉴얼에 따라야 한다. 꿩 잡을 땐 매가 필요한 법이다. 비둘기로는 아무 소용이 없다. 그래서 지위 고하를 묻지도 따지지도 말고 유능한 무신을 추천하라는 명령이 내려졌다.

이순신도 이때 발탁되었다.

조정의 많은 대신들이 이순신을 추천했다. 종6품 정읍현감이던 이순신은 1591년 2월에 정3품 전라 좌수사가 되었다. 너무 파격적인 승진이라는 비판이 나오기도 했다. 이를 의식했는지 당시 이조판서였던 류성룡은 중간에 이순신을 진도군수로 발령을 내기도 했다. 물론 뒤이어 바로 전라 좌수사로 인사를 냄으로써 실제 진도군수로는 부임하지 않았다. 하지만 진도군수는 종4품 벼슬이었으니 형식적으로는 단계를 거쳐 승진한 셈이 되었다. 그래도 사간원의 비판을 피할 순 없었다. 사간원에서 발령을 취소하라고 요청했으나 선조는 받아들이지

고흥 발포진성

않았다.

그런데 나는 이 부분을 읽을 때마다 늘 한 가지 의문에 사로잡히곤 했다.

분명 종6품에서 정3품이 된 것은 파격적인 승진이지만, 사실 이순신은 그보다 10여 년 전에 종4품의 수군 만호가 된 적이 있었다. 1580년에 고흥 발포진의 수군 만호에 임명되었다. 임진왜란을 찬란하게 수놓게 되는 수군으로서의 이순신의 시작을 알린 시기가 바로 이때였다. 당시 이순신은 발포 만호로 약 18개월 정도 근무했다. 그러니 종4품 벼슬이 정3품이 되는 데 10여 년이 걸렸다면 오히려 이게 너무 늦은 건 아닐까? 지금도 발포에 가면 이순신을 모시는 사당인 충무사가 있고,

발포진성에서 바라본 바다

그때의 이순신을 기억하는 오동나무가 곳곳에 심어져 있다. 발포 만호
시절 이순신은 이 오동나무와 관련한 유명한 일화를 남겼다. 오동나
무 사건은 이순신이 발포 만호로 근무했다는 유력한 증거인 셈이다.

사건의 내막은 이렇다.

당시 전라 좌수사였던 성박이라는 인물이 사람을 시켜 발포진 관아
뜰에 있는 오동나무를 베어오도록 했다. 그런데 아무리 발포진이 전
라 좌수사의 관할 지역이라 하더라도 하필 발포진의 책임자가 이순신
이었다. 이순신이 오동나무가 필요한 사유를 물으니 그걸로 거문고를
만들 거라는 답이 돌아왔다. 상서로운 봉황이 유일하게 깃드는 나무
인 오동나무는 최고의 거문고 재목이었다. 오죽하면 조선 중기의 4대

발포진성 오동나무

문장가로 유명한 상촌 신흠은 "오동은 천년을 살아도 제 곡조를 간직한다(桐千年老恒藏曲)"고 노래했겠는가. 거문고를 만드는 데 오동나무가 최고라는 걸 이순신 또한 모를 리 없었다. 하지만 오동나무는 배를 만드는 데도 쓰일 뿐 아니라 여타 병기 제작에도 많이 쓰는 나무였다. 나라를 지키는 전선이나 병기를 만드는 것도 아니고 개인의 사사로운 욕망을 충족시키는 데 관아의 나무를 쓸 수는 없었다. 이순신은 "관아 뜰에 있는 오동나무도 나라의 물건이니 사사로이 베어서 쓸 수 없다"며 거절했다. 결과적으로 이 일로 이순신은 파직되었다. 이 일이 있고 나서 군기경차관으로 군 검열을 하러 내려온 서익이라는 사람이 성박을 대신해 앙심을 품고 거짓 상소를 올렸기 때문이었다.

당시 이순신뿐 아니라 많은 무신이 발탁되었다.

발탁 작업이 마무리 되자, 조정에서는 경상도와 전라도 등 남쪽 지역의 성들을 보수하라는 명령을 내렸다. 진주성을 포함한 많은 성들이 이때 보수 작업을 했다. 그리고 이때 류성룡은 제승방략 대신에 진관제로의 전환을 검토해야 한다고 주장했다. 하지만 이는 경상 감사였던 김수의 반대로 무산되었다. 결국 조선은 제승방략 체제로 임진왜란을 당해야만 했다. 조선의 군대 체제는 원래 6개의 진으로 구성된 진관제였다. 그러나 1555년에 발생한 을묘왜변을 기점으로 제승방략 체제로 바뀌었다. 조선 시대 남자들은 16세부터 60세까지 군역을 져야 했다. 진관제는 이들을 각 진에 속하게 한 다음 전쟁 등 군사를 동원해야 할 일이 발생하면 각 진에 근무하는 최고 책임자가 자기 진에 속한 군사들을 동원해 대처하면 되었다. 이러한 진관제에 비해 제승방략은 최고 책임자가 각 지역에 상주하지 않고, 무슨 일이 생길 때마다 한양에서 임명된 사람이 내려가 특정 지역에 모여 있는 군사들을 지휘하는 시스템이었다. 그러다 보니 같은 지역에서 동고동락하던 진관제의 최고 책임자와 달리 파견된 최고 책임자는 그 지역 정보에 어두울 뿐 아니라 군사들의 장단점도 파악하지 못한 채 군사들을 전투에 내보내는 꼴이 되었다. 그러니 통제력도 발휘하기 쉽지 않고 군사들은 오합지졸이 되기 십상이었다. 더구나 요즘처럼 KTX가 있던 시대도 아니니 선발하여 내려보내는 데 많은 시간이 허비되었다. 즉 즉각 대처해야 할 골든타임을 놓치게 되었다. 쉽게 비유하면 일본 국가대표팀과의 축구시합을 위해 부산에 시민축구단이 구성되었는데, 지휘할 감독으로 서울에서 불특정인이 지명되어 내려가는 꼴이며, 나아가 그가 도착한 시간도 시합이 이미 거의 끝나갈 때인 셈이다. 감독도 없이 시합에 나선 선수들은 강한 상대를 만나 갈팡질팡하며 이미 전의를 상실한 상태가 되기 마련이다.

임진왜란이 터지자 이러한 제승방략 체제의 문제점은 금방 드러났다.

부산을 점령한 왜군이 파죽지세로 북상하자, 한양 조정에서는 경상도 지역 군사들을 지휘할 총책임자로 장수 이일을 선정하여 내려보냈다. 경상 감사 김수는 제승방략의 분군법에 따라 각 고을에 연락해 군사들을 이끌고 대구의 특정 장소에 모이도록 했다. 이에 따라 각 고을의 현감 등은 자기 고을의 군사들을 이끌고 대구로 향했다. 그러나 아무리 기다려도 서울서 온다던 지휘관과 관군이 도착했다는 소식은 없었다. 더구나 비까지 내리고 있었다. 주로 농민들로 구성된 군사들 중에 도망자가 속출했다. 그래도 어쩔 수 없었다. 더구나 부산의 왜적이 가까이 도착했다는 소식이 먼저 들려왔다. 그러자 군사들을 이끌어야 할 현감들부터 도망쳤다. 나중에 이일이 대구 인근의 상주에 도착했을 때는 남아 있는 군사가 거의 없었다. 이일이 주변의 군사들을 끌어 모으려 애썼지만 이미 늦어버렸다. 가까스로 모은 몇백의 군사를 가지고 정예병인 왜군에 맞서 싸우긴 역부족이었다. 더구나 이일은 왜군이 이미 자신들의 진영 근처에 도착했다는 보고를 받고도 거짓 보고로 혼란을 야기했다며 보고한 사람의 목을 베었다. 그러니 이일의 부대가 이길 수 없는 건 당연했다. 이일은 왜적을 피해 홀로 도망쳤다. 전하는 말로는 적에게 들키지 않으려고 장수의 옷을 모두 벗어던지고 벌거벗은 채로 도망했다고 한다. 당시 조선과 그 조정의 일단을 드러내주는 상징적인 장면인 셈이다. 그러나 상징적인 장면은 이것으로 끝난 게 아니었다.

이러한 폐단을 직시하고 있던 류성룡은 1594년 3월에 선조에게 진관제로의 복귀를 다시 진언했다.

"적변이 일어나기 전, 신의 좁은 소견이 우연히 여기에 이르게 되어 비변사의

계사 가운데에 여러 번 말하였으나, 이를 어렵게 여기는 지방관이 있어 마침내 시행하지 못하였습니다. 임금께서는 기억하고 계신지 알 수 없으나 신의 마음에는 지금까지 남은 한이 있습니다. 대개 앞일을 징계하면 뒷일을 삼가게 되고, 옛일을 거울삼으면 지금을 도모할 수 있습니다."

같은 해 2월에 훈련도감을 설치한 후였다.

훈련도감 또한 류성룡의 제안으로 만들어진 한양의 중앙군이었다. 훈련도감도 사실상 제승방략의 문제점을 보완하고자 만든 조직이었다. 류성룡의 글에서 '이를 어렵게 여기는 지방관'이란 경상 감사 김수를 지칭했다. 류성룡이 처음 진관제 복귀를 주장할 때 김수가 반대했었다. 일반 대중에게는 그리 알려지지 않은 인물인 김수는 임진왜란 관련 책에서는 꽤 자주 그 이름이 오르내렸다. 임진왜란 초기 주요 전쟁터였던 경상도의 최고 책임자였으며, 그럼에도 한시가 급한 경상도를 버려두고 임금을 지켜야 한다는 이유로 근왕병을 이끌고 북상해 1592년 6월 용인 전투에서 왜군에 대패했다. 그러한 그의 행태에 대해 의병장 곽재우가 분노를 표출했던 일화는 꽤 알려진 이야기다. 당장 싸울 군사도 부족한 판인데 그 대다수를 근왕이라는 명분으로 빼갔으니, 자발적으로 궐기해 현장에서 죽음을 무릅쓰고 싸우는 의병의 입장에서 보면 "뭐 저런 놈이 다 있나?" 싶었을 것이다.

훈련도감은 언제 만들어졌는가?

대개의 사람들에게 훈련도감이라는 관청은 꽤 익숙한 이름이다. 조선 시대를 배경으로 한 드라마나 영화에서 의금부나 포도청과 함께 워낙 많이 나오는 이름이기 때문이다. 사극에 이들 관청이 거의 꼭 등장할 수밖에 없는 이유는 왕이나 권력 실세들의 명령을 받아 공권력을 행사할 필요가 있기 때문이다. 그러다 보니 사람들은 이 세 관청이 그저 비슷비슷한 역할을 한다거나 조선 시대 내내 편제되어 있었다고 생각하기 십상이다. 하지만 의금부나 포도청과 달리 훈련도감은 군사조직이라는 결정적인 차이가 있다.↓ 그리고 세 관청 중 가장 늦은 조선 중기에 설립된 관청이었다. 훈련도감 설치가 논의된 건 임진왜란 와중인 1593년 말 류성룡의 주청에 의해서였다. 류성룡은 전쟁이 끝난 뒤 자신이 적은 전쟁 기록인『징비록』에 훈련도감의 설치와 군사 모집 과정에 대해 비교적 상세히 적어놓았다. 최초 제안자의 기록이니 만큼 신뢰할 만한 기록이라고 봐도 좋을 것이다.

→ 의금부와 포도청은 사법 및 치안 담당 관청이다. 포도청이 병조에 속해 있으면서 민간의 일반적인 치안을 담당하는 기능을 하는데 반해, 의금부는 왕의 직속 사법기관으로서 왕의 지시를 수행하거나 역모 등 국가적 중죄에 관해 담당했다. 요즘으로 치면 포도청은 경찰청의 역할을, 의금부는 공수처와 검찰, 국정원의 역할을 수행한 셈이다. 그래서 조선 시대에도 대형 사건은 주로 의금부 소관이었다. 앞서 언급한 정여립 역모 사건 관련자도 모두 의금부 감옥에 갇혔고, 이순신 또한 의금부에서 고문을 당했다.

류성룡이 처음 훈련도감의 필요성을 인지한 것은 1593년 여름에 만난 명나라 장수 낙상지 때문이었다. 당시 그는 병문안차 류성룡을 찾아와 "명나라 군사가 돌아가기 전에 조선 군사들이 군대를 양성하고 훈련시키는 방법을 배우고, 그렇게 배운 사람 하나가 열 명을 가르치고 그 열 명이 백 명을 가르치게 되면 몇 년 지나지 않아 정예 부대로 나라를 지키게 될 것"이라고 말했다. 이에 감동한 류성룡은 곧장 한양에서 70명의 군사를 모집해 밤낮으로 창, 검술, 낭선 등의 기술을 배우게 했다. 그러나 류성룡이 남쪽으로 내려가게 되면서 교습이 중단되었다. 이에 류성룡은 선조에게 장계를 올려 훈련도감의 설치를 주청하였다. 이 일은 처음에 좌의정 윤두수에게 맡겨졌으나 선조는 류성룡을 불러 훈련도감 도제조로서 일을 맡도록 했다.

가장 큰 문제는 군사를 모집하는 것이었다.

당시는 전쟁 중이었고 한양에 큰 기근이 들어 식량난에 시달리던 때였다. 류성룡은 용산창에 보관된 명나라에서 보내온 좁쌀 1천 석을 요청해, 매일 한 사람 당 두 되를 주도록 했다. 그러자 사람들이 몰려들었다. 지원자가 너무 많아지자 심사 기준을 정해 선발하였다. 먼저 무거운 돌을 들게 해 힘이 있는 사람을 통과시킨 다음, 높이뛰기 시험을 보아 넘지 못하는 사람은 탈락시켰다. 이렇게 선발된 사람들에게 군사 훈련을 시켰다. 이때 교본으로 삼은 것은 절강성 출신의 척계광이 쓴 병서인 『기효신서』였다. 이 책은 개인 전술이 아닌 팀플레이를 중시하는 병법이 주를 이룬 책이었다. 또한 염초 공급이 원활해지자 조총 사격술도 가르쳤다. 실제로 이후 조선 군사들의 사격술은 동북아시아에서 최고 수준으로 올라서게 되었다. 그러다 보니 나중에 청나라는 대외 전쟁이 벌어질 때마다 걸핏하면 조선의 조총 부대 파병을 요청하곤 했다. 훈련도감은 중앙군이었으므로, 이때 지방군인 속오군도 함께 창설하였다. 이후 조선의 주축 군사력으로 활동하던 훈련도감은 조선 말 별기군 창설로 없어지게 되었다.

1591년 2월 이순신은 전라 좌수사로 부임했다.

　그의 나이 47세였다. 1580년에 발포 만호로 근무하고 떠난 지 실로 오랜만에 전라 좌수영으로 복귀했다. 그사이엔 주로 두만강 인근의 여진족 접경 지역에서 근무했다. 수군과 육군을 두루 섭렵한, 왜구와 여진족을 모두 상대한 백전노장이 되어 전라 좌도의 바다를 책임지는 지휘관으로 돌아왔다. 전라 좌수영이 있는 곳은 전남 여수였다. 요즘 젊은 사람들에겐 밤바다의 대명사가 된 '낭만 여수'의 이미지가 강한 곳이지만, 당시만 해도 골치 아픈 왜구들과 수시로 격전을 치러야 하는 조선 수군의 전진기지였다. 이순신이 부임하기 불과 4년 전인 1587년에도, 우리 역사에 '손죽도 사건' 혹은 '손죽도 해전'으로 기록될 만큼 대대적인 왜구의 침탈이 있었다. 손죽도는 고흥반도 남쪽 해상에 있는 섬으로 전라 좌수영 관할 지역이었다. 지금도 행정구역상 여수시에 속한다. 이 사건으로 녹도 만호 이대원이 젊은 나이에 큰 공을 세웠으나 결국 왜구에 잡혀 죽임을 당했다. 이 사건은 나중에 조선이 일본에 통신사를 보내는 전제조건이 되기도 했다. 일본이 조선에 통신사 파견을 요청했을 때, 조선 조정은 손죽도 사건 당시 왜구에게 길을 안내했던 조선인 사화동의 소환을 요구했다. 요즘으로 치면 범죄인 인도가 선행되어야 외교 사절단을 보내줄 수 있다고 한 것이다. 일본에게 이는 어려운 조건이 아니었다. 곧바로 사건 이후 일본에 살고 있던 사화동을 비롯한 조선인 10여 명을 끌고 와 조선에 넘겼고, 이들은 모두 참수되었다.

　우리는 직접 가보지 않고 지도만 펴 봐도 그곳이 지리적으로 어떠한 위치에 있는지 대강 알 수 있다. 지금도 그렇지만 여수는 남해안의 동서 사이를 연결하는 중추적인 위치에 자리하고 있었다. 동쪽은 경상 우수영이 있고 서쪽엔 전라 우

→ 바닷가에 위치한 또 하나의 국립공원으로는 태안해안국립공원이 있다. 그러나 이는 해상이 아니고 해안 풍광이 주인공이라 해안국립공원이라는 이름을 얻었다. 충남 태안군 북쪽의 학암포로부터 남쪽의 안면도로 이어지는 해안선을 따라 펼쳐져 있다.

수영이 있었다. 만약 전쟁이 일어난다면 그 두 진영 사이에서 핵심적인 고리 역할을 담당해야 할 위치였다. 지금도 여수는 남해안의 여러 섬과 반도 중에서 가장 큰 도시 중 하나로 전라도와 경상도의 경계에서 두 지역을 때론 구분하고 때론 연결하고 있다. 우리나라에 단 두 개뿐인 해상국립공원↗ 또한 여수를 기준으로 구분되었다. 쉽게 말해서 여수에서 돌산대교를 건너 남쪽으로 끝까지 운전하고 가면 우리나라 4대 관음성지 중 하나인 향일암이 나온다. 이 향일암을 중심으로 다도해해상국립공원과 한려해상국립공원이 나뉜다. 동쪽의 남해, 통영 해상의 섬들을 중심으로 아름답게 펼쳐진 바다가 한려해상국립공원이고, 서쪽의 고흥, 완도, 진도, 신안 해상을 중심으로 천여 개 섬들이 펼쳐진 바다가 다도해해상국립공원이다.

전라 좌수영이 관할했던 지역은 여수 외에도 흔히 5관(官) 5포(浦)로 불리는 지역이 포함된다. 5관은 내륙에 있는 행정 중심의 고을로 순천, 보성, 광양, 낙안, 흥양(지금의 고흥)이고, 5포는 바다에 접한 군사기지로 방답(여수시 돌산읍 군내리), 사도(고흥군 영남면 금사리), 발포(고흥군 도화면 발포리), 여도(고흥군 점암면 여호리), 녹도(고흥군 도양읍 봉암리)이다. 방답을 빼면 모두 고흥에 있다. 쉽게 말해 전라 좌수영 관할 지역은 여

수반도와 고흥반도 및 그 주변 섬들, 그리고 그 위쪽의 내륙 고을이었다. 전라 우수영이나 경상도의 두 수영에 비해 관할 지역 규모는 작았지만, 전라도와 경상도를 연결하고, 섬진강 물길을 따라 전라 감영이 있는 전주 방향으로 올라갈 수 있는 요충지였다.

부임지인 전라 좌수영 객사인 진해루(鎭海樓)에 도착한 이순신의 머릿속엔 많은 감회가 스쳐갔다. 조정의 많은 대신들이 자신을 믿고 추천해주었기에 가능한 일이었다. 그중엔 정언신처럼 자신과 전장을 함께 누볐던 사람도, 류성룡처럼 어릴 적 한 동네에서 살았던 사람도, 정탁이나 이산해처럼 별 인연이 없던 사람도 있었다. 늘 한마음(一心)으로 살아온 날들이었다. 그러나 임금은 물론 그 누구도 자신의 마음을 알아주지 않는다고 여기며 보내온 세월이었다. 늦은 나이에 막중한 소임을 맡았다. 이런저런 소문들로 어지러운 세상이었다. 이순신은 자신의 마음부터 다잡았다. 그래야 소문들에 흔들리지 않고 맡은 소임을 다해낼 수 있었다. 이런 감회는 결심으로 연결되기 마련이다. 자신이 이곳을 맡고 있는 동안 손죽도 사건 같은 패배는 다시는 없도록 할 거라는 다짐, 우리 백성이 왜구의 침탈에 고통받지 않도록 하겠다는 다짐을 또다시 했다. 그러려면 준비를 철저히 해야 한다. 다짐은 또 다른 다짐을 낳는 법이다. 이순신의 머릿속에 수많은 다짐들이 스쳐갔다. 진해루에 있으니 더 그런지도 모르겠다. 바다(海)를 진압(鎭)해야 한다. 반드시.

나중 일이지만 이순신이 임진왜란 발발 후 최초의 출정을 결심한 곳도 바로 진해루였다.

당시 수하 장수들과 대책을 논의 중이었다. 이억기가 이끄는 전라 우수영 수군이 도착하면 연합해 출발하기로 했으나 감감무소식이었다. 그러자 녹도 만호 정운 등은 이순신에게 더 이상 미룰 수 없다며 출정을 요구했다. 정운은 손죽도 사건 직후 녹도 만호로 부임

여수 진남관 _2022년 5월까지 해체복원 작업 중이다.

한 장수였다. 이순신은 고심 끝에 부하 장수들의 충정을 받아들이기로 했다. 곧이어 준비를 마친 함대가 거제도 옥포 앞바다를 향해 출발했다. 이순신 수군의 첫 번째 해전인 옥포해전은 그렇게 시작되었다.

그런데 지금 여수에 가면 진해루는 안 보이고 대신 진남관(鎭南館)이 그 자리를 차지하고 있다. 사정은 이렇다. 1597년 정유재란을 일으킨 왜군은 칠천량에서 조선 수군을 대파한 후 파죽지세로 여수까지 침탈했다. 그때 전라 좌수영이 모두 불에 타면서 진해루도 소실되었다. 전쟁이 끝난 1598년 12월에 좌수사로 부임한 이시언이 건물을 새로 짓고 이름을 진남관이라 붙였다. 현재 건물은 진남관이 화재로 소실되자 1718년에 당시 좌수사였던 이재면이 중건한 건물이다. 이 건물은 임진왜란 때 삼도수군통제영으로 사용된 조선 수군의 중심 기지였으며, 조선 시대 객사 중 현존하는 국내 최대의 단층 목조건물이다. '진남(鎭南)'은 표면적으로는 '남쪽을 진압한다'는 의미지만, 남쪽이란 곧 왜구를 뜻했다. 즉 '남쪽의 왜구를 진압'하여 나라를 평안하게 하

진남관 망해루

겠다는 의지가 투영된 이름이었다. 진남관으로 들어가는 누각 이름은 망해루(望海樓)다. 지금은 매립되어 널찍한 이순신 광장이 들어서 있지만 당시는 망해루 바로 앞이 바다였다. 바다를 왜 바라보겠는가. 바로 '진남'하기 위해서였다.

혹 남해안 어디에 가서 '진남(鎭南)'이라는 단어를 보시걸랑 왜구를 진압하겠다는 조상들의 의지를 떠올린다면 대개 들어맞는다. 한 예로, 사람들이 많이 찾는 전남 순천 낙안읍성의 남문 이름이 지금은 '쌍청루'로 바뀌었지만, 한때는 진남루로 불렸다. 이 또한 여수 진남관과 같은 의지를 담은 작명이었다. 낙안읍성이 지금은 내륙 안쪽에 있는 것처럼 보이지만, 예전에는 바로 아랫동네인 벌교 쪽 수로를 통해 왜구들이 배를 타고 낙안까지 침탈하였다. 그러니 낙안 사람들의 마음속에도 자연히 '남쪽에서 올라오는 왜구를 진압하겠다'는 의지가 타오르지 않았겠는가.

여수에 부임한 이순신은 모든 촉수를 동원해 정보를 수집했다.

몇백 년을 괴롭혀온 왜구도 문제지만, 섬나라 일본의 국내 정세가 심상치 않았다. 좌수영 내 현지에서 듣는 소문도 그렇고, 가끔 한양을 통해 듣는 정보도 전쟁을 이야기하고 있었다. 명으로 가기 위해 조선에 길을 빌려달라는 요구가 대체 말이 된단 말인가. 빌려달라는 건 핑계일 뿐 우리보고 명을 치러 가는 길에 앞장서라는 요구나 다름없었다. 더구나 그들은 오래전에 이 땅의 사람들이 자신들에게 진 빚을 갚으라고도 했다. 앞서 언급했듯, 한때 이 땅의 군사들은 중국의 집권자들이 일본을 치러 해협을 건널 때 앞장선 적이 있었다. 일본에서 온 사신들도 노골적으로 이때의 일을 언급했다.

한 인물이 나타나 이미 섬 전체를 통일했다는 소문도 들려왔다.

그 인물이 어떤 인물인지에 대한 소문도 떠돌았다. 대체로 성격이 잔인하고 무자비해 충분히 전쟁을 일으킬 거라는 인물평이 중론이었다. 그가 언제 공격 명령을 내릴진 알 수 없었다. 하지만 그리 멀지 않았다는 것 또한 느낄 수 있었다. 준비되어 있지 않으면 단 몇 척의 왜구들에게도 당하는 판국이었다. 그러니 만약 저들의 정예병이 침략해 온다면 속수무책이었다. 최대한 서둘러야 한다. 그리고 적들이 예상치 못하는 새로운 무기도 개발해야 한다. 진남루에 선 이순신은 남해바다를 내려다보며 다짐하고 또 다짐했다.

그때 전남 나주에 사는 나대용이라는 사람이 좌수영으로 이순신을 찾아왔다.

그는 선박 만드는 기술자라고 자신을 소개했다. 이순신은 그를 반갑게 맞아들였다. 수군에게 가장 중요한 것이 바로 선박이었다. 바다에서 적들과 싸우려면 지금보다 더 튼튼하고 강력한 전선이 필요했다. 당시 수군의 주력선은 판옥선이었다. 1555년 왜구의 침입으로 일어난 을묘왜변 후 개발된 전선이었다. 바닥은 조수간만의 차가 큰 우리나라 서해안과 남해안에 유리하도록 평평하게 만든 평저선(平底船)이었으며, 갑판은 널빤지로 덮었다. 그러나 속도가 느린 게 흠이었다. 특히 바닥이 V자형인 첨저선(尖底船)이면서 크기가 작은 일본의 전선들을 따라잡기에는 속도가 뒤처졌다. 이처럼 빠른 배를 이용해 왜구들은 우리 남해안을 휘젓고 다녔다. 그렇지만 속도를 제외하면 조선의 평저선이 유리한 점이 더 많았다. 우선 왜선에 비해 그 크기가 크고 튼튼했다. 판옥선은 주로 우리나라의 소나무와 참나무로 만들어서 튼튼했다. 이에 반해 왜선은 일본 삼나무로 만들어서 조선의 전선보다 약했다. 모두가 알 듯이 이는 명량대첩에서 위력을 발휘했다. 적은 전선으로 월등히 많은 적선을 상대하면서 조선의 판옥선은 동충서돌(東衝西突)하면서 왜선을 파괴할 수 있었다. 또한 배가 크고 바닥이 평평했기에 배 위에서 화포를 쏘기에 유리했다. 왜적에게는 조총이라는 신무기가 있었지만, 조선에는 오랜 세월 연구하며 개발해온 화포가 있었다. 왜선은 작고 바닥이 뾰족했기에 화포를 쏠라치면 배가 크게 흔들거렸다. 그만큼 명중률이 떨어졌다. 하지만 판옥선은 여러 종류의 화포를 탑재하고 적선의 위치에 따라 필요에 맞는 화포를 안정적으로 발사할 수 있었다. 더구나 판옥선은 제자리에서 선회가 가능해, 배의 전후좌우 모든 화포를 효율적으로 이용할 수 있었다. 화포의 위력은 육전에서보다는 해전에서 훨씬 강했다. 부산포에 상륙한 왜적이 물밀 듯이 밀고 올라오는 상황에서 조선의 화포는 쏠 기회마저 없었다. 적들의 조총 앞에 육지의 방어선은 순식간에 무너져버렸다. 더구나 육전에서의 화포는 야전(野戰)의 적을 공격할 때보다는 성안의 적을 공격하는 공성전 때 유리했다. 익히 알 듯이, 평양에 머물던 왜적을 조명연합군이 공격해 승리한 평양성 전투의 일등 공신은 바로 화포였다. 명군이 가져온 서양 화포인 불랑기→의 위력 앞에 평양성은 무너지기 시작했

→ 불랑기(佛狼機)에서 '불랑'은 게르만족의 한 분파로 프랑크 왕국을 세운 'Frank'의 한자식 표기이다. 당시 중국이나 조선에서는 넓게는 유럽을, 좁게는 포르투갈을 지칭할 때 불랑기라고 했다. 그리고 포르투갈에서 가져온 대포 또한 불랑기라고 불렀다.

다. 당시 전투에 대해 이덕형은 "성에서 5리쯤 떨어진 곳에서 여러 포를 일시에 발사하니 소리가 하늘을 진동하는 것 같았는데 이윽고 불빛이 하늘에 치솟으며 모든 왜적들이 붉고 흰 깃발을 들고 나오다가 모두 쓰러졌다"고 했다. 이처럼 육전에서의 화포 활용은 평양성 전투 이외에는 두드러진 전과가 없었다.

그렇지만 바다에서는 달랐다.

→ 조선의 대표적인 화포는 바로 이 넷이다. 같은 총통이라는 이름이 붙은 승자총통 계열은 화포가 아니라 조총과 같은 개인 화기로 분류해야 한다. 그 크기에 따라 천, 지, 현, 황의 이름을 붙였다. 이는 『천자문』에서 따왔다. 흔히 한자 교육의 입문서로 알려진 이 책은 이처럼 어떤 순서가 필요할 때 그 차례를 표시하는 기능으로도 쓰였다. 예를 들어 성곽 공사할 때 각 구간을 이 천자문의 순서대로 그 차례를 표시한 후 해당 고을에 할당하는 식으로 활용되었다.

이순신 함대가 출정한 모든 전투에서 화포는 큰 위력을 발휘했다. 정박하고 있는 적선이나 우리 수군에 접근하고 있는 적선을 향해 판옥선에서 일제히 화포가 발사되었다. 상황에 따라 천자총통, 지자총통, 현자총통, 황자총통이 불을 뿜었다. 순식간에 부서지고 깨진 적선이 부지기수이며 화포의 위력 앞에 왜적들은 혼비백산하였다. 이는 평소 판옥선을 타고 바다로 나가 실전처럼 연습한 이순신의 함대였기에 가능한 일이었다. 수백 미터 떨어진 상황에서 화포 공격을 주고받을 경우 왜선은 상대가 되지 못했다. 이순신 연승의 배경에는 이처럼 조선의 전선과 화포가 있었다. 그만큼 전투를 준비하는 이순신으로서도 가장 신경 쓰고 중요하게 여긴 것이 바로 이것들이었다. 그런 점에서 이순신은 고려 말 최무선이 깨달은 화포 개발의 필요성과 그 궤를 같이하고 있었다. 최무선은 배 위에서 화포 공격을 통해 왜선들을 박살냄으로써, 왜구들이 뭍에 상륙하지 못하도록 하는 게 가장 중요하다고 생각했다. 그 생각이 세계 최초의 함포 공격의 시작이었다. 이순신 또한 최무선과 같은 생각을 했을 것이다.

이순신은 전선에 대해 나대용과 허심탄회하게 이야기를 나누었다.

그의 말에는 막힘이 없었다. 궁리하고 있던 이런저런 아이디어도 참신했다. 이순신은 천군만마를 얻은 기분이었다. 그를 전선과 무기를 제작하는 군관으로 삼았다. 결과는 성공적이었다. 그는 기존 판옥선을 개량하여 그 속도를 높였다. 이순신은 그와 새로운 거북선에 대해 이야기했다. 흔히 귀선(龜船)으로 불리는 거북 모양의 전선은 고려 때부터 있었다고 한다. 그리고 기록에 남아 있는 거북선의 첫 번째 버전은 『태종실록』1413년 2월 5일자 기사에 "임금이 임진도를 지나다가 거북선(龜船)과 왜선이 서로 싸우는 상황을 구경하였다"라며 처음 등장했다. 이를 바탕으로 이순신과 나대용은 새로운 거북선 연구에 들어갔다.

거북선은 그 유명세에 비해 그리 많이 만들어지진 않았다.

임진왜란 당시 제작된 거북선이 몇 척인지, 어떤 모양인지에 대해서는 정확히 전해지는 자료가 없다. 다만 학계에서는 적게는 3척에서 많으면 5척 정도가 활약했을 것으로 추정했다. 거북선은 일종의 돌격선이었다. 거북선이 먼저 적선 사이를 헤집고 들어가면, 조선 수군의 주력선인 판옥선이 본격적으로 공격하는 전술이었다. 거북선은 전후좌우로 포를 쏠 수 있었다. 더구나 거북의 등 부분은 쇠 화살촉을 꽂았기에 적들이 배에 올라탈 수 없었다. 상대방의 배에 올라 타 육박전을 즐기는 왜군으로서는 속수무책이었다. 그러니 당시 수준으로는 최고의 돌격선이자, 왜군 맞춤형 돌격선이었다. 거북선의 외형이나 내부 구조가 정확히 어떤지는 실물이 전하지 않아 알 수 없다. 다만 이순신이 선조에게 거북선에 대해 보고하는 다음의 글을 통해 대강의 모습을 짐작해볼 수 있다.

> "신이 일찍이 섬나라 오랑캐에 의한 전란을 걱정해 특별히 거북선을 만들었습니다. 앞에는 용머리를 설치해 입에서 대포를 쏘고, 등에는 쇠 화살촉을 꽂았고, 안에서는 밖을 잘 살필 수 있으나, 밖에서는 안을 살필 수 없습니다. 적선이 비록 수백 척일지라도, 안으로 돌격해 들어가 포를 쏠 수 있는데, 이번에 출동할 때 돌격장이 타도록 했습니다. 먼저 거북선에 명령해 그 적선에 돌진하게 해 먼저 천자, 지자, 현자, 황자의 각종 총통을 쏘게 했습니다."

이 글은 2차 출정하여 왜적을 격파한 후 돌아와 그 결과를 선조에게 보고하는 장계에 수록되어 있었다. 이순신 함대는 한 번 출정하면 상황에 따라 여러 곳에서 해전을 벌인 후 본대로 귀환하곤 했다. 이순신은 1차 출정에서는 거북선을 가져가지 않았다. 그때까지도 거북선은 확실한 검증이 되지 않은 상태였다. 이순신과 나대용이 머리를 맞대고 1년 내내 노력해 만든 거북선이 실제 바다 위로 나가 시험 운행을 한 지도 얼마 되지 않았었다. 『난중일기』에 따르면, 1592년 2월 8일이 되어서야 거북선의 돛으로 쓸 베 29필을 받았다. 아마 이 이후에 돛을 단 거북선은 바다로 시험 운행을 나갔을 것이다. 그리고 전쟁이 발

여수 선소

발하기 하루 전에야 거북선의 화포들에 대한 시험 발사를 마무리할
수 있었다. 이로써 거북선과 판옥선으로 이루어진 조선 수군 함대의
위용을 갖추게 되었다.

　1차 출정으로 3곳의 전투에서 대승을 거두고 돌아온 다음 다시 함
대를 재정비하여 출정한 2차 출정부터 이순신은 거북선을 활용하였
다. 판옥선만으로도 왜적을 물리칠 수 있다는 자신감이 생겼으니 2차

출정부터는 거북선을 실전 배치해 시험해볼 필요가 있다고 판단했을 수도 있다. 어쩌면 1차 출정하고 있는 동안 거북선에 배치된 수군들은 여수 선소 앞바다에서 계속 해상 훈련을 했는지도 모를 일이다. 선소는 전라 좌수영의 전선을 만들고 수리하는 곳으로 거북선 또한 이곳에서 만들었다. 이런저런 사정으로 임진왜란 중 거북선이 활약한 첫 번째 전투는 2차 출정의 첫 번째 전투인 사천해전(1592.5.29)이다. 그리고 연이어 벌어진 당포해전, 당항포해전, 율포해전에서 이순신은 거북선을 앞세워 적선 72척을 격파하였다. 그리고 이후 출정부터는 당당히 판옥선 함대를 이끌고 선봉에 서서 적진을 향해 돌격하였다.

거북선 제작에 대한 나대용의 공로는 지금도 우리 바다에서 인정받고 있다.

대한민국 해군은 한반도의 바다를 지키는 잠수함에 이순신의 부하 장수 이름을 붙였다. 바로 나대용함과 정운함이 그것이다. 앞서 언급했듯 정운은 이순신에게 첫 출정을 간했던 인물이다. 이순신보다 나이도 많고 군 경험도 풍부하지만, 이순신의 왼팔로 불리며 가장 신뢰를 받았던 장수였다. 녹도 만호로서 전쟁 준비도 가장 충실하게 해 관할 지역을 순시하던 이순신으로부터 극찬을 듣기도 했었다. 이순신이 첫 출정했던 옥포해전에서는 후방을 책임지는 후부장이라는 직책이었다. 그러나 첫 전투의 부담감으로 조선 수군이 다소 미적거리자 울분을 참지 못하고 꾸역꾸역 앞으로 나가 선봉장 역할을 하며 공격을 이끌었다. 그의 충정과 진심을 느낄 수 있는 장면이다. 하지만 안타깝게도 적의 심장부를 노리며 공격했던 부산포해전에서 그만 적탄에 맞아 숨을 거두었다. 해가 저물어 철수 명령이 떨어졌음에도 마지막까지 분전했으나, 이생에서의 운명은 거기까지였다. 당시 조선 수군의 가장 원로 장수로서 칠순이 훌쩍 넘은 나이에 이순신의 일종의 군사 고문으로 참전했던 정걸이 만류했음에도 정운은 물러서지 않고 싸웠다고 한다. 선조와 대신들이 모여 조총의 위력을 논하던 상황을 기록한『선조실록』에 따르면, 정운을 쏜 무기는 대조총(大鳥銃)이었다. 이는 한 번에 철환 20개와 작은 돌 4개를 쏠 수 있는 일종의 대포급 조총이었다. 그 자리에 있던 심충겸이 선조에게 "(탄환이) 참나무 방패 3개를 관통하고 쌀 2석을 또 뚫고 지나 정운의 몸을 관통한 다음 배에 박혔다"고 말했을 정도이니, 그 위력이 엄청난 조총이었다.

정운이 죽자 이순신은 국가가 오른팔을 잃었다며 애석해 했다.

그리고 후세가 그를 기억하도록 배향을 건의하여 마지막까지 만호로 근무했던 고흥군 쌍충사(雙忠祠)에 손죽도 사건으로 죽은 이대원과 함께 배향하였다. 이순신은 스스로 제문을 지어 올리며 "믿고 의지했던 것은 오직 그대였는데 앞으로는 어이 하리"라고 통곡했다.

→ 참고로 '부산 시민의 날'은 매년 10월 5일인데, 이날은 실제로 부산포해전(음력 9월 1일)을 기념하여 정해진 날이다. 그러므로 이날 전사한 정운도 함께 기려지는 날이기도 하다.

늙은 군인의 노래

흔히 인간의 역사는 전쟁의 역사라고도 말한다. 지구상에 호모 사피엔스가 출현한 이후, 생존을 위한 이주와 정착의 과정, 그리고 국가 형성과 발전의 과정 속에서 늘 싸움은 피할 수 없었다. 우리 역사에서도 수많은 사람들이 그러한 전쟁에 나섰다. 그중 누구는 구국의 영웅이 되는 승전으로, 누구는 패전의 멍에로 역사에 기록되기도 했다. 물론 대다수의 이름 없는 군사들은 단지 군세의 숫자 속에 기록될 뿐이다. 우리는 그들을 그렇게 뭉뚱그려 기억할 수밖에 없다. 어쩔 수 없는 일이다. 역사는, 그리고 후대의 인간은 모두를 기록하고, 기억하지 못한다. 7년에 걸친 임진왜란의 와중에도 수많은 무명의 군사들이 육지와 바다에서 목숨을 걸고 전투에 참여했다. 그들이 있었기에 국난은 극복될 수 있었다.

그런데 역사에 기록되고, 우리가 기억할 수 있음에도 잘 알려지지 않은 인물들도 있다.

그중 대표적인 인물이 바로 정걸 장군이다. 역사를 공부하다 보면 이름난 인물들에 가려진 매력적인 인물을 찾는 즐거움도 있기 마련이다. 마치 영화 속 훌륭한 조연이나 카메오처럼, 눈에 자주 띄지는 않지만 한 번 보면 잊히지 않는 그런 인물을 보는 즐거움이다. 익히 알려졌듯이 이순신 주변에는 숨은 조력자들이 많이 있었다. 그중 나이가 가장 많음에도, 정걸은 '신 스틸러(scene stealer)'로서의 존재감을 발휘하기에 전혀 부족함이 없는 인물이었다. 정걸은 웬만큼 역사에 관심 있는 사람들에게도 그리 많이 알려진 인물은 아니다. 하지만 16세기 중후반에 발생한 주요 사건 기록에는 그의 이름이 여러 번 언급되고 있다. 이러한 기록을 바탕으로 그의 삶을 재구성하면 이렇다.

16세기 조선의 마지막을 장식한 사건은 역시 임진왜란이다.

전쟁의 기운이 확산되고 있을 당시 정걸은 70대 중반을 넘어선 나이였다. 당연히 은퇴한 만년의 삶을 누리고 있었다. 그때 그에게 급한 전갈이 왔다. 전라 좌수사로 부임한 이순신의 조방장으로 부임하라는 임금의 명이었다. 흔히 조방장은 해당 군영의 대장을 보좌하는 역할을 담당했다. 정걸은 이미 오래전에 전라 좌수사를 역임한 바가 있었다. 군 경력으로만 봐도 이순신보다 한참 앞선 선배였다. 그러니 이 경우는 보좌역보다는 군사 고문역 정도로 봐야 한다. 이순신은 일본과의 관계가 급박하게 돌아가는 상황에서 전라 좌수사라는 중책을 맡게 되자, 정걸의 풍부한 경험과 능력이 필요했다. 그래서 조정에 특별히 정걸의 발령을 요청했을 것이다. 추측건대 이순신은 어떤 식이든 정걸에게 연락해 미리 부탁을 했을 가능성이 크다. 당시 정걸은 은퇴 후 고향인 흥양(고흥)에 머무르고 있었다. 흥양 지역은 전라 좌수영의 관할 지역인 5관 5포 중에 1관 4포가 있는 핵심 지역이었다. 한마디로 전라 좌수영 수군 전력의 거의 대부분이 흥양 지역에 있었다. 이처럼 근처에 머물던 삼십여 년 선배를 군사 고문으로 위촉하고자 했다면, 미리 연통을 넣어 허락을 구했을 것이다. 이순신의 품성도 그러하거니와 그것이 보통 인간이 행해야 할 도리이기 때문이다. 어쨌든 두 사람 모두에게 실로 쉽지 않은 결정이었을 것이다. 은퇴한 백전노장 선배에게 도움을 요청하는 것도 그렇거니와 그런 후배의 요청에 응답해 노구를 이끌고 고문역을 한다는 것도 쉽지 않은 일이다.

둘이 만난 후 약 1년 동안 이순신은 전쟁 대비에 박차를 가했다.

당시 전쟁 대비의 핵심은 전선과 무기를 수리 및 개발하고, 진법에 따라 군사들을 훈련시키고, 예상 시나리오에 따라 전략을 짜는 것이었다. 정확한 기록은 남아 있지 않지만, 이 과정에서 정걸의 도움은 전방위적으로 이루어졌을 가능성이 크다. 특히 전선의 개발에 있어서는 정걸의 도움이 상당했을 것으로 보인다.

임진왜란 때 일본 수군을 박살낸 조선 수군의 핵심은 판옥선과 화포였다. 흔히 판옥선은 1555년에 왜구들이 해남 등 전라도 남해안에 상륙해 노략질한 사건인 을묘왜변 이후 새로 개발된 전선으로 알려졌다. 기존의 전선을 개량화한 것이다. 또한 이 시기에 천자총통과 지자총통 등 대형 화포들이 많이 만들어졌다. 당시 임금인 명종과 조정 관료들은 적선을 물리치는 데 가장 중요한 무기가 바로 화포라고 판단하고 있었기 때문이다. 을묘왜변이 일어났을 때 정걸은 군관의 신분으로 한양에 있다가, 당시 전라도 도순찰사인 이준경의 지시를 받고 급히 남해안으로 파견되었다. 그리고 여러 전투에서 왜구를 물리치는 데 혁혁한 공을 세웠다. 『선조실록』에 따르면, 을묘왜변이 진정된 후 정걸은 진도의 남도포 만호에 부임했다.

왜구의 침략은 끊이질 않았다.
이듬해 여러 적의 왜선이 출현하자 진라 우수사 등은 겁을 먹고 진격하지 못했으나, 정걸만이 홀로 진격해 적을 전부 사로잡았다. 그리고 이처럼 반복되는 대대적인 왜구의 침략에 대비해 조선은 전투함을 새롭게 개발했다. 그것이 판옥선이었다. 이순신 연구가인 박종평이 옮긴 『난중일기』의 〈주석〉을 보면, 유희춘의 『미암일기』를 인용해 "판옥선 1척을 만드는 것이 50칸 집을 짓는 것과 맞먹는다"고 했다. 당대 관료가 이런 기록을 남긴 것으로 보아, 판옥선이 기존 전선인 맹선에 비해 훨씬 많은 재목이 소요되었다고 유추할 수 있다. 그만큼 전선이 대형화되었다는 의미였다. 이렇듯 조선 수군의 새로운 전선인 판옥선이 개발될 때 정걸은 그 현장의 중심에 있었다. 일부 문헌에는 판옥선을 정걸이 만들었다고도 하니,

이순신이 이와 같은 판옥선의 역사를 모를 리 없었다. 이처럼 전선 개발 경험과 왜적과의 풍부한 전투 경험을 가진 노장수와 신중하면서도 강한 추진력을 갖춘 젊은 장수의 결합은 생각보다 훨씬 많은 시너지를 창출했을 것으로 보인다. 이러한 상황을 감안할 때 거북선 개발에도 정걸의 조언이 상당히 반영되었을 것이라고 추측하는 것도 큰 무리는 아닐 것이다.

마침내 전쟁이 발발하자, 정걸은 노구를 이끌고 전선에 올라 이순신을 도왔다.

이제까지는 군사 고문의 역할을 했다면, 지금부터는 전장의 장수가 되어 군사들을 통솔했다. 정걸이 정확히 어느 해전에 참여했는지는 살펴 본 자료에 따라 이견이 있어 확신할 수 없다. 그러나 여러 자료를 종합했을 때 이순신이 나선 초기 네 번의 출정 중 두 번째 출정(사천해전 등)을 제외한 모든 전투에 정걸도 함께한 것으로 보인다. 특히 3차 출정한 한산대첩에서는 부상을 입었다는 기록이 있고, 4차 출정한 부산포해전에서는 앞서 언급했듯 끝까지 싸우려는 정운을 만류하기도 했었다.

남해안에서의 해전이 일단락된 후 정걸은 충청 수사로 부임했다.

당시 전황은 이랬다. 고니시 유키나가가 이끄는 일본의 선봉 부대는 평양성에 머문 채 더는 북상하지 못하고 있었다. 해가 바뀌어 1593년이 되자마자 조명연합군은 평양성을 공격했고, 왜군은 한양까지 후퇴해야 했다. 이 과정에서 후퇴하는 적을 무리하게 추격하다 벽제관 전투에서 패한 이여송 제독은 이후 소극적인 자세로 일관했다. 한양에 머물던 왜군은 명과 강화 협상을 추진하며 후퇴할 시간을 벌고 있었다. 이러한 대치상태 속에서 권율은 행주산성에 진을 친 뒤 왜군을 공격할 기회를 엿보고 있었다. 또한 조선의 다른 병력들도 한강 이남과 강화 등에 포진하고 있었다. 그런 와중에 1593년 2월 행주대첩이 발발했다. 계속된 전투 속에서 행주산성의 조선군은 화살마저 거의 떨어져 가고 있었다.

이때 충청 수사인 정걸은 전선을 이끌고 한강으로 들어섰다.

그리고 준비해 온 화살을 행주산성으로 보냈다. 결과적으로 이를 바탕으로 조선군은 승리할 수 있었다. 하지만 후대의 사람들은 행주대첩에서 화살이 떨어지자 누군가 성 밖에서 그걸 날라다주었다는 장면은 기억해도, 그 사람이 정걸인 것은 알지 못했다. 이날의 패배로 왜군의 철수는 가속화되었다. 행주대첩이 끝났음에도 정걸은 물러나지 않고 계속 진격해 용산창 아래 강변에 진을 친 왜적을 향해 화포 공격을 하기도 했다.

충청 수사에서 물러난 뒤 정걸은 다시 이순신을 찾아갔다.

1594년 선조는 그동안 고생한 장수들에게 물품을 내려 노고를 치하하면서, 이순신 등 각 군영의 현직 지휘관 외에 딱 한 사람에게도 물품을 하사하는데, 그 인물이 바로 정걸이었다. 실록에 기록된 당시 비변사의 보고 내용 중 일부를 보면 이렇다.

> "전 수사 정걸은 80세의 나이로 나라 일에 힘을 바치려고 아직도 한산도 신중에 머물러 있다고 들었습니다. 이 사람에게도 아울러 은사가 내려진다면 군사들의 마음이 필시 감동될 것입니다."

당시 정걸은 이순신 곁에 머무르고 있었다. 80세의 고령임에도 나라 일에 힘을 바치려고 아직도 군영을 떠나지 못하는 그의 모습에서, 그리고 그가 임금에게 포상을 받는다는 소식에 군사들마저 감동할 거라는 말 속에서, 그가 어떤 삶을 살아왔는지 조금은 느낄 수 있지 않을까 싶다. 이후 정걸은 고향인 고흥에 머물던 1597년 숨을 거두었다. 그의 나이 83세였다. 늙은 군인의 노래는 그렇게 막을 내렸다.

사실 부산포해전은 이순신의 승부수였다.

부산포는 왜군의 본거지였다. 적선만 해도 500척 가까이 정박해 있었다. 전쟁으로 나라가 피폐해지고 백성의 삶이 망가진 지 벌써 5개월이나 지났다. 육지의 적은 이미 평양까지 치고 올라가 진을 치고 있었으며, 이 땅의 임금은 그보다 먼저 의주까지 피란 가 있었다. 전쟁을 끝내려면 승부수를 던져야 했다. 적의 몸통이자 컨트롤타워를 직접 공격해 끝장을 내야 했다. 그러면 앞서 올라갔던 왜적들도 우왕좌왕하다가 자연히 항복할 것이다. 전승가도를 달려온 조선의 수군이었다. 한산대첩의 승리로 군사들의 사기 또한 최고조에 올라 있었다. 지금 적들을 치지 않으면 언제 다시 기회가 올지 알 수 없었다. 이순신은 남해안의 조선 수군을 모두 이끌고 부산 앞바다로 나아갔다.

엄밀히 말하면 부산포는 전라 좌수사인 이순신의 관할 구역이 아니었다.

그러나 원래 이곳을 지켜야 했던 경상 좌수사 박홍은 전쟁이 일어나자마자 자신의 바다를 버리고 도망쳐 버렸다. 경상 우수사 원균 또한 전쟁 초기 스스로 군영의 전선들을 침몰시킴으로써 경상도 수군의 와해를 불러왔다. 전쟁 발발 후 쭉 그래왔던 것처럼 이순신이 나서야 했다. 전라 우수사 이억기 함대와 합류하고 몇 척 남은 원균의 전선을 수습하여 적의 심장부를 공격했다. 결과적으로 전쟁을 끝내진 못했다. 그러나 이제껏 양측에서 전투에 참여한 배가 가장 많았던 만큼 가장 치열한 전투였다. 그만큼 조선 수군의 피해도 가장 심했다. 그럼에도 적선 100여 척을 침몰시킴으로써 왜군 전력에 큰 타격을 주었다. 한산대첩과 연이은 부산포해전의 패배로 인해 크나큰 트라우마를 가지게 된 적들은 이후로 바다에서의 싸움은 꿈도 꾸지 못하고 육전에만 집중하였다. 한산도와 부산포 두 해전은 확실하게 적들의 뇌리에 '이순신'을 각인시켜 주었으며, 그로써 '이순신 효과'가 완성되었다. 적들은 이순신이라는 말만 들어도 공포에 사로잡혀 감히 싸울 엄두를 내지 못했다.

이순신과 관련된 이야기 중에는 요즘 유행하는 마블 영화에서나 볼 법한 요소들이 참으로 많다. 주로 육전에서 활용했던 학익진이라는 진법을 바다 위에서 완벽하게 펼치며 세계 해전사에 한 획을 그은 한산대첩이나 절대적 열세임에도 두려움을 용기로 바꿈으로써 불가능이란 없다는 걸 증명해낸 명량대첩과 같은 승전의 이야기만이 아니다. 평범한 일상 속에서도 "역시 이순신이야!"라는 감탄을 자아내는 히어로적인 면모를 보여주는 일화도 많다. 그중 사람들에게 많이 회자되는 이야기가 "이순신은 임진왜란이 일어나기 딱 하루 전에 모든 군사 훈련을 마무리했다"이다. 이보다 더 절묘한 타이밍이 있을까.

이순신은 1592년 4월 12일에 모든 훈련을 마무리했다.

전라 좌수사로 부임한 지 1년 2개월 만이었다. 특히 이날 거북선 화포의 시험 발사를 마무리했다. 그리고 다음 날인 4월 13일에 임진왜란이 발발했다. 아무리 우연성이 개입했다 할지라도 어찌 이럴 수가 있을까. 마치 위대한 예언가가 빙의된 듯한, 보통의 인간으로서는 도저히 그럴 수 없는 불가능한 일정 관리였다.

그러나 이 또한 완전히 불가능한 것은 아니었을 것이다.

이순신은 좌수사 부임 이후 꾸준히 전쟁 대비를 해왔다. 이미 몇 년 전부터 전쟁이 일어날 낌새는 있었다. 일본의 연락책인 대마도주 소 요시토시와 겐소는 시도 때도 없이 조선을 들락거리며 가도입명의 소문을 뿌리고 다녔다. 일본에 다녀온 조선의 통신사 중에도 전쟁이 일어날 거라는 게 대세였다. 통신사가 돌아온 게 이순신이 좌수사로 부임한 그다음 달이었으니, 이순신도 조정에서의 논란에 대해 알고 있었을 것이다. 삼포(三浦)의 분위기도 이전과 달랐다. 삼포는 세종 때 왜인들에 대한 회유책으로 왜관을 설치하여 그들이 거류하고 교역할 수 있게 한 세 곳의 항구 마을로, 웅천의 제포, 동래의 부산포, 울산의 염포이다. 그러다 보니 조선과 일본 사이에 발생하는 민감한 사안에 대한 소문이 가장 먼저 떠도는 곳이다. 더구나 전쟁 이틀 전인 4월 11일에도 소 요시토시는 부산으로 건너와 최후통첩을 전달했다. 모든 사건은 일어나기 전에 먼저 그 전조 증상이 있기 마련이니, 이순신처럼 예민한 촉수를 들이대고 있던 사람이 그 징조를 그냥 지나칠 리 없었다. 전쟁의 신이라 해도 결코 과장이라 할 수 없는 이순신이라면 정보의 중요성을 누구보다 잘 알고 있었을 것이다. 부산포 등 삼포에 정보원을 두었을 가능성이 크며, 그들로부터 꾸준히 첩보를 입수했을 것이다. 급한 첩보인 경우 말을 타고 하룻밤을 달리면 이순신의 귀에 들어갈 수 있었다. 그러니 이순신이 발발 하루 전에 딱 맞춰 준비를 마치자마자 공교롭게도 왜적이 그 다음 날 쳐들어왔다기보다는 꾸준히 전쟁에 대비하며 훈련하다가 소 요시토시의 최후통첩에 대한 첩보를 받고 실전 태세로 전환했다고 보는 것이 더 그럴듯하지 않을까.

기록에 따르면 이순신이 전쟁 소식을 공식적으로 알게 된 건 발발 이틀 후에 경상도에서 온 공문을 통해서였다. 공문을 받고 이순신은 통분을 금치 못했으나 그리 놀라진 않았다. 이미 예상하고 있던 일이 터진 것이기도 했겠지만, 공적인 문서 이전에 사적인 루트를 통해 첩보를 받았기 때문이 아닐까? 이순신은 전쟁 발발 10일 전까지 몹시 아팠다. 그러나 몸도 말끔히 회복되었다. 그와 함께 이순신 함대는 모든 훈련을 마쳤다. 준비는 끝났다. 그러나 전라 좌수영뿐이었다. 조선의 조정은 전혀 준비가 되어 있지 않았다.

5 어디로 가시렵니까?

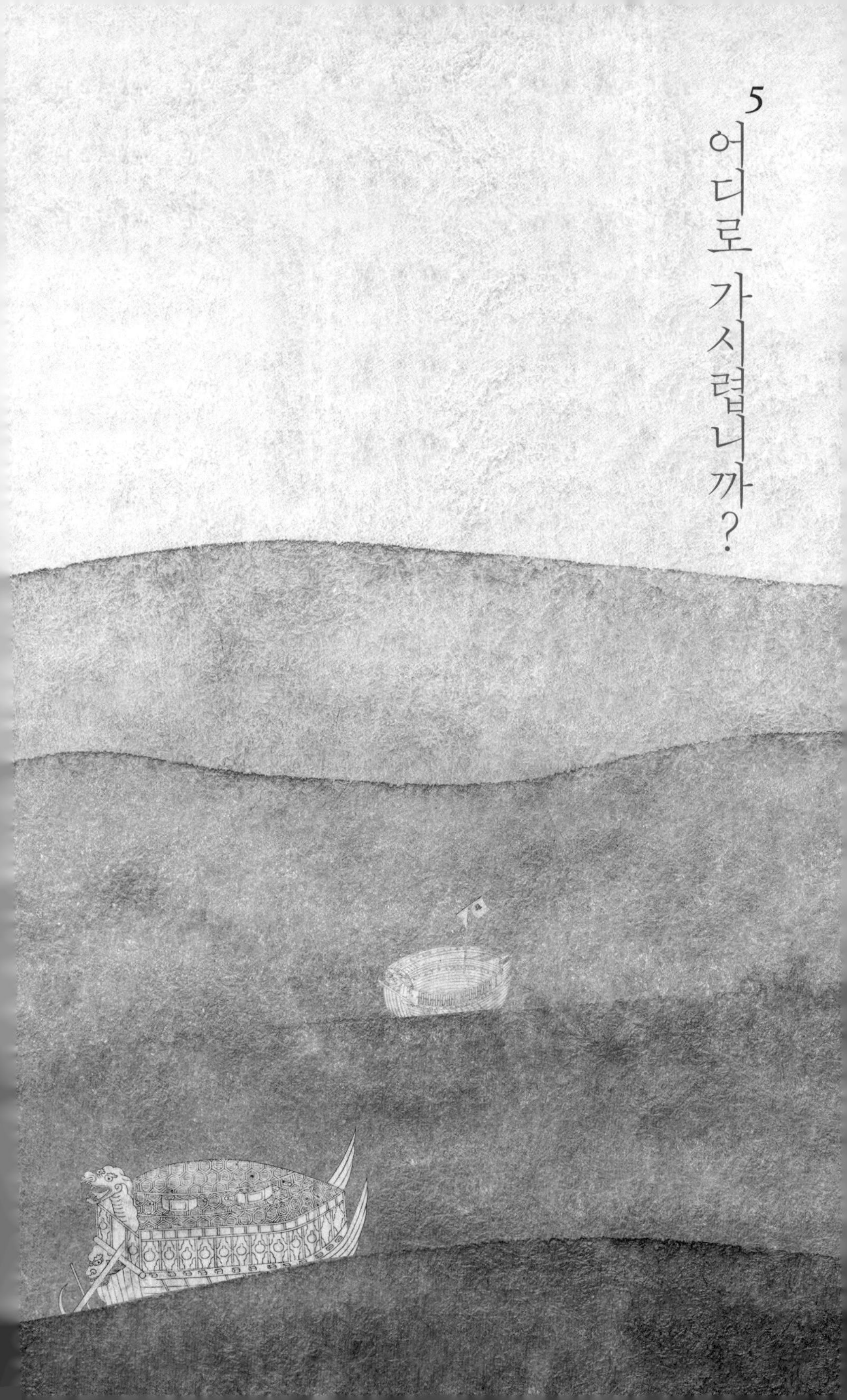

드디어 전쟁이 터지고 말았다. 1592년 4월 13일이었다. 왜군은 수백 척의 배를 끌고 대마도를 거쳐 부산포로 밀려들었다. 선봉을 맡은 제1진은 고니시 유키나가 부대였다. 자신의 사위인 대마도주 소 요시토시와 함께 1만 8천 명의 병력으로 부산포에 상륙해 다대포성과 부산진성 그리고 동래성을 차례로 함락시켰다. 조선 사정에 밝은 소 요시토시는 전쟁을 막으려 했으나 막상 전쟁이 일어나자 왜군에게 조선에 대한 모든 정보를 제공했을 뿐 아니라 선봉을 자처했다.

왜군이 침략했다는 소식이 조정에 도착한 것은 4월 17일이었다.

경상 좌수사 박홍이 올린 장계를 통해서였다. 그사이 부산포 일대를 점령한 왜군은 가장 빠른 길을 택해 한양을 향해 북상하고 있었다. 다급해진 조정은 나름 가려 뽑은 장수들을 남쪽으로 내려보냈다. 그러나 평소에 준비가 되어 있지 않은 장수와 그 군대가 무엇을 할 수 있겠는가. 군사 모집부터 삐거덕거렸다. 그나마 모인 군사들도 제대로

탄금대 추모비

규합하지 못했다. 더구나 왜군의 최신 무기인 조총에 대해서도 무지했다. 경상도 순변사로 임명해 제일 먼저 내려보낸 장수인 이일은 상주 일대에서 제대로 싸워보지도 못하고 패해 도망쳤다. 또한 당대 최고의 용장으로 불리던 삼도 순변사 신립은 4월 28일 탄금대에서 배수진을 쳤으나 역시 대패하고 말았다. 종사관으로 함께 한 김여물을 비롯하여 여럿이 험준한 조령에서 길목을 지켜야 승산이 있다고 건의했으나, 신립은 이를 새겨듣지 않고 평소 기마병을 이끌고 여진족을 상대하던 습성대로 허허벌판 탄금대에 진을 쳤다. 싸움의 결과는 우리가 알고 있는 그대로다. 김여물 또한 신립과 함께 이곳에서 전사했다. 원래 김여물은 류성룡이 뽑아둔 인물이었다. 남인인 류성룡은 당파가 서로 달랐지만 서인인 김여물의 능력을 인정해 감옥에 있던 그를 꺼내 자기 곁에 두었었다. 그러나 출정을 앞둔 신립이 김여물을 데려가겠다고 요청해 어쩔 수 없이 종사관으로 보낸 것이다. 같은 날 탄금대에서 죽은 둘의 인연은 다음 세대에도 이어졌다. 1623년에 일어난 인조반정

탄금대 신립장군 순국비

의 두 주역인 신경진과 김류가 이 둘의 아들이었다.

　당시 신립은 조선의 정예병이라 할 만한 8천여 명의 군사를 이끌고 있었으니, 이 패배가 몰고 올 후폭풍은 가히 짐작할 만하겠다. 제일 먼저 움직인 건 임금인 선조였다. 다음 날 충주 탄금대의 패전 소식이 궁궐에 전해졌고, 선조는 짐을 싸기 시작했다. 그리고 하루 만에 선조는 궁궐을 버리고 북쪽으로 향했다. 4월 30일, 채 어둠이 가시기도 전이었다. 사실 짐조차 제대로 싸지 못한 채 급히 나선 꼴이었다.

탄금대 열두대

『선조실록』에 따르면 이날은 종일 비가 내렸다.

하늘마저 애통해서 내린 비가 아니었다. 비로 인해 홍제원을 질척질척 넘어가는 행렬의 처량함은 극대화되었다. 벽제관에 이르러 점심을 먹는데 왕과 왕비의 반찬만 겨우 구했을 뿐 전날 왕세자에 책봉된 광해군은 반찬도 없었다. 호종하는 궁인들은 통곡했지만 도성에 남겨진 백성들은 임금이 떠난 궁궐로 달려갔다. 왕실의 재물을 보관하던 내탕고가 텅 비게 되었고, 궁궐의 모든 전각에서 불길이 치솟았다. 제일 먼저 불탄 건물은 장례원과 형조였다. 그곳에 노비 관련 문서들이 보관되어 있었기 때문이다. 이날 경복궁, 창덕궁, 창경궁이 모두 불길에 휩싸였다. 궁궐뿐 아니라 평상시 백성들의 원성을 샀던 종실의 집과 탐관오리의 집도 불에 탔다. 안타까운 건 이때의 불로 소중한 기록 유산도 함께 불에 타버렸다. 『고려사』를 수찬할 때의 초고뿐 아니라 당시까지의 『승정원일기』가 흔적도 없이 재로 변했다. 그래서 지금 우리가 확인할 수 있는 『승정원일기』는 인조 대부터 시작해 한일합병 조약으로 조선이 공식적으로 문을 닫는 시기까지가 전부이다(임진왜란 이후의 선조 후반기와 광해군 대의 기록도 1624년 발생한 이괄의 난 때 소실되었다). 『조선왕조실록』은 다행히 전주 사고 보관분이 불에 타지 않아 임진왜란 때까지의 기록이 보존될 수 있었던 것과는 달리, 안타깝게도 『승정원일기』의 기록이 전하지 않는 이유다.

애초에 왜군이 내세운 가도입명은 그럴 듯한 핑계일 뿐 그들의 목적은 조선을 명 침략을 위한 전진기지화해서 필요한 식량이나 무기 등을 보급하기 위해서였다. 그러기 위해 최대한 빨리 임금이 있는 도성을 점령해야 했다. 그래야 자신들의 군 전력을 그대로 유지한 채 명나라로 향할 수 있었다. 조선은 임금의 항복만 받으면 그뿐이었다. 그리하여 자신들도 놀랄만한 속도로 개전 20일 만에 한양 궁궐에 들어왔다. 그동안 조선 군대의 변변찮은 저항조차 없었지만, 막상 궁궐에 도착하니 조선의 임금도 없었다.
흔히 회자되는 얘기 중에 조선을 침략한 왜군이 크게 놀란 게 세 번 있다고 한다.

첫 번째는 선조의 줄행랑이다. "왕이 어떻게 도성을 버리고 도망을 가지?" 전국시대에 서로의 땅을 뺏기 위해 수많은 전쟁을 치렀던 그들의 사고 속에서는 상상할 수 없는 일이었다. 전쟁에서 진 다이묘(영주)는 항복하거나 할복하거나 둘 중 하나였다. 선택지에 도망은 없었다. 두 번째는 의병의 존재다. "농민이 왜 싸움에 나서지?" 당시 일본은 병사와 농민이 완전히 구분된 병농분리제 국가였다. 쉽게 말해 전투는 사무라이로 통칭되는 훈련된 군사들이 하고, 농민들은 단지 농사만 지었다. 근처에서 전투가 일어나도 백성들은 그냥 생업에 종사할 뿐이었다. 그러니 다이묘가 바뀌어도 농민은 평소대로 농사만 지었다. 특별한 일이 아니면 농민에 대한 학살도 없었다. 그러나 조선은 달랐다. 일본과 달리 병농일치제 국가였다. 전쟁이 일어나면 군역을 진 농민들이 삽 대신 창을 들고 전투에 나섰다. 이를 알 리 없는 왜군들이 놀란 건 어쩌면 당연한지도 모르겠다. 마지막 세 번째는 역시 이순신의 존재다. "아니, 조선에 어떻게 저런 걸출한 장수가 있을 수 있지?" 이는 여기서 따로 설명하지 않아도 될 것 같다.

사실 가장 놀란 사람은 왜군이 아니라 선조였을 것이다.

물론 도망가는 임금에 대한 역사의 평가는 크게 두 가지로 나뉜다. 긍정적으로 보면 왕조국가에서는 어쩔 수 없는 선택이라는 것이다. 왕이 죽거나 사로잡히면 바로 패망이나 다름없으니, 어떡하든 왕이 살아있어야 후일을 도모할 수 있다는 논리다. 늘 외적의 침입에 시달리던 우리 땅에는 임금의 피란 또한 많았다. 거란이 침입하자 고려 현종은 전남 나주로, 홍건적이 쳐들어오자 공민왕은 경북 안동까지 피란

갔다. 꼭 외적이 아니더라도 도성을 버리고 도망 간 임금도 있었다. 조선의 인조는 이괄의 난이 일어나자 충남 공주의 공산성으로 피신하였다. 그래서 혹자들은 우스갯소리로 이렇게 말한다. "임진왜란을 승리로 이끌 수 있었던 동력은 무엇인가? 대개는 이순신이나 의병의 활약을 말하지만 결정적인 건 선조의 재빠른 도망이다. 왕조국가에서 왕이 잡히면 전쟁은 그걸로 끝이다. 더 이상 기회가 없다. 하지만 왕이 도망가서 버티면, 시간은 조선에 있었다. 왕이 잡히지 않고 있어서 이순신이나 의병에게도 반전의 기회가 생겼다." 씁쓸하지만 일견 그럴 듯한 설명이다.

그러니 선조만 탓할 수 없을지도 모르겠다.

다만 요즘 사람들에게 각인된 선조에 대한 부정적 이미지는 단지 이 사건 하나로만 이루어진 건 아니었다. 피란 기간 중에 했던 모든 행위와 말, 이순신을 죽음으로 몰고 간 편협함, 왕세자인 광해군을 대하는 옹졸함, 전쟁 후 이루어진 공신 책봉 문제 등등이 종합적으로 모여 선조를 우리 앞에 데려다 놓았다. 그러니 선조 또한 후대 사람들만 탓할 수도 없을 것이다.

임진왜란 당시 최악의 장수를 꼽으라면?

다시 이일이란 장수에 대해 언급할 일이 없을 것 같아 여기에 몇 자 적어 둬야겠다. 요즘 사람들에게 임진왜란 당시 최악의 장수를 꼽으라면 아마도 신립과 원균이 앞뒤를 다툴 것이다. 당시 조선이 당했던 가장 충격적인 패배는 신립의 탄금대 전투와 원균의 칠천량해진이었다. 그러다 보니 이 둘은 영화나 드라마에서 가장 무능한 장수로 그려졌다. 그러나 둘에게도 변명의 여지는 있었다. 신립이 비록 탄금대에서 패배했다고 해서 이탕개 난을 진압하는 등 그전에 수많은 전투에서 이룬 전공이 없어지지는 않는다. 또한 일부 학자들은 그가 친 배수진(背水陣) 전략이 비록 패했지만 당시 상황에서는 나름 시도해볼 만한 전략이었다고도 말한다. 물을 등지고 죽음을 불사하는 전술인 배수진은 사실 극단적인 전술이다. 그러니 그 성공과 실패를 미리 예단하지 못한다. 또한 주로 전력이 열세인 군대가 취하기 마련이다. 성공하면 훌륭한 전술이 되겠지만, 실패하면 무모한 전술로 지탄받기 십상이다.

배수진 전술을 처음 사용했다고 알려진 중국 한나라의 한신은 조나라를 상대로 성공했다. 하지만 한신의 군대에게 쫓기던 초나라 항우의 군대는 해하 전투에서 물을 등지고 배수진을 쳤지만 실패했다. 배수진은 죽을 각오로 임하는 군사들의 극한의 용기에 기대는 전술이다. 구석에 몰린 생쥐가 고양이를 물 수 있는 용기를 바탕으로 한다. 한신은 이에 대해 "죽을 곳에 빠뜨린 뒤라야 비로소 살게 할 수 있다"고 했다. 그러나 만병통치의 명약은 아니었다. 이를 간파한 한신은 또 다른 전술, 즉 사면초가(四面楚歌)의 전술을 썼다. 그럼으로써 항우 군대의 용기는 와르르 무너지고 결국 대패하고 말았다. 이렇듯 함부로 써먹으면 안 되는 전술임이 분명했지만, 신립은 북방 지역을 휘젓고 다녔던 자신의 기병 부대에 대한 믿음이 워낙 강했다. 그리고 여기에 왜군 군사력에 대한 무지와 무시도 한몫했다. 일례로 전쟁 전에 류성룡이 신립에게 왜군의 조총을 경계해야 한다고 말했을 때, 그는 "조총을 가지고 있다고는 하나 어찌 다 맞출 수 있겠는가"라며 우쭐댔었다. 안타깝지만 탄금대 전투는 전장에서 장수의 근거 없는 자신감에 따른 판단 착오가 어떤 결과를 초래하는지를 보여주는 사례로 남게 되었다.

원균 또한 이순신의 안티히어로로서 이미지가 워낙 강하지만 당대에는 신립과 같은 용장의 반열에 오른 장수였으며, 어찌 되었든 전쟁이 끝난 후 선정된 선무공신 일등에 이순신, 권율과 함께 이름을 올렸다. 비록 전략과 전술이 다소 부족했지만 장수로서의 중요한 덕목 중 하나인 용감함에 있어서는 꽤 좋은 평점을 받은 인물이었으며, 무엇보다 싸워보지도 않고 도망가는 비겁한 장수는 아니었다. 그러니 누군가 내게 똑같은 질문을 한다면, 내 대답은 이 둘이 아니다. 눈치챘겠지만, 임진왜란 최악의 장수는 육지에서는 신립이 아니라 이일이었다. 그리고 바다에서는 원균이 아니라 배설이었다.

이일은 이미 오래전에 능력의 밑바닥을 드러낸 적이 있었다.
북방의 녹둔도 사건에서 부하 장수였던 이순신을 모함해 죽이려한 졸장의 면모를 드러냈었다. 임진왜란 때도 마찬가지였다. 상주 전투에서는 졸전 끝에 도망쳤을 뿐 아니라 왜군이 벌써 가까이 다가왔다며 적의 동태를 보고한 사람을 무작정 죽이기까지 했다. 탄금대 전투에서도 신립과 김여물을 비롯해 모든 군사들이 죽기를 각오하고 싸우다 장렬히 전사했지만 이일은 또 도망쳤다. 도망치면서는 자신의 목숨을 보전하기 위한 핑계를

152

만들려고 조선의 백성을 죽여 그 시체를 왜군으로 위장했다고도 하니 조선의 장수라고도 할 수 없는 졸렬하고 추잡한 위인이었다.

배설 또한 이일 못지않은 위인이었다.

요즘 사람들에게 배설은 이순신이 다시 일어설 수 있는 배 12척을 간수한 인물로 기억된다. 경상 우수사로서 참여한 칠천량해전에서 배설은 표면적으로는 원균이 칠천량에 진을 치는 걸 반대했으며, 그로 인해 결과적으로 모든 조선 수군이 수몰될 때 그가 지휘하던 배 12척은 보존할 수 있었다. 그러나 그가 배를 보존할 수 있었던 이유는 왜군의 야습으로 칠천량해전이 일어나자 제대로 싸워보지도 않고 바로 도망쳤기 때문이었다. 다른 군사들이 죽음으로 내몰리며 힘든 싸움을 하고 있을 때였다. 더구나 그 이후 12척의 배를 가지고 있으면서도 왜군과는 맞서 싸울 엄두도 못 내었다. 그러면서 자신의 호위용으로만 거느리고 있었다. 백의종군 후 다시 삼도수군통제사가 된 이순신에게는 전선의 확보가 가장 절실했다. 배설에게 판옥선이 있다는 건 이순신도 알고 있었다. 이순신은 가급적 빨리 그 전선들을 확보하고 싶었다. 그러나 배설은 꾸물대며 이순신의 속을 태웠다. 결국 수군 재건을 위한 행군을 하던 이순신이 보성에서 군량을 마련한 후 장흥 회령포까지 내려와서야 배설의 배를 인수할 수 있었다. 그러나 막상 인수하고 보니 배를 저을 격군도 전투에 필요한 무기도 제대로 갖추지 못한 배였다.

이일과 마찬가지로 배설 또한 도망자로서의 모습은 끝이 없었다.

도망자로서의 배설을 유감없이 보여주는 사건은 바로 명량대첩 직전에 있었다. 배설은 왜선이 쳐들어온다는 헛소문을 듣고는 바로 함대를 이탈해 줄행랑쳤다. 이것이 이순신이 배 12척을 확보할 수 있도록 나름 기여한 장본인임에도 명량대첩이라는 전대미문의 전투에서 그 이름을 볼 수 없는 이유였다. 이러한 사실은 『난중일기』에서도 확인할 수 있다.

이들의 마지막도 그리 아름답진 못했다.

전쟁이 끝나서도 살아남아 함경도 남병사직을 수행하던 이일은 1601년 부하를 죽인 혐의로 한양으로 압송되다가 도중에 죽었다. 자기 버릇 남 못준다더니, 오래전 이순신을 죽이려 했던 습성을 못 버리고 결국 그로 인해 죽었다. 전국에 수배령이 떨어졌던 배설 또한 결국 권율에게 잡혀 참형당하고 말았다.

막상 전쟁이 발발하고 신립이 탄금대에서 패하자, 당장 조정에서 논란이 된 것은 두 가지였다. 다름 아닌 선조의 파천과 왕세자 책봉 문제였다. 선조의 입에서 나온 파천 문제는 그리 오래 걸릴 일이 아니었다. 비록 신하들이 "종묘와 원릉(園陵)이 있는 도성을 버리고 어디로 가려 하시냐"고 따지고, "임금이 도성을 버리고 가버리면 인심을 보장할 수 없다"며 통곡해도 이미 정한 선조의 맘을 돌리기엔 역부족이었다. 신립의 형인 우승지 신잡이 나서서 "전하께서 만일 신의 말을 따르지 않으시고 끝내 파천하신다면, 신의 집엔 팔십 노모가 계시니 신은 종묘의 대문 밖에서 스스로 자결할지언정 감히 전하의 뒤를 따르지 못하겠습니다"라고까지 했으나 선조는 확고부동이었다. 영의정 이산해는 신잡에게 "파천의 전례가 있다"고 말했다가, 대간들의 탄핵을 받기도 했다. 그러나 선조는 유일하게 공개적으로 자신의 편을 들어준 이산해의 탄핵을 받아들이지 않았다.

같은 날, 세자 책봉 문제도 논의되었다.

『선조실록』에 따르면, 신잡은 왕세자를 책봉하여 민심을 진정시키고 사직의 장래를 도모해야 한다고 했다. 그러자 선조는 밖에서 대기하고 있던 대신들을 불러들여 "(왕세자로) 누구를 세울 만하다고 생각하는가?"라고 물었다. 대신들은 하나같이 "마땅히 성상께서 스스로 결정하실 일입니다"라고만 대답할 뿐 감히 누구라고 이름을 대지 못했다. 누구라고 이름을 말하는 건 도박이었다. 만약 다른 사람이 왕세자가 되어 차기 왕좌에 오른다면 목숨을 보장할 수 없었다. 그러니 몇 시간 동안 이 질문과 대답만 되풀이할 뿐, 밤이 깊었는데도 결정을 내리지 못했다. 선조는 이 상황이 맘에 들지 않았다. 대신들 마음속에 광해군이 자리 잡고 있다는 걸 알고 있지만, 그 이름을 불러주고 싶지 않았다. 자신이 사랑하는 왕자는 다른 후궁의 아들인 신성군이었다. 적자가 없는 마당에 후궁의 아들을 왕세자로 삼을 거라면 마음은 신성군에게 가 있었다. 신성군을 왕세자로 세울 수만 있다면 지금 당장이라도 그럴 수 있었다. 그러나 선조 또한 그 이름을 쉽게 내뱉을 수 없었다. 그러면 대신들이 들고 일어날 테고, 만약 광해군이 다음 왕좌에 오른다면 신성군의 목숨 또한 보장할 수 없을 거라는 걸 알고 있었기 때문이다.

선조나 대신들 모두 슬슬 지쳐가고 있었다.

하지만 신잡은 완고했다. 신잡이 "오늘은 기필코 결정이 내려져야 물러갈 수 있습니다"라고 하니, 드디어 선조는 광해군을 왕세자로 삼고 싶다는 뜻을 내비쳤다. 그렇게 해서 광해군이 형 임해군과 강력한 경쟁자였던 신성군을 제치고 왕세자에 책봉되었다.

사실 선조는 세자 책봉을 급히 할 마음이 없었다.

선조는 역대 조선의 왕 중에 적자나 적손이 아닌 방계 출신으로 왕이 된 첫 번째 왕이었다. 이전까지 왕들은 모두 왕의 정비인 중전의 아들이었다. 사람들은 흔히 잘못된 계모 이미지에 편승해 착각하기도 하는데 계모도 엄연히 본처였다. 그러니 계비도 당연히 본처이자 정비였다. 명종의 생모이자 드라마 「여인천하」의 주인공인 문정왕후도 계비로 중종의 세 번째 정비가 된 인물이었다. 그런데 정비가 아닌 후궁의 핏줄로 왕이 된 건 선조가 처음이었다. 선조의 아버지는 중종의 서자였다. 그러니 한 나라의 임금일지언정 그 마음속에 어찌 자격지심이 없겠는가. 과거는 바꿀 수 없으니 자신의 왕위만은 적자에게 물려주고 싶었을 것이다. 지금도 자신의 아킬레스건에 집착하는 사람들을 주변에서 흔히 볼 수 있다. 선조도 그랬다. 왕으로서의 정통성이 빈약한 선조 역시 정통성에 집착했다. 그런데 어쩌랴. 첫 번째 중전은 몸이 너무 약했고, 자식 또한 낳지 못했다. 그 대신 후궁들은 여러 왕자들을 다투어 출산했다. 그중에 제일 큰아들이 임해군이고 둘째아들이 광해군이었다. 이들이 장성해가는 동안에도 중전이 아들을 낳을 기미는 좀체 없었다. 몸 상태를 보면 자식을 낳을 가능성도 없었다. 그래도 선조는 미련을 버리지 못했나 보다. 조선에서 왕세자로 책봉되는 나이는 대략 10세 전후였고 광해군도 이미 18세가 되었다. 통상적인 기준으로 세자 책봉을 해야 할 시기가 지났음에도 선조는 계속 미뤘다. 나중 일이지만, 선조의 이러한 마음이 결국 궁궐에 평지풍파를 일으키고 말았

다. 전쟁의 참상을 딛고 새로운 세
기가 시작되는 1600년에 중전이 죽
고 나서 얻은 두 번째 중전(인목왕
후)에게서 마침내 적자인 아들(영창

대군↖)을 얻게 되었다. 어린 적자와 서자 출신의 장성한 왕세자 사이의
권력 투쟁 과정에서 선조가 죽고 마침내 광해군이 왕위에 오르자, 어
린 적자의 목숨은 바람 앞에 등불 신세가 되었다. 그리고 얼마 지나지
않아 궁궐을 휩쓴 광풍 속에서 결국 등불은 짧은 생을 마감하고 말았
다. 역사에서는 '칠서지옥(七庶之獄)'이라고 기록하는 이 사건은 1613년
에 유력 가문의 서자 7명이 연루된 모반 사건으로 시작되었다. 그러나
광해군과 당시 권력을 잡은 이이첨의 북인 정권은 이 사건을 영창대군
을 추대하기 위한 역모 사건으로 탈바꿈시켰다. 결국 어린 영창대군
과 인목왕후의 아버지 김제남은 죽음을 피할 수 없었다.

어찌 보면 이날 분 바람의 시작은 임진왜란이었다.

전쟁이 터지자 선조로서도 세자 책봉을 더 이상 미룰 재간이 없었
다. 더구나 자신이 피란 생활을 하고, 더 나아가 명나라로 넘어간다면,
누군가 자신의 대리인이 되어 조선을 끌고 가야 했다. 백성을 버리고
도망 간 자리이지만 돌아갈 자리는 있어야 했다. 선조는 궁궐을 떠날
때부터 이미 명에 망명하는 것까지 염두에 두고 있었다. 설령 나중에
전란이 수습되고 적자가 태어나면 바꿀지언정 당장은 임시로라도 왕
세자를 세워야 했다. 그래도 아무나 왕세자로 세울 순 없었다. 어차피
서자들이니 군이 장자일 필요도 없다고 느꼈을지도 모른다. 자신 또

한 셋째아들이 아니었던가. 더구나 임해군은 성질이 거칠고 게으르며 학문에도 관심이 없었다. 하지만 광해군은 학문도 부지런히 연마하고 행동도 조심히 해 백성의 인심을 얻었다. 평시라 해도 그렇지만, 전쟁이 나 피란을 떠나려는 마당에 임해군을 세자로 세울 순 없었다. 조정 대신들의 마음도 동일했다. 마음속에 다른 생각이 없진 않았지만 어쩔 수 없었다. 이렇듯 전쟁으로 인해 광해군은 갑자기 왕세자가 되었다. 나이로 보면 다소 늦었지만 선조의 심중을 들여다보면 생각보다 빨랐다고 볼 수도 있었다.

아마 전쟁이 일어나지 않았다면 선조는 끝까지 자신의 서자를 세자로 세우지 않았을지도 모른다. 불과 일 년 전에도 세자 책봉 문제로 조정에 칼바람이 분 적 있었다. 일명 정철의 '건저의 사건' 혹은 '건저 문제'라는 이름으로 역사에 기록되는 사건이다. '건저(建儲)'란 왕을 계승할 왕세자를 정하는 일이다. 따라서 '건저의(建儲議)'란 세자 책봉을 논한다는 뜻이다. 정여립 모반 사건(기축옥사)으로 권력의 축이 동인에서 서인으로 넘어온 1591년에, 서인의 영수로 활약하던 정철은 선조 앞에서 광해군을 왕세자로 책봉하는 문제를 꺼냈다. 정철로서는 그럴 만한 이유가 있었다. 임금 앞에 오기 전에 이미 의정부 삼정승(이산해, 정철, 류성룡)이 합의한 내용이었다. 그러나 정작 선조에게 광해군의 왕세자 책봉을 건의하기로 한 날, 이산해는 아프다는 핑계로 참석하지 않았으며, 류성룡은 함께 있었지만 입을 닫고 함구로 일관하였다. 결국 정철이 나서서 삼정승이 합의한 의견을 건의했다. 이에 선조는 격분했다. 앞서 언급했듯, 선조의 아킬레스건은 정통성이었다. 아직 시간이 많았다. 언제든 적자만 태어난다면 일사천리로 왕세자에 책봉할 수 있었다. 그리고 만에 하나 적자를 얻지 못한다면, 앞서 언급했듯 선조의 마음 속에는 다른 왕자가 들어와 있었다. 문제는 광해군보다 한참 어린 배 다른 동생이었다. 당시 선조의 애정을 차지하고 있던 후궁은 인빈 김 씨였다. 광해군의 생모인 공빈 김씨는 이미 오래전에 세상을 뜨고 없었 다. 선조가 인빈 김씨와의 사이에 난 둘째아들이 신성군이었다. 선조는 혹시라도 적자를 얻지 못한다면 왕위를 신성군에게 물려주고 싶었다. 그런데 조정 대신들의 맘속엔 광해군뿐이었다. 행여 자신이 신성군을 왕세자로 세우겠다고 선언하더라도 그 후폭풍은 가히 짐작하고도 남 았다. 설령 그렇더라도 지금은 때가 아니었다. 변수가 많고 복잡한 메 커니즘이 작동하고 있는 사안을 함부로 정할 순 없었다. 그런데 그런 자신의 심사는 살피지 않고 정승이란 사람이 불을 지피고 있으니 선조 로서는 대노하지 않을 수 없었다. 정철은 그 자리에서 삭탈관직을 당 한 뒤 유배길에 올랐다. 모난 돌이 되어 혼자만 정을 맞은 셈이다.

역사에서는 이 사건을 이산해의 기획 작품으로 기록하기도 했다.

그 내막은 이렇다. 선조와 인빈 김씨, 그리고 신성군 사이의 애정 라 인을 이미 알고 있던 이산해가 삼정승 합의 후 몰래 아들을 시켜 인빈 김씨의 오빠인 김공량에게 접근했다. 그러고는 정철이 광해군을 왕세 자로 책봉한 뒤에 인빈 김씨와 신성군을 제거하려 한다고 말했다. 이 말은 순식간에 인빈 김씨를 거쳐 선조의 귀에 들어갔다. 하지만 선조 는 그 말을 믿지 않았다. 정철이 비록 술을 좋아해 가끔 실수를 하지 만 그런 음모를 꾸밀 사람은 아니라고 생각했다. 그런데 그 와중에 정철이 입시하여 광해군의 왕세자 책봉 문제를 꺼낸 것이다. 모든 음모가 그렇듯, 이처럼 이야기가 딱딱 맞아 떨어지니 선조로서도 대노하지 않을 수 없었다.

혹자는 이를 정여립 모반 사건과 연결하기도 했다.

이를 이해하려면 이야기가 길다. 그러니 간단히 정리하고 넘어가도록 하자. 이산해는 북인 정권의 영수로 활약했다. 그런데 북인의 주류는 정여립 모반 사건으로 가장 큰 피해를 본 남명 조식의 제자들이었다. 익히 알려졌다시피 정철은 정여립 모반 사건이 한창 살육전의 양상을 띨 때 최고 수사 책임자인 위관으로 활약했었다. 그러니 북인들로서는 정철이라면 이를 갈았다. 이때 건저의 사건이 터졌다. 이를 기회로 북인은 정철을 죽이고자 했다. 그러나 같은 동인 계열인 류성룡은 이에 반대했다. 정철이 위관으로서 자신의 역할을 했을 뿐이니 이를 핑계로 죽일 순 없다고 했다. 결국 정철은 류성룡의 도움으로 죽음은 면하게 되었다. 이처럼 정여립 모반 사건과 건저의 사건을 거치면서 동인은 남명 조식 계열 중심의 북인과 퇴계 이황 계열 중심의 남인으로 분열되었다. 한마디만 덧붙이면, 정여립 모반 사건 당시 위관은 정철 혼자만 한 게 아니었다. 처음 위관에 임명된 사람은 앞에서도 언급한 정언신이었다. 그러나 그는 여러 정황상 역모 사실을 믿지 않았다. 결국 정여립과 먼 친척 관계라는 이유로 수사 책임자에서 물러나 오히려 피의자 신분으로 전환되었다. 그 뒤를 이어받은 사람이 정철이었으며, 나중에 류성룡 또한 위관에 임명되었다. 문제는 당파가 다른 정철이 위관이었을 때 북인의 피해가 가장 컸기 때문에 북인은 정철을 용서할 수 없었다. 그러나 이는 논란의 여지가 있다. 지금도 일부 학자들은 북인 피해가 컸을 때 위관은 오히려 류성룡이었다고 주장한다. 그 진실은 아직 명확히 밝혀지지 않은 듯하다. 다만 당대 역사에서 정여립 모반 사건과 수사 책임자 정철, 북인의 피해, 건저의 사건, 그리고 북인의 복수 시나리오가 나름 일련의 드라마틱하고 짜임새 있는 흐름을 보여주고 있다는 사실은 부정할 수 없다.

현대를 사는 사람들에게 정철이라는 이름은 조선 시대 가사문학의 최고봉으로 기억되곤 한다. 학교 수업에서 정철은 역사 과목이 아니라 국어 과목에 더 많이 등장할 뿐 아니라, 실제로도 수많은 작품을 남긴 당대 최고의 시인이기도 했다. 지금도 「사미인곡」, 「성산별곡」, 「관동별곡」 등 그의 주요 작품은 많은 사람들의 뇌리 속에 박혀 있다. 그래서 조선 시대 최고의 문학가 혹은 시인을 떠올릴 때면 은연중 정철이 첫손에 꼽히기도 한다.

하지만 그는 시인이기 이전에 문제적 정치인이기도 했다.

역사에 관심 있는 사람이라면 익히 알 듯이, 조선은 임금이 죽은 후에 그 당대의 기록을 모아 실록을 편찬했다. 『태조실록』 이후 별 문제 없이 편찬되던 실록에 처음으로 탈이 난 게 바로 『선조실록』이었다. 『선조실록』은 광해군 대 북인 세력에 의해 편찬된 실록이었다. 그러나 인조반정을 통해 광해군을 내쫓고 정권을 잡은 서인 세력은 북인이 주도한 실록을 믿을 수 없었다. 그래서 별도로 『선조수정실록』을 편찬하였다. 즉 조선 최초로 '한 임금 두 실록'이 태어난 것이다. 그렇다고 기존 실록을 폐기하지는 않았다. 다만 자신들의 입장을 반영한 내용을 추가한 수정본을 따로 만들었다. 그래서 두 실록 간에는 특정 인물이나 사건에 대한 서술에서 여러모로 차이가 나는 기록들이 다수 존재했다. 그런데 두 실록 간에 가장 극단적으로 극명하게 차이가 나는 인물 중 하나가 바로 정철이었다. 특히나 정여립 모반 사건을 전후로 정철이 죽기까지의 기록은 과연 두 기록에 등장하는 인물이 동일인인가 의심할 정도로 큰 격차를 보였다. 동인에서 갈라져 나온 북인의 입장에서 정철은 용서하지 못할 공적이고, 서인의 입장에서는 자기 당파의 버팀목이자 공격수였으니, 이는 어쩌면 당연한 일일 수도 있었다. 마찬가지 이유로 실록이 아닌 개인 기록물에서도 정철에 대한 평가는 양분되었다. 하지만 여기에는 또 한 사람의 '신 스틸러(scene stealer)'가 있었으니, 바로 선조였다.

정철이 조선 시대 최대 공안 사건으로 일컬어지는 정여립 모반 사건에 깊숙이 개입한 건 분명했다. 문제는 이 사건이 끝난 후 정철은 선조에게 버림받았다. 즉 토사구팽을 당했다. 표면적으로는 세자 책봉 문제로 정철이 유배를 당했지만, '전지적 선조 시점'에서 보면, 이는 정여립 모반 사건과 연결되었다는 의심을 떨칠 수 없었다. 앞서 언급했듯 모반 사건이 일어나자 고양에 머물던 정철이 자청해서 입궐해 위관이 되었다는 기록도 있지만, 다른 기록도 존재했다. 즉 선조가 하루에 세 번씩 사람을 보내 그를 부르자, 사양하던 정철이 어쩔 수 없이 조정에 나아가 위관이 되었다는 것이다. 또 정철이 주도해서 정적인 동인 세력을 몰살시켰다는 기록이 있는 반면, 선조가 배후 조종했다는 기록도 존재했다.

정여립 옥사를 키운 건 당시 정여립이 보관하고 있던 편지였다.

그런데 문제는 이 편지들을 모두 선조가 직접 관리하고 있었다는 점이다. 선조는 편지를 손에 쥐고 옥사를 좌지우지했다. 역사학자 이정철이 쓴 『왜 선한 지식인이 나쁜 정치를 할까』에 따르면, 옥사 당시 선조가 필요에 따라 편지를 하나씩 골라 국문장에 증거로 제시하면서 많은 사람들을 죽음에 이르게 했다고 한다. 임금이 노발대발하며 증거를 제시하니 위관인 정철로서도 어쩔 수 없었다. 하지만 나중에 선조는 이를 모두 정철에게 뒤집어씌웠다. 자신이 토사구팽한 정철에 대해 선조는 "독한 정철 때문에 내 어진 신하들을 죽였구나"라고 했다. 정여립 옥사의 수많은 죽음에 대해 정철을 앞세우고 자신은 면피한 셈이다. 이렇게 정철은 선조로부터 "독철(독한 정철)"이라는 평가를 받고 버려졌다. 더 나아가 선조는 "정철을 입에 올리면 입이 더러워진다"고 하는 모멸찬 말도 서슴지 않았다.

이렇듯 야멸차게 정철을 버렸음에도 선조는 임진왜란이 일어나자 정철의 유배를 풀고 행재소로 불렀다. 정철은 위리안치(죄인이 배소에서 달아나지 못하도록 귀양간 곳의 집 둘레에 가시 많은 탱자나무를 돌리는 유배형) 당했던 유배지에서 곧바로 평양으로 갔다. 한양을 버리고 급히 도망친 선조가 평양에 머물고 있었기 때문이다. 당시 피란길의 선조를 따르는 대신은 많지 않았다. 임금이지만 행색은 말이 아니었다. 먹을 것도 변변치 않았다. 백성들의 냉대도 감수해야 했다. 임금으로서 위신은 땅에 떨어졌다. 그러니 한때 정승이었던 사람 한 명이라도 궁했던 처지였다. 이것저것 따질 계제가 아니었다. 자신이 버렸던 사람도 언제 그랬냐는 듯 불러들였다. 이게 선조였다. 최소한의 염치도 없는 사람이었다. 이러한 몰염치가 오히려 토사구팽의 증거임을 드러낸다고 보면 너무 과장된 해석일까. 우리는 어떤 진실에 접근할 때 어떤 말이나 행위 등 특정 사안에만 집중할 때보다 오히려 그 앞뒤 맥락의 흐름 속에서 이해할 때 더 명확한 진실에 다가갈 수 있다. 옥사 전후 선조의 말과 행위를 따라가다 보면, 그가 진실에 접근할 수 있는 열쇠를 쥐고 있었다는 의심을 버릴 수가 없다.

Guide's Pick

선조는 어떻게 임금이 되었나?

영화 「관상」에서 가장 유명한 대사는 "내가 왕이 될 상인가?"이다. 수양대군 역할을 했던 배우가 한 말이다. 왕좌를 탐하는 수양대군의 욕망을 가장 잘 표현한 대사였기에 사람들에게 공감을 얻고 회자되었다. 따지고 보면 세종의 적자로 둘째아들인 수양대군이니 가능한 욕망이었다. 단순한 셈법으로, 형(문종)만 없었으면 관상과 상관없이 저절로 왕이 될 팔자였다. 그런데 때마침 그의 욕망을 부채질한 일이 일어났다. 형이 왕좌에 오른 지 얼마 지나지 않아 죽고 만 것이다. 조카(단종)는 아직 너무 어렸다. 궁궐에는 조카를 보호해줄 종실 어른이 없었다. 통상 어린 임금의 후견인이 되어주었던 조부모나 부모 모두 없었다. 그나마 동생(세종)에게 왕위를 빼앗긴 양녕대군이 있었는데, 그는 자기편이었다. 변변한 뒷배 하나 없는 조카였다. 김종서 일파 같은 대신들이 있었지만, 그들 또한 자신의 권력과 욕망을 탐하는 자들이었다. 더구나 그들은 이미 지는 해였다. 그러니 수양대군의 욕망은 점차 커져갈 수밖에 없었다.

왕의 아들로 태어난다고 해서 누구나 가질 수 있는 욕망은 아니었다.
일단 후궁의 몸에서 서자로 태어나면 자력으로는 그러한 욕망을 가질 수 없었다. 더구나 방계 출신은 언감생심 꿈도 꾸지 못했다. 그런 사람이 '왕이 될 상'을 가지면 오히려 죽임을 당하기 십상이었다. 그런 사람에게는 관상보다는 천운이 필요했다. 그런데 조선 시대를 통틀어 보면 의외로 그런 자리에서 왕좌에 오른 사람이 꽤 있었다. 가장 큰 천운을 타고난 사람은 아마도 철종일 것이다. 흔히 '강화도령'으로 알려진 철종은 그 족보를 따져보기에도 민망할 만큼 왕좌와는 거리가 멀었다. 철종의 뒤를 이은 고종도 비슷했다. 그리고 이 둘보다 먼저 천운을 타고 왕좌에 오른 왕이 있었으니, 그가 바로 선조였다. 조선 시대 왕 중에 방계 출신은 이들 세 명이었다. 방계 출신 왕이라는 것은 수양대군처럼 피바람을 일으키지 않고도 천운을 타고 왕에 올랐다는 방증이었다.

서자 출신이 왕이 될 가능성은 그래도 꽤 있었다.
적자 형제만 없으면 노려볼 만했기 때문이었다. 그러나 방계 출신이 왕좌에 오르는 건 확률이 거의 없었다. 가장 중요한 필수조건이 있었는데, 바로 선대왕이 후사 없이 죽어야만 했다. 아들만 낳기를 일생의 소원으로 삼고 있는 중전과 여러 후궁을 거느린 왕이 아들 하나 없이 죽기가 어디 그리 쉽겠는가. 설령 그렇다 하더라도 왕좌의 자리가 자기에게로 온다는 법도 없었다. 방계 출신 또한 경쟁이 심했을 뿐더러, 그 나름 서열이 존재했다. 자기보다 앞선 서열에 있는 왕자들을 그야말로 모두 '패싱'해야 그나마 희망이 있었다. 어쩌면 조선 시대에 그런 팔자에서 왕이 되려면 둘 중에 하나가 선행되어야 했다. 풍수상 명당자리에 조상의 묘를 써서 그

은덕을 입든지, 중요한 순간에 엄청나게 좋은 꿈을 꾸든지. 요즘으로 치면 연달아 로또가 당첨되는 사람들의 조건과 비슷하지 않을까. 알려진 것처럼 고종은 아버지 흥선대원군이 절이 있는 명당을 빼앗아 할아버지인 남연군의 묘를 옮겨서 덕을 본 경우에 해당했다. 그렇다면 꿈은 어떤 꿈이 가장 효험이 있을까. 왕이 되는 게 관운의 '끝판왕'이라 한다면 꿈에 여러 마리의 닭이 등장하는 게 통할 수도 있다. 흔히 여러 집 닭이 일시에 우는 꿈을 꾸는 건 높고 귀한 자리에 오른다는 징조로 해석되었다. 그 이유가 의외로 싱겁지만, 재미있긴 했다. 닭 울음소리인 '꼬끼오'를 한자로 옮기면 '고귀위(高貴位)'와 같다는 것이다. 여하튼 방계에서 왕이 된다는 건 평사원으로 입사해 최고경영자가 되는 것보다 더 어려운 일이었다.

그런데 선조에게 그 어려운 일이 일어났다.
명종이 1567년에 아들 하나 없이 죽었으니, 필수조건은 완성된 셈이었다. 원래는 중전에게서 아들을 얻었는데, 그마저 어린 나이에 일찍 죽었다. 이로써 방계에서 왕이 될 수 있는 가능성이 열렸다. 인종과 명종의 죽음으로 중종 아들들의 시대는 끝이 났다. 다음 왕은 누가 될 것인가? 그런데 후보군에 있는 종실의 왕자들 중에 평소 명종의 귀여움을 받은 왕자가 있었으니, 그가 바로 선조(당시는 하성군이었다)였다. 그리고 흔히 그 계기가 되는 사건으로 회자되는 이야기가 있었으니, 이른바 '익선관 테스트'다. 익선관이란 왕이 집무를 볼 때 쓰던 관이다. 어느 날 명종은 종실의 왕자들을 궁궐에 모두 불러놓고 돌아가면서 익선관을 써보라고 하면서 이렇게 말했다. "너희들의 머리가 큰지 작은지 알아보려고 한다." 종실의 서열 순서대로 왕자들은 익선관을 썼다가 벗었다. 마지막으로 하성군 차례가 되었다. 하성군은 자기 형제 중에서도 셋째로 막내였다. 그러나 하성군은 머리를 숙이며 극구 익선관 쓰는 걸 사양했다. 명종이 왜 그러느냐고 묻자, 이런 대답이 돌아왔다. "이것이 어찌 보통 사람이 아무나 쓰

는 것이오리까." 왕자 중 가장 어린 것이 이런 기특한 말을 하니 명종으로
서는 그런 하성군이 맘에 들었던 모양이다.

명종이 갑작스럽게 사망하였기에 후사 지명 또한 갑자기 결정되었다.
그때의 풍경이 이긍익의 『연려실기술』에 나오는데, 그 부분을 옮기면서
마무리하도록 하자. 어쨌든 선조는 16세의 나이로 경복궁 근정전에서 왕
좌에 즉위하였고, 조선의 최대 국난인 임진왜란을 겪은 뒤 57세에 경운궁
에서 승하했다.

> 이때에 명종이 이준경에게 누운 침상 위로 올라오라 하시면서, 손을 잡
> 고 눈물을 흘리니 이준경이 또한 울면서 "후사가 결정되지 아니하고 환
> 후가 이 같으시니, 속히 대계를 결정하게 하소서" 하였다. 그러나 임금은
> 이미 말을 하지 못하고, 손을 들어 안쪽 병풍을 가리킬 뿐이었다. 이준경
> 이 임금의 뜻이 내전에 물으라는 것임을 알고 일이 급하여 글을 써서 아
> 뢸 여가도 없이 직접 말로써 중전께 청하기를 "전하의 환후가 이에 이르
> 러 이미 가망이 없는가 하옵니다. 후사로 예정한 곳이 있을 것이며, 내전
> 께서 반드시 들으신 바가 있으므로 지금 전하께서 손으로 안을 가리키
> 는가 하옵니다" 하였다. 그러자 중전도 병풍 안에서 직접 말하기를, "을
> 축년 위독하실 때에 덕흥군의 셋째아들로 정하시었소" 하였다. 이준경이
> 다시 다른 대신과 삼사장관을 불러 같이 이 전교 듣기를 청하고 사관을
> 시켜 「덕흥군의 셋째아들이 들어와 대통을 계승하는 것이 가하다」는 글
> 을 써서 친히 꿇어 앉아 받들고 임금 앞에 보이며, "전하의 뜻으로 내전
> 에 여쭌즉, 내전의 말씀이 이 같으시므로 감히 다시 여쭙니다." 하니, 명
> 종이 눈물을 머금고 턱을 끄덕이며 이내 승하하였다.

왕세자가 된 광해군은 선조를 따라 피란길에 올랐다.

왜군의 추격에 쫓긴 선조의 행궁(行宮)은 자꾸 북으로 올라갔다. 마침내 평양성마저 고니시 유키나가의 부대에 빼앗겼다. 설마 조선의 임금이 평양성마저 버리고 도망갈 줄 몰랐던 고니시 유키나가는 도망만 치는 선조에게 희롱하는 말을 남겼다. 그가 했다는 말은 『징비록』에 기록되어 전하는데, 그 내용은 이렇다. "일본 수군 십여 만이 또 서해 바다로부터 오게 되니 대왕의 행차는 이곳으로부터 어디로 가시렵니까?" 곧 일본의 대규모 수군이 온갖 보급물자를 싣고 대동강을 통해 평양에 들어오면 그때는 아무리 도망쳐도 독 안에 갇힌 쥐라는 말이었다. 그러니 도망치느라 애쓰지 말고 항복하라는 메시지였다. 그러나 평양성을 점령한 왜군도 더는 함부로 선조를 추격할 수 없었다. 보급물자를 싣고 오기로 한 수군은 아무리 기다려도 오지 않았다. 그 수군들은 서해바다는커녕 이순신의 함대에 막혀 남해바다도 통과하지 못하고 있었다. 고니시 유키나가는 평양성에 발이 묶였다. 선조를 추격해 의주 쪽으로 올라갔다간 괜히 배후를 공격당하거나 애써 점령한 평양성마저 빼앗길 수 있었다. 독 안에 갇힌 쥐 꼴이 된 건 고니시 유키나가 부대였다. 그들은 평양성에 갇혔다. 날씨는 더욱 추워지고 있었다. 명군이 참전한다는 소식은 그들 마음을 더 얼어붙게 했다. 학수고대하던 수군의 보급물자는 여전히 감감무소식이었다. 결국 고니시 유키나가가 선조에게 했던 희롱은 이순신이 바닷길을 막음으로써 허언이 되고 말았다. 그러던 중 조명연합군이 평양성을 넘어왔다. 이 평양성 전투 이후 왜군은 더 이상 버티지 못하고 철수하기 시작했다.

각설하고 북으로, 북으로 향하던 행궁은 1592년 6월에 안주를 거쳐 영변에 도착했다.

이때도 비가 많이 내렸다. 그러고 보면 임진왜란 내내 참 비도 많이 내렸다. 선조가 도성을 버리고 떠날 때도 억수처럼 비가 쏟아졌고, 이일이 상주 전투에서 패할 때도 그랬고, 신립이 탄금대에서 배수진을 쳤을 때도 오후에 갑자기 비가 쏟아졌고, 제2차 진주성 전투 마지막 날에도 성곽을 허물 정도로 많은 비가 내렸다. 뿐만 아니라 이순신의 백의종군 길에도 엄청난 비가 쏟아져 내렸다.

영변의 아전과 백성은 모두 산골짜기로 피란 갔고 성안에는 관인 대여섯 명만 있을 뿐이었다. 백성들이 빗속으로 내던져진 곳으로 어가가 들어섰다. 선조는 이곳에서 분조(分朝)를 결심했다. 조금만 더 가면 의주였다. 선조에게는 단순히 북으로 향한 것만이 아니었다. 조금씩 명으로, 명으로 가까워지고 있었다. 영변은 의주로 가는 길목이었다. 또한 평안도에서 함경도로 넘어가는 갈림길이었다.

조정을 두 개로 나누기에 이만한 곳이 없었다.

신하들도 두 그룹으로 나눴다. 선조는 세자인 광해군에게 분조의 책임을 맡기고 수행 신하들을 붙여 함경도로 향하게 했다. 명나라에 군대를 요청하는 것을 제외한 나머지는 분조에서 처리하라고 했다. 한마디로 명과 관련된 일만 자신이 맡겠다는 뜻이었다. 이제 조선에서 일어나는 모든 문제에 대한 책임은 광해군이 짊어질 수밖에 없었다. 그런 후 선조는 호종하는 신하들을 데리고 의주로 향했다. 홀가분한 마음이었을까. 여차하면 명으로 넘어갈 수 있었으니 걸음이 가벼웠을

지도 모른다. 이때가 6월 13일로, 전쟁이 발발한 지 정확히 두 달 만이 었다.

요즘 사람들에게는 북한 핵 시설로 유명한, 그리고 조금 앞 세대에게는 시인 김소월의 '영변의 약산 진달래꽃'이라는 시구로 유명한 영변은 이처럼 임진왜란 중에 분조라는 중요한 사건이 일어난 고을이었다. 또한 전란 중에 태조 이성계의 어진과 유일하게 불에 타지 않은 전주 사고의 조선왕조실록을 옮겨와 보관하였던 곳이 영변의 묘향산이었다. 그리고 영변은 한 세대 후에 다시 역사에 등장했다. 바로 광해군을 몰아내는 데 성공한 인조반정에 앞장섰으나 제대로 공신 대접을 받지 못했던 이괄이 처음 난을 일으킨 곳이 바로 영변이었다. 조선 시대에 일어난 반란 중 유일하게 한양 도성을 점령하고, 왕을 공주 공산성으로 피란 가게 만든 이괄의 난이 시작된 곳이 영변이었다. 청천강 중류 북쪽에 위치한 영변은 예로부터 교통의 요지 중 하나로, 이처럼 역사에 관심 있는 사람이라면 기억해둬도 좋을 만한 사건들이 자주 일어난 곳이었다.

광해군은 함경도를 시작으로 강원도, 황해도를 돌아 다시 평안도로 돌아왔다.

함경도에 침략했던 가토 기요마사 군대를 피해 다녀야 하는 고난의 여정이었다. 여정만 힘든 게 아니었다. 모든 책임을 광해군에게 떠넘겨놓고도 선조는 의주에 머물며 분조의 권한에 사사건건 개입했다. 분조를 따르던 신하에 대한 탄핵을 일삼기도 했고, 인사권도 마음대로 행사했다. 이러한 분조는 약 7개월 동안 이어졌다. 이듬해 1월 선조의 행재소가 있던 평안도 정주로 와 본조와 합침으로써 분조는 그 수명을 다했다. 이때는 전세가 역전될 기미가 보이기 시작했던 시기였다. 조명연합군이 평양성 전투에서 승리하고 그 여세를 몰아 한양으로 진격을 준비하고 있었다.

그리고 이해가 가기 전에 두 번째 분조가 만들어졌다. 이때는 명칭을 분조라 하지 않고 무군사(撫軍司)라 불렀다. 즉 군사들을 위무하는 역할을 수행하는 조직이었다. 한양에서 밀려난 왜군들이 남해안으로 물러나 왜성을 쌓고 주둔하면서 명과 일본 사이에 강화 협상이 진행될 때였다. 광해군의 무군사는 삼남 지방의 군사들을 위무하기 위해 출발했다. 무군사 일행은 주로 공주와 전주 등 충청도와 전라도 일대를 돌며 그때그때마다 조처해야 할 일들을 처리했다. 그리고 그 활동 내역을 일종의 업무 일지인 '무군사 일기'를 작성해 한양의 조정에 보고하였다. 이 활동 또한 이듬해 8월까지 약 9개월 가까이 이어졌다.

비록 전쟁 중이긴 했지만 분조와 무군사 활동은 광해군에게 중요한 자산이 되었다.

작은 조정일지언정 국정을 직접 다스리는 경험을 할 수 있었고, 함경도부터 전라도까지 조선의 모든 국토를 직접 발로 뛰면서 백성들을 만나고 그들의 삶을 들여다 볼 수 있는 경험은 역대 어떤 왕세자도 가질 수 없던 기회였다. 개인적으로는 광해군 즉위 초에 대동법이 경기도에서나마 부분적으로 시행될 수 있었던 것은 임진왜란 당시 광해군의 이러한 경험이 바탕이 되었을 거라고 생각한다. 대동법 시행의 두 주역인 광해군과 당시 영의정 이원익의 공통점이 바로 이 점이었다. 이원익 또한 임진왜란 중에 삼도체찰사가 되어 직접 지방을 돌며 백성들의 피폐한 삶을 직접 목격한 인물이었다. 광해군이 즉위한 때는 전쟁이 끝난 지 불과 십 년이 지난 뒤였다. 전쟁의 상흔은 여전히 그대로였다. 국토는 황폐화되어 있었고, 농사지을 땅은 태부족했다. 대동법은 이러한 상황에서 백성을 위무하는 한 방법이었다.

의주까지 도망갔던 선조는 다시 한양으로 돌아왔다.

그러나 불과 그 일 년 사이에 조선은, 조선의 백성들은 지옥을 맛보았다. 수많은 군사들이 적을 막다가 죽임을 당했고, 길거리에 내팽겨진 백성들 또한 죽음을 피할 수 없었다. 그 수많은 죽음 중에 우리가 결코 잊어서는 안 되는 한 장면을 꼽으라면 나는 단연코 동래성 전투를 이야기할 것이다. 안타깝지 않은 죽음이 어디 있겠느냐마는 동래 부사 송상현의 너무 이른 죽음은 참으로 안타깝다. 개전 초기 모든 싸움에서 조선의 군대는 왜군의 상대가 되지 못했다. 그러니 왜군의 예봉을 처음 맞닥뜨려야 했던 부산포 지역은 훨씬 힘든 싸움을 해야 했다. 4월 14일에 정발이 지키던 부산진성이 무너지자, 왜군의 모든 포화는 동래성으로 향했다. 동래 부사 송상현은 결사 항전의 자세로 항전했으나 중과부적이었다. 당시 송상현의 결기를 보여주는 일화가 전한다. 왜군이 정명가도를 내세우며 "싸우고 싶으면 싸우고, 싸우기 싫으면 길을 내어달라"고 요구하자, 송상현은 판자에 "전사이 가도난(戰死易 假道難)"이라 써서 성 밖으로 던졌다고 한다. "죽기는 쉬우나 길을 내어주긴 어렵다!"

아, 얼마나 처절한 외침인가.

이순신의 '필사즉생(必死卽生)'은 그래도 '생'에 대한 희망이 있었다. 그 한줄기 '생'에 대한 희망마저 모두 놓아버린 '필사'의 마음이 동래성을 감싸고 있었다. 죽을 수밖에 없다. 그래도 물러서지 않겠다. 사실 이순신의 마음도 그랬다. 부하들을 독려하기 위해 한줌 '생'에 대한 희망을 외쳤지만, 스스로는 '필사'의 마음이었다. '죽으면 그뿐(死當死矣)'이었다. 임진왜란 당시 도망가지 않고 왜군에 맞서 싸운 사람들의 마음이 모두 그러했을 것이다. 정암진을 막고 선 곽재우가 그랬고, 어느 곳보다 처절했던 진주성의 김시민, 김천일, 황진, 최경회가 그랬다. 평양성에서, 행주산성에서, 남원성에서, 울산 왜성에서, 순천 왜성에서, 충주 탄금대와 용인과 금산의 벌판에서, 이치와 웅치의 고개에서, 그리고 그 많은 바다 위에서, 그 무수한 군사와 백성의 마음은 곧 송상현의 마음이었다. 죽음을 마주한 그 의연한 결기를 나는 쉽게 가늠하지 못한다. 1만 8천여 명의 적들이 동래성을 에워싸고 있었음에도 송상현은 꿈쩍하지 않았다. 그러나 아무리 송상현일지라도 막 달아오른 적들의 예봉을 꺾을 순 없었다. 성이 함락될 위기에 처하자 송상현은 조복으로 갈아입고 좌정한 채로 적에게 살해되었다. 전하는 바에 따르면, 왜군조차 그의 충절에 탄복한 나머지 그의 시신을 동문 밖에 장사 지내고 조사를 지어 제사를 올렸다고 한다.

2005년 부산 동래구 수안역 지하철 공사 작업 중 활, 화살, 칼, 갑옷 등 조선 시대 유물이 대량으로 발견되었다. 정밀 조사 결과, 동래성 전투 당시 사용된 유물로 밝혀졌다. 뿐만 아니라 수많은 유골과 함께 동래성을 에워싸고 있던 해자도 발굴되었다. 해자에는 어린 아이들의 유골도 여럿 나왔다. 살았으면 장영실과 같은 천재 과학자가 될지 모르는 아이들이 꿈도 꾸어보지 못한 채 깊이 잠들어 있었다. 임진왜란 최대 격전지 중 한 곳이 오랜 세월이 흘러 그렇게 모습을 드러냈다. 또한 동래 부사 송상현도 부산에서 되살아나고 있었다. 부산 최대 규모로 조성된 도심 광장에 '송상현 광장'이라는 이름이 붙었다.

Guide's Pick

고니시 유키나가 VS. 가토 기요마사

임진왜란과 관련해서 우리나라 사람들이 가장 많이 알고 있는 왜군 장수는 고니시 유키나가와 가토 기요마사다. 내가 어릴 적에만 해도 이 둘은 소서행장(小西行長)과 가등청정(加藤淸正)이란 이름이 더 익숙했었다. 둘은 도요토미 히데요시의 신임을 가장 많이 받은 장수로, 서로 그 오른팔이 되기 위해 경쟁했다. 도요토미 히데요시의 가신 중에서 고니시 유키나가는 이른바 문치파(文治派)의 대표로서 줄곧 무단파(武斷派)의 대표인 가토 기요마사와 대립했는데, 둘은 여러모로 다른 점이 많은 앙숙이었다.

우선 믿는 종교부터 달랐다.
고니시 유키나가는 천주교 신자였다. 당시 포르투갈 신부를 통해 전파된 천주교를 초기에 받아들였다. 조선에 서학(西學)이라는 이름으로 천주교가 대중적으로 전파된 게 18세기 후반이니, 일본은 조선보다 2백 년 정도 먼저 천주교가 들어온 셈이다. 아무래도 무역상인의 집안에 태어났기에 서양의 새로운 종교를 받아들이는 데 좀 더 자유로웠을 것이다. 임진왜란 때도 포르투갈 신부를 종군 신부로 대동하기도 했다. 반면 가토 기요마사는 불교 일파인 법화종 신자였다. 도요토미 히데요시의 먼 친척으로 일찍부터 그 밑에서 수많은 전투에 참여했던 전통 무사 출신이었다.

둘의 경쟁은 임진왜란이 일어나면서 본격화되었다.

시작은 고니시 유키나가가 한발 앞서는 모양새였다. 고니시 유키나가 부대가 제1진으로 부산포에 상륙해 동래성을 함락시키는 등 전공을 세우며 한양으로 향하는 주 경로를 따라 북상한 반면, 가토 기요마사는 제2진으로 상륙해 동쪽으로 우회하면서 한양으로 향했다. 결국 한양 도성에 입성하는 것도 간발의 차로 고니시 유키나가 부대가 앞섰다. 또한 고니시 유키나가가 피란 가는 선조의 뒤를 쫓아 평양으로 진격한 반면, 가토 기요마사는 험악한 산악 지형인 함경도로 진격했다. 이처럼 고니시 유키나가는 대동강까지 진격함으로써 선봉장으로서 모든 공적을 차지할 수 있었다. 비록 가토 기요마사가 함경도에서 조선의 두 왕자인 임해군과 순화군을 포로로 잡는 공을 세웠지만 고니시 유키나가에 비할 바는 못 되었다.

평양성 전투에서 조명연합군에게 패한 고니시 유키나가는 곧바로 명나라 심유경과 강화 협상에 나섬으로써 조선에서의 주도권을 계속 쥐고 있었다. 강화 협상이 결렬되어 도요토미 히데요시에게 질책을 받기도 했지만, 임진왜란에서 왜군의 선봉장은 누가 뭐래도 고니시 유키나가였다. 그는 정유재란이 일어나자 남원성 전투에 참가했으며, 이후 순천에 왜성을 쌓고서 주둔했다. 그러던 중 1598년 도요토미 히데요시의 죽음으로 인해 본국으로 후되하는 과정에서 벌어진 노량 해전을 틈타 일본으로 빠져나갔다. 반면에 불교 신자라서 그런지 가토 기요마사의 파트너는 조선의 사명

대사였다. 1597년 가토 기요마사 또한 울산 왜성에 주둔하면서 사명대사와 강화 협상을 벌이기도 했다. 그러다 성이 조명연합군에 포위당해 악전고투 끝에 구사일생으로 목숨을 부지해 일본으로 돌아갈 수 있었다.

조선에서의 활약은 선봉장이었던 고니시 유키나가가 좀 더 우세했을지 모르지만, 일본에 돌아가서는 상황이 역전되었다. 도요토미 히데요시 죽음 이후 후계 구도 싸움에서 가토 기요마사가 도쿠가와 이에야스 편에 섰던 반면, 고니시 유키나가는 그 반대편에 섰다. 결국 일본의 새로운 주인을 가리는 1600년 세키가하라 전투에서 동군인 도쿠가와 이에야스가 승리함으로써 서군에 섰던 고니시 유키나가는 죽음을 맞게 되었다. 그는 패배 후 할복 명령을 받았으나 천주교 신자로서 교리에 따라 자살을 거부하였고, 결국 처형당했다.

6

이제부터가

진짜 전쟁이다

(feat, 학익진)

통증은 몸이 아프다는 신호이다. 건국 이후 200년이 가까워오자 조선은 여러 차례 통증을 느꼈지만, 아무런 신경도 쓰지 않았다. 훈구파가 사라지고 사림파만이 득세하자 조선은 오롯이 성리학의 나라가 되었다. 국가를 이끌어갈 이념으로서 기능할 수는 있겠지만 성리학은 너무 많은 사람들을 소외시켰다. 훈구파에게 배척당한 사림파가 화를 입었다고 해서 명명된 사화(士禍)는 오히려 사림파를 생존하게 했고, 주로 지방 산림에 은거하던 그들은 중앙 정계에 적응하기 시작했다. 그러나 독립적인 국가를 운영하는 긍정적인 방향으로 진화하지 못했다. 국가를 구성하는 여러 요인들을 방치한 채 그들은 오로지 양반 사대부의 권리에만 집착하였다. 너무 오랜 시간 배척을 당했던 탓일까. 그들 스스로 배척의 가해자가 되었다. 무인은 국가 경영의 동반자에서 배척당했고, 성리학 이외의 학문은 이단이 되었으며, 백성의 대다수를 차지하는 서얼과 천민은 양반들의 리그에서 소외되었다.

→ 임진왜란을 전후로 발생한 큰 변화 중 여성과 관련된 건 상속과 결혼 제도였다. 이전까지만 하더라도 남녀 구분 없이 자녀에게 동등한 상속이 이루어졌으나, 조선 중기를 거치며 장자 상속 제도로 변하였다. 결혼 또한 남자가 여자 집에 장가갔다가 일정 기간 후에 남자 집으로 돌아와 사는 '남귀여가혼(男歸女家婚)' 풍습이 점차 사라지고, 여자를 바로 남자 집으로 데려와 혼례를 치르는 '친영제(親迎制)'가 자리 잡았다.

여성도 이전 시기에 비해 상속이나 결혼 등에 있어서 그 권리를 박탈당했다. 그뿐만 아니라 배척의 대상인 훈구파가 사라진 곳에서 사림파는 쪼개져 분열하기 시작했다. 이는 인류사에서 흔한 일이었다. 외부에 공공의 적이 있으면 내부는 단결한다. 적이 사라지면? 내부에서 적이 잉태된다. 훈구파가 득세할 때 사림들은 단결했지만, 그들이 사라지자 서로 싸우기 시작했다.

그러는 사이 북방의 여진족은 걸핏하면 두만강을 건너 우리 국토를 침탈해왔고, 남쪽에서는 삼포왜란과 을묘왜변, 손죽도 사건 등 왜구들의 침탈이 빈번해지고 더 대범해졌다. 세종 대 이후 백여 년 동안 국방의 중요성을 뼈저리게 인식한 왕과 관료들은 나타나지 않았다. 중앙의 관료나 산림의 선비들은 이처럼 외부에서 가해지는 통증에 전혀 신경 쓰지 않았다. 단지 조정에서는 율곡 이이만이 군사 양성 계획을 주장하였고, 산림에서는 남명 조식이 왜구 침탈 문제를 심각하게 인식했을 뿐이었다.

그러니 임진왜란이 일어났을 때 조선 조정에서는 아주 기본적인 적의 정보조차도 파악하지 못하고 있었다. 그 대표적 사례가 잘못된 왜군의 전력 파악이었다. 왜란이 일어나기 전부터 이미 조선의 왕과 조정 대신들은 '왜군은 수군이 강하고 육군이 약하다'고 판단했다. 섬나라이니 육전보다 수전에 강할 거라는 아주 도식적인 결론인 셈이다. 더구나 우리나라는 오랫동안 왜구의 침탈에 시달려왔다. 왜구가 본격적으로 침탈하기 시작한 건 고려 때인 14세기 중반이었다. 고려 말은 왜구가 들끓는 시대였다. 남해안뿐 아니라 강화도를 지나 한강까지도 침범했다. 새로운 국가가 시작되어도 왜구 문제는 끊이지 않았다. 그러니 일본만 생각하면 수많은 배를 타고 달려드는 왜구가 본능적으로 떠올랐을지도 모른다. 이렇듯 왜구에게 당한 기억이 그들의 수군 전력이 강하다고 판단하는 데 일조하지 않았을까 싶다. 『선조수정실록』에서도 이와 같은 조정의 판단을 확인할 수 있었다.

> "비변사가 왜적은 수전에 강하지만 육지에 오르면 불리하므로 오로지 육지의 방어에 힘쓰기를 청하니, 이에 호남과 영남의 큰 읍성을 증축하고 수리하게 하였다."

비변사(備邊司)가 어떤 곳인가.

말 그대로 변방(邊)의 국방 문제에 대비(備)하기 위해 세운 기구였다. 비변사가 처음 만들어진 계기는 1510년에 발생한 삼포왜란이었다. 삼포의 왜인들이 일으킨 폭동을 계기로 의정부의 삼정승 및 국방과 군사 관련 전·현직 관료들로 구성된 임시 협의체로 출발했었다. 그러다 1517년에 비변사라는 이름을 얻었고, 1555년 을묘왜란이 일어나자 창덕궁 앞에 관사를 마련해 상설 기구가 됨으로써 그 역할이 강화되었다. 비변사는 지금으로 치면, 북한이 미사일 실험을 감행할 때마다 개최되는 '국가안전보장회의(NSC)'와 비슷한 기구였다. 국방에 관한 최고의 헤드쿼터였던 곳에서조차 이렇듯 현실을 전혀 모르는 탁상공론뿐인 판단을 내렸으니, 어디에 기대 국가를 지켜낼 것인가. 바로 이웃 나라가, 그것도 틈만 나면 우리 영토를 침탈하는 왜구들의 근거지인 나라가 백여 년에 걸쳐 계속된 전국시대의 전쟁을 끝내고 통일을 향해 나아가고 있는데도 그것에 대한 아주 기본적인 정보조차 파악하지 못하고 있었던 셈이다. 그 백여 년 동안 수많은 사무라이들이 육지 곳곳에서 전쟁에 단련되고 있었는데도 말이다.

비변사가 제대로 작동하지 못하고 있었다는 것 말고는 달리 설명할 길이 없었다. 다시 한번 말하자면, 비변사는 그 탄생과 역할 강화가 모두 왜인들의 침탈에 기인한 것이었다. 그럼에도 그들 나라의 내부 정보에 대해선 모두가 캄캄했고, 그런 것에 관심을 기울이는 이조차 없었다. 그런데 선조 대 비변사의 위상을 가늠케 하는 씁쓸한 기록이 있다. 이긍익이 저술한 『연려실기술』에는 다음과 같은 말이 나온다.

> 임금(선조)의 지혜가 출천(出天)하여 무릇 나라 일 계획하는 것이 모두 임금의 결정에서 나왔으므로, 비변사의 모든 사람들은 임금의 물음이 있을 때마다 "상교윤당합니다"고 대답할 뿐이었다. 또 승정원에서도 미처 봉행하지 못하여, 간간이 황공하여서 대죄하였으므로, 황공대죄승정원, 상교윤당비변사라는 농담까지 생겼다.

상교(上敎)는 임금의 지시, 윤당(允當)은 진실로 마땅하다는 뜻이다. 국가 안전을 다각도로 면밀히 검토해야 할 관료들이 임금의 말마다 그 말이 진실로 마땅하다고만 고장 난 테이프처럼 반복하고 있다면, 이미 그 기능을 상실한 기구라고 봐도 무방하다. 더구나 현대의 대통령 비서실에 해당하는 승정원조차도 툭하면 황공하여 처벌만 기다리는 형국이라면 국가의 공직 시스템 전체가 망가졌다고 판단해도 큰 무리는 아니었다.

더 큰 문제는 오판은 또 다른 오판을 낳는다는 점이다.

한번 잘못한 오판이 때론 다른 판단의 근거로 작용하기도 했다. 왜군은 육군이 약하다는 오판을 바탕으로 조정에서는 수군 폐지론이 고개를 내밀었다. 어차피 우리 수군은 일본의 강한 수군을 이길 수 없으니 괜히 바다에서 마주 싸우지 말고 우리가 강한 육지에서 적을 물리치자는 주장이었다. 이와 같은 공론화에는 당대 최고의 명장으로 불리던 신립도 가세하였다. 그 또한 수군을 폐지하자는 주장을 스스럼없이 펼쳤다. 그러니 전쟁 분위기가 고조되고 있던 시기에 조선이 했던 전쟁 준비라고는 앞서 언급한 무신의 불차탁용 말고는 수군 폐지론과 성곽 수리가 전부였다. 그 결과가 20일만의 한양 도성 함락이었다.

조선의 수군 불필요성은 전쟁이 벌어진 후에도 계속되었다.

육지에서 싸우는 각 도의 감사나 병마절도사 들은 군사를 충원할 때 수군에 배속시켜야 할 고을의 군사들을 마음대로 징발해갔다. 이러한 인식은 전쟁 내내 계속되었다. 육지에서 처참한 패배가 계속되는 동안 이순신이 일본 수군을 그토록 박살냈음에도 소용없었다. 나중에 원균이 이끄는 조선 수군이 칠천량에서 대패하자, 선조는 수군 포기 선언을 하기에 이르렀다. 이순신에게 수군을 접고 육지에 올라 권율 진영에 가서 싸우라고 명령했다. 이순신의 그 유명한 문장인 '신에게는 아직 열두 척의 배가 있습니다'가 탄생된 계기가 바로 수군 폐지론이었다.

그렇다면 조선의 판단대로 일본은 육군보다 수군이 더 강할까?

이와 관련하여 흥미로운 기록이 있다. 루이스 프로이스가 쓴 『일본사』에 따르면, 임진왜란이 시작될 때 일본 수군은 4,500명이었다. 또한 '해전이 예상되는 전투에 나설 선박이나 수병이 없었고 이에 필요한 수단이나 장비 또한 전혀 갖추지 못해' 다이묘들이 두려워했다고 한다. 임진왜란 때 왜군은 최소 16만 명에서 많게는 20만 명에 가까운 군대가 쳐들어왔다. 그중 수군은 고작 4,500명이 전부였다. 이를 두고 조선은 일본의 수군이 강하다고 판단했으니 이보다 웃기는 허무 개그도 없었다. 실제로 일본은 오랜 전쟁을 통해 단련된 사무라이들을 중심으로 강력한 육군을 갖추고 있었다. 그것이 명나라까지 쳐들어갈 '근거 있는 자신감'의 바탕이었다.

이순신으로서는 정말 최악의 상황에서 맞닥뜨린 전쟁이었다.

자신을 전라 좌수사로 내려보낸 조정에서는 수군 폐지론이 공론화되었다. 부임지에서 마주한 수군 전력도 엉망이었다. 늙은 군사들은 아무 의욕이 없었고, 싸울만한 무기도 제대로 갖춰져 있지 않았다. 언제 터질지 모르는 전쟁이었다. 남쪽 지방의 소문은 한양보다 더 흉흉하였다. 무엇을 어찌해야 한단 말인가. 이순신 또한 통증에 시달리고 있었다. 이대로 왜적의 침략을 당한다면 속수무책이었다. 급한 건 급한 대로, 장기적인 건 그에 맞춰 준비하는 수밖에 없었다. 이순신은 전쟁 준비를 시작했다. 조정의 판단과 별개로 자신만의 전쟁을 준비했다. 하늘이 도운다면 시간을 벌어줄 것이다. 하루하루 노력하다 보니 따르는 군사들도 많아졌다. 당근과 채찍을 적절히 활용하면서 군사들을 독려했다. 그들이 가진 특기에 맞게 적재적소에 배치해 일을 맡겼다.

그렇게 일 년여를 매진했다.

쉴 틈이 없었다. 시간이 지날수록 통증은 심해져갔다. 결국 통증은 병이 되어 돌아왔다. 실제로 임진왜란이 일어나기 열흘 전까지 이순신은 아파서 누워 있는 날이 많았다. 그런 와중에도 전쟁 준비만큼은 만전을 기했다. 그렇게 함으로써 전쟁 발발 하루 전에 거북선 총통에 대한 시험 발사를 마무리할 수 있었다. 이순신의 비밀 병기 거북선이 완성되는 순간이었다. 거북선은 여수의 선소(船所)에서 선박 전문가 나대용의 지휘 아래 개발되고 있었다. 선소는 외부로부터 차단된 지형으로 천혜의 보안을 갖춘 곳이었다. 이순신은 거북선이 어느 정도 완성될 때까지 철저히 비밀에 부친 듯했다. 『난중일기』에 거북선이 등장하는 건 1592년 2월 8일에 이르러서였다. '이날 귀선(거북선)의 돛으로 쓸 베 29필을 받았다.' 기본 설계와 제작 과정에서는 언급하지 않고 있다가 마지막 돛을 올릴 때가 되어서야 일기에 기록한 셈이다. 돌격대장인 거북선과 수십 척의 판옥선, 죽음을 두려워하지 않는 장수들과 잘 훈련된 군사들, 그리고 그들의 진정한 리더 이순신, 조선판 어벤져스는 그렇게 탄생했다.

이제부터가 진짜 전쟁의 시작이었다.

이순신이 왜적의 침략 사실을 인지한 건 전쟁 발발 이틀 후였다. 그렇지만 당장 전투에 나설 수는 없었다. 애초에 적의 공격 진로는 한양이었다. 육군 중심의 전략을 짠 적은 우리나라에 상륙하자마자 쏜살같이 북쪽으로 치달았다. 일본의 수군은 육군을 수송하는 역할이 먼저였다. 그러니 남해바다는 상대적으로 조용했다. 그렇더라도 무시하고 방치할 수는 없었다. 적의 선봉이 한양으로 급하게 올라갔지만, 궁극적으로 적들은 우리나라의 곡창지대인 전라도를 점령해 군수물자를 공급할 계획이었다. 그러려면 바다를 통해 전라도에 상륙해야 했다.

이순신은 때를 기다리고 있었다.

무엇보다도 전라 우수사인 이억기 함대의 합류를 기다리고 있었다. 군사들의 사기를 위해서라도 첫 단추를 잘 꿰어야 했다. 적의 화력이 어느 정도인지 맞닥뜨리기 전에는 정확히 알 수 없었다. 만에 하나 조정 대신들의 예상대로 엄청난 수군력을 보유하고 있다면 어찌할 것인가. 왜구 몇 척을 상대하는 전투가 아닌 전면전이었다. 이순신으로서도 왜군과의 전면전은 처음이었다. 경상도의 수군은 궤멸 직전이라는 소식이 들려왔다. 원균은 전의를 상실한 채 배들을 바다에 수장시켰다고도 했다. 그러니 남은 건 이억기의 함대뿐이었다. 그러나 아무리

옥포대첩기념비에서 바라본 옥포루

옥포대첩기념비에서 바라본 옥포항

기다려도 이억기 함대는 오지 않았다. 그때 정운을 비롯한 수하 장수들이 이순신을 찾아왔다. 진해루에서 긴급 작전회의가 시작되었고, 이순신은 출정 명령을 내렸다.

23전 23승의 불패 신화는 그렇게 시작되었다.

영화 「명량」에서 볼 수 있듯이 이순신이 싸운 전투는 하나하나가 모두 영화로 만들어도 손색이 없을 것이다. 요즘 사람들은 임진왜란 3대첩에 포함되는 한산대첩과, 도저히 이길 수 없는 싸움을 승리로 바꾼 명량대첩, 그리고 이순신 마지막 전투인 노량대첩 정도만을 기억하지만, 다른 모든 전투 또한 소중하지 않은 전투가 없었다. 만약 그중 한 곳에서라도 패하였다면 전체 전쟁의 향방이 어떻게 흘러갈지는 아무도 장담할 수 없었다. 모든 전투를 세세하게 이 책에 기록할 수는 없지만, 가급적 간단하게나마 언급하고 그 위치를 적어두고 사진을 첨부하는 건, 혹 근처를 지날 일이 있을 때 잠시 짬을 내어 찾아보기를 바라기 때문이다.

이순신 함대의 첫 출정은 부산포에 상륙한 왜군이 한양에 입성한 다음 날인 5월 4일이었다. 첫 출정에서 이순신 함대는 총 세 번의 전투를 승리로 이끌었는데, 그 시작은 옥포해전이었다. 5월 7일 거제도 옥포 앞바다에 도착한 이순신 함대는 판옥선 24척을 앞세워 적을 섬멸했다. 이후 합포해전과 적진포해전에서도 연이어 일본 수군을 바닷속에 수장시켰다. 첫 출정에서 이순신 함대의 피해라고는 고작 부상 1명뿐이었다고 하니, 군사들의 사기는 하늘을 찌르고도 남았다. 전쟁 기간 동안 이순신 함대는 한 번 출정하면 보통 2~4번의 전투를 치른 후 본영으로 돌아왔다. 군사와 격군이 휴식을 취하고 물과 식량, 무기도 보충해야 했기 때문이었다. 그리고 이순신은 매번 전투가 끝나면 장계를 보내 그 내용을 임금에게 보고했다. 전투 결과뿐 아니라 수하 군사들의 공적을 개인별로 상세히 기록하여 보고했다. 혹여 공적에 합당한 포상을 받지 못하면 거듭 조정에 건의하는 것도 빼먹지 않았다. 전열을 정비한 이순신 함대는 다시 2차 출정에 나섰다.

이때부터는 비밀 병기인 거북선도 동행했다.

거북선의 첫 데뷔전은 5월 29일에 벌어진 사천해전이었다. 공교롭게도 이 전투에서 나대용이 부상을 입었다. 그럼에도 그는 이를 극복하고 전쟁이 끝날 때까지 용감하게 싸웠다. 그리고 6월로 접어들자마자 연이어 벌어진 당포해전과 당항포해전, 율포해전에서 모두 왜적을 섬멸했다. 그토록 학수고대하던 이억기 함대가 합류한 건 당포해전을 승리한 후인 6월 4일이었다. 이억기는 함대를 이끌고 당포 앞바다에 나타났다. 당포는 지금의 통영 바로 코앞에 있어 오래전에 다리가 연결된 큰 섬인 미륵도에 있는 포구였다. 지금은 삼덕항으로 더 잘 알려진 곳이다. 그곳에 가면 '당포대첩지'라는 푯말이 사람들을 맞고 있었다. 이억기의 함대 25척이 추가되자, 조선 수군의 위용은 더욱더 대단했다. 그리고 나서 벌어진 전투가 앞서 '기생 월이와 속싯개' 이야기에서 언급한 당항포해전이었다.

2차 출정도 대승이었다.

무엇보다도 이때부터 비로소 전라도와 경상도의 수군이 모두 뭉친 진용을 꾸릴 수 있었다. 경상 우수사 원균의 잔여 전선 4척도 1차 출

당포성에서 내려다본 당포항 _ 당포해전의 승전지이자, 한산대첩의 출정식이 행해진 곳이다.

한산도 수루 _ 한산대첩 승리 후 생긴 최초의 통제영(제승당) 내에 있다.

정 때인 합포해전부터 이미 합류한 상태였다. 판옥선만 해도 대략 50
여 척에 달했고, 여타 협선과 포작선도 수십 척이 포진하고 있었다. 연
이어 패배한 왜적도 이제는 조선 수군을 그냥 둘 수 없었다. 남해의 제
해권을 확보하지 못하면 자신들이 계획한 전쟁 수행에 엄청난 차질이
불가피했기 때문이었다. 한산대첩의 서막은 그렇게 무르익고 있었다.

　남해에서 배가 막혀 평양까지 올라간 고니시 유키나가 부대에게 보
급이 원활치 못하자 도요토미 히데요시는 육전에 참여했던 장수 중 3
개 부대를 수군으로 돌렸다. 연합 함대를 구성해 조선 수군을 쳐부수
라는 명령이었다. 말이 명령이지, 사력을 다해 싸워 돌파구를 마련하

제승당 내 활터, 한산정 _ 이순신은 이곳에서 바다 너머로 활쏘기 연습을 하였다.

라는 특명이었다. 두 번의 출정을 통해 이순신의 이름은 일본 수군에게 점점 두려움의 대상이 되어가고 있었다. 연합 함대를 구성해 싸워도 승리를 장담할 수 없었다. 차출된 부대들이 웅천왜성을 향해 남하했다. 그 대표적인 장수가 우리에게도 익숙한 이름인 와키사카 야스하루였다. 그는 불과 얼마 전에 벌어진 용인전투에서 조선군을 대파시켰던 왜군의 대장이었다. 그는 원래 수군이 전문 분야였다. 전쟁 초반 수군으로 활약했으나, 수군보다는 육군에 집중했던 일본의 초기 전략에 따라 육전으로 옮겼었다. 그러나 이순신이라는 듣도 보도 못한 장수에 막혀 수군이 연패하자, 그 전세를 뒤집기 위해 그를 차출할 수밖에 없었다. 일본에겐 예상치 못한 시나리오였다. 하지만 그는 이미 합포해전 등에서 이순신에게 패한 적이 있었다. 복수심에 눈이 멀었을까. 아니면 용인전투의 승리에 도취했을지도 모른다. 그는 연합 함대를 구성하라는 도요토미 히데요시의 명령을 무시하고 단독 출정을 감행했다. 결과적으로 그의 자만과 오판은 이순신에게는 나쁠 게 없었다. 복수심에 물불을 가리지 않거나 혹은 상대를 깔보며 불나방처럼 무작정 달려드는 적을 처리하는 방법을 이순신이 모를 리 있겠는가. 첩보를 통한 사전 정보 분석과 이를 토대로 작전 계획을 수립해, 이기는 전략을 짜왔던 이순신은 이미 왜군이 웅천왜성으로 집결하는 걸 알고 있었을 것이다.

그러던 어느 날 이순신은 왜선 70여 척이 견내량에 포진하고 있다는 첩보를 들었다.

당시 이순신이 이끄는 조선 측 연합 함대는 당포(현재 통영 미륵도 내 포구)에 주둔하고 있었다. 이때 김천손이라는 목동이 미륵도 가운데 우뚝 솟은 미륵산에 올랐다가 견내량에 있는 왜군의 배를 발견하고는 그 수를 정확히 헤아려 이순신 진영에 급히 알려왔다. 맑은 날 미륵산 정상에서는 견내량이 훤히 내려다보였다. 그러니 정보는 구체적이고 믿을 만했다. 이순신 함대가 머물고 있는 당포는 견내량에서 보면 미륵도 뒤쪽에 숨어 있는 포구였다. 첩보를 입수한 이순신은 섬을 남쪽으로 돌아 미륵도와 한산도 사이로 나아갔다. 이순신의 머릿속에는 몸이 달아있는 적을 섬멸할 계책이 이미 떠올랐다. 견내량은 지금의 통영과 거제 사이에 있는 좁은 수로였다. 조선의 판옥선 수십 척이 들

한산도 한산대첩기념비에서 바라본 한산대첩의 현장
_ 저 멀리 왼쪽 도시가 통영이고, 오른쪽이 거제도로 넘어가는 견내량이다.

한산대첩 현장에서 바라본 미륵산
_목동 김천손이 견내량의 왜군을 발견한 산으로, 오른쪽 너머에 이순신 수군이 머물던 당포항이 있다.

어가 싸우기는 불리한 지형이었다. 설령 견내량에서 적을 공격해 승리한다 하더라도 남은 잔당들이 뭍으로 올라 우리 백성들을 괴롭힐 가능성이 컸다. 성질 급한 원균이 당장 견내량으로 쳐들어가자고 했지만, 이순신의 생각은 달랐다. 이순신은 적들을 넓은 바다로 유인할 계획이었다. 몸이 달은 적을 유인하는 것만큼 쉬운 것도 없었다. 한산도 앞바다로 유인해 일거에 깨부술 생각이었다. 그러면 적의 패잔병들이 도망갈 곳도 우리 백성들이 살지 않는 주변의 작은 섬 외에는 달리 없었다. 경험을 통해 이순신은 적 패잔병의 도주로와 그로 인한 백성들

194

의 피해까지 염두에 두고 작전을 세웠다.

이순신은 먼저 6척의 판옥선을 견내량 쪽으로 보내 밑밥을 던졌다.

몸이 한껏 달아있던 와키사카 야스하루는 그 밑밥을 덥석 물었다. 도망가는 척 한산도 앞바다로 나아가는 조선의 전함을 따라 일본 배들이 줄줄이 쫓아왔다. 익히 알 듯이 여기서부터는 영화의 한 장면이 되었다. 미리 대기하고 있던 판옥선들이 두 팔을 벌리듯 일시에 양쪽으로 나아가며 진을 전개했다. 도망치는 척했던 6척 또한 우리 전함이 벌린 곳으로 들어와 빈 곳에 제자리를 잡았다. 학이 두 날개를 맘껏 벌린 것처럼 조선 수군이 반원을 그리듯 포진했다.

이게 그 유명한 학익진이었다.

헐레벌떡 달려오던 왜선들이 그 사이로 따라 들어왔다. 요즘처럼 드론이 있었다면, 지구 역사에 남을 명장면이 찍히는 순간이었다. 조선 전함에서 일제히 쏘아올린 포탄들이 왜군의 머리 위로 쏟아졌다. 모든 총통이 불을 뿜었다. 왜선들은 눈 감은 술래처럼 바다 위에서 우왕좌왕 갈피를 못 잡고 헤맸다. 그러나 이미 때는 늦었다. 통발에 들어온 물고기 신세였다. 이미 포위망에 갇힌 배들은 빠져나갈 길이 없었다. 대장선에 타고 있던 와키사카 야스하루는 결국 부하들을 지옥에 버려두고 남은 배들을 수습해 간신히 달아났다. 그날 한산도의 바다에 수장된 왜적이 거의 만 명에 육박했다고 하니, 그날의 전투가 어떠했는지 짐작하고도 남을 만했다.

한산대첩이 중요한 이유 중 하나는 바로 그 시기 때문이었다.

그때 남해바다가 뚫렸다면 한껏 기세 좋게 평양까지 진격했던 왜군은 후방의 보급을 여유롭게 받으면서 북쪽으로 진격할 수 있었다. 그랬다면 의주까지 도망쳤던 선조는 명에 망명했을 게 빤했고, 조선은 망했을지도 모른다. 그러면 지금 우리가 기억하는 역사하고는 판이한 역사가 전개되었을 것이다. 처음부터 공개적으로 드러낸 일본의 야욕처럼 일본과 명 사이에 전쟁이 일어났을 수도 있다. 그랬다면 도망가기 바빴던 조선의 성리학자들은 사대하던 명을 구하기 위해 중국으로 건너가 칼이라도 들고 왜군과 싸웠을까? 비록 승패를 장담할 수 없는 전쟁이지만, 그사이 조선 반도는 일본의 병참기지가 되어 모든 것을 빼앗길 뿐만 아니라, 조선인 또한 일본군의 총알받이가 되어 만주를 지나 산해관을 넘었을 수도 있었다. 300여 년 후에 조선 땅에서 실제 벌어졌던 일이 그때 이미 일어났을 수도 있었다.

그 모든 걸 막아낸 단 하나의 전투를 꼽으라면 단연 한산대첩이었다.

한산대첩을 통해 이순신은 전쟁 초반 적의 한껏 달아오른 예봉을 확실히 꺾었다. 일본은 자신들이 계획한 침략 시나리오를 대폭 수정해야 했다. 한산대첩은 양국의 베스트 전력이 제대로 맞붙은 전투였다. 요즘 축구로 치면 월드컵 예선에서 벌어진 국가대표 한일전과 같다. 예나 지금이나 베스트가 붙은 싸움에서 지면 그만큼 충격도 컸다. 한산대첩 이후로 도요토미 히데요시는 수전 금지령을 내리기까지 했다. 이순신의 철저한 승리였다. 바닷길을 포기한 일본의 육군이 할 수 있는 건 별로 없었다. 오매불망 기다리던 보급품은 오지 않았다. 이미 기세가 꺾인 그들은 평양성에서 한 발짝도 나아가지 못했다. 고니시 유키나가로서는 섣불리 의주로 올라갔다간 배후를 공격당해 퇴로마저 막히거나 애써 점령한 평양성을 빼앗길지도 모른다는 불안감에 휩싸였다. 이후에는 우리가 익히 알 듯이, 그렇게 겨울을 맞았고, 살벌하게 추운 대륙의 겨울에 고통만 당하다, 그 겨울이 끝나기도 전에 평양성에서 도망치기 시작했다. 이처럼 의도하든 의도하지 않았든 타이밍이라는 게 역사의 수레바퀴를 다른 방향으로 굴러가게 하는 법이다. 한산대첩의 승리로 선조는 의주에 편하게 앉아 전라도 음식을 먹을 수 있었다. 이순신이 남해바다를 막아주고 있으니 조운선이 서해바다를 자유롭게 움직이며 오르내릴 수 있었기에 가능한 일이었다. 반대로 한산대첩의 패배로 도요토미 히데요시는 발이 묶였다. 원래 그는 점령군의 모습으로 의기양양하게 자신이 직접 조선으로 건너오려던 계획을 세우고 있었다. 그러나 이순신이 막고 있는 바다를 함부로 건널 수 없었다. 자신이 조선으로 온다고 해도 뾰족한 해결책이 없었다. 한산대첩의 패배로 도요토미 히데요시의 사위로서 왜군 총대장을 맡아 한양에 주둔 중이던 우키타 히데이도 바빠지기 시작했다. 그는 조선 전역에 있는 장수들을 급히 한양으로 소집해 계책을 논의하느라 정신이 없었다. 한창 기세를 올리며 승승장구하던 일본의 육군 또한 한산대첩을 기점으로 확실히 하향곡선을 그리기 시작했다. 그리고 그 빈틈을 절치부심하고 있던 조선의 관군과 의병이 파고들었다.

그렇지만 이순신은 승리에 취하지 않았다.

그 여세를 몰아 곧바로 함대를 이끌고 부산포 인근의 안골포로 진격하여 적선 20여 척을 격파하고 나서야 본영으로 돌아왔다. 이순신은 육지와 가까운 곳에서 적을 물리칠 경우 육지로 도망간 왜적의 배를 모두 불태우지는 말라고 명령했다. 혹여 배가 없어 빠져나가지 못한 왜군이 육지 곳곳에 숨어있는 피란민을 공격할까봐 염려했기 때문이었다. 차라리 패잔병들이 배를 이용해 자신들의 군영으로 돌아갈 수 있게 하는 것이 우리 백성을 보호하는 길이라고 여겼다. 적선을 한 척이라도 더 격파하면 자신의 공적이야 더 커지겠지만, 그보다는 백성의 삶과 목숨이 먼저였다.

류성룡이 쓴 『징비록』에는 한산대첩의 승전보를 들은 선조의 이야기가 나온다.

대략 이렇다. 승전보가 행재소에 도착하자 선조는 이순신에게 정1품 벼슬을 내리려고 했다. 아무리 도망 중이라 해도 내심 엄청 기뻤을 것이다. 그때 심정으로는 뭘 줘도 아깝지 않았으리라. 그러나 말 많은 관료들이 가만히 있겠는가. 너무 지나친 승진이라며 반대하는 사람들이 나타났다. 결국 선조는 정2품에 해당하는 정헌대부로 승진시켰다. 또한 함께 전투에 참여했던 원균과 이억기는 종2품 가선대부로 삼았다.

이처럼 이순신은 발탁이나 승진 때마다 늘 반대가 뒤따랐다.

물론 당대에는 이순신만 그런 대접을 받은 건 아니었다. 인사상 파격에 대해서는 전문적으로 반대 의사를 표했던 관료인 대간이라는 자리도 있으니 누군가의 반대를 피해가긴 힘들었다. 그 반대를 무릅쓰고 이순신은 전라 좌수사에 부임했었다. 그런데 이번 승진에서는 결국 그 반대를 넘지 못했다. 어쩌면 무신을 한 급 아래로 생각했던 당시 문신들의 무의식이 반영된 건 아닐까. 정1품이면 관료로서는 최고의 자리였다. 한낱 무신에게 그런 영광을 주고 싶지 않았다고 생각한다면 지나친 의심일까. 문제는 국가가 외침을 당해 전쟁 중이라는 비상시국에서도 반대를 위한 명분상의 반대를 하는 걸 보면 이것이 조선식 성리학의 한계라는 생각은 떨쳐버릴 수가 없다. 현대에도 국가의 안위나 이익보다 자파 그룹의 이익(그럼으로써 궁극적으로 자신의 이익)을 먼저 생각하는 정치인들을 수없이 봐오다 보니, 나 또한 그러한 무의식이 자리 잡고 있는지도 모르겠다. 한나라 유방이 초나라 항우를 이긴 요인 중에 으뜸으로 꼽는 게 탁월한 인재 발탁이었다. '지인선용(知人善用)'이라고 표현되는 유방의 인재 중용 방식은 곧 '인재(人)를 알아보고(知) 적재적소에 최고로(善) 활용하는(用) 능력'을 말한다. 소하, 장량이 그렇게 중용되었다. 그리고 인재의 마지막 퍼즐을 완성시킨 방점이 바로 한신이었다. 유방은 하급 군사에 지나지 않던 한신을 일약 총대장으로 삼았을 뿐 아니라, 모든 군사가 보는 앞에서 예를 차려 임명장을 수여함으로써, 그가 자신의 능력을 맘껏 펼칠 수 있도록 했다. 물론 소하의 천거와 충언이 한몫했지만, 당시로서는 파격 승진의 끝판왕이었다. 그럼으로써 무엇 하나 항우보다 특출한 게 없었던 유방은 통일 제국을 얻었다. 난세에 유방의 인재 중용 방식을 선조는 끝내 배우지 못했다. 이는 결국 몇 년 후 이순신을 백의종군하도록 시킴으로써 조선을 절체절명의 위기로 몰아넣었다.

조선의 조정이 승전보에 환호작약할지언정 이순신의 전쟁은 끝나지 않았다.

이후에도 이순신은 체포되어 한양으로 압송되기 전까지 수많은 전투에서 승전보를 울렸다. 장림포, 다대포, 웅포, 당항포 등 싸우는 곳마다 적선들을 물리쳤다.

그리고 한산대첩과 함께 기억해야 할 전투가 있다.

남해바다에서 한산대첩이 벌어지고 있을 때 육지에서는 권율과 황진 등 조선의 관군과 의병이 한창 왜군과 싸우고 있었다. 1592년 7월 8일, 이순신이 학익진을 펼치는 동안 권율과 황진은 충남 금산에서 전북 완주로 넘어가는 길목인 대둔산 고개에서 벌어진 이치전투를 승리로 이끌었다. 말하자면 승리의 도미노 현상이 일어난 셈이다. 같은 날, 바다와 육지에서 벌어진 전투에서 조선은 모두 승리했다. 이치전투에 대해선 나중에 좀 더 자세히 살펴보도록 하자.

Guide's Pick

정암진 전투

'이제부터가 진짜 전쟁이다'라고 장 제목을 정했으니 곽재우와 정암진 전투를 언급하지 않을 순 없다. 바다에서 이순신이 '진짜 전쟁'을 개시했다면, 육지에서는 곽재우가 그 시작을 열었다. 관군이 속절없이 밀리는 상황에서 임진왜란 공식 최초 의병장의 기치를 올린 곽재우이니 의당 '진짜 전쟁'의 맨 앞자리를 차지할 자격이 충분했다. 전쟁 초기 왜군이 경상도

곽재우 생가

에서 한양까지 가는 동안 승전은 고사하고 제대로 된 싸움 한 번 해본 적이 없던 조선의 입장에서 곽재우의 출현은 가뭄의 단비 같았다. 특히 소수의 의병으로 적을 물리친 정암진 전투의 기억은 백성들에게 승리할 수 있다는 자신감의 원천이 되었다.

경상 우도 지역의 대학자인 남명 조식의 제자이자 외손녀 사위였던 곽재우는 평소 스승에게 배웠던 '의(義)'를 바탕으로 한 실천 사상을 행동으로 옮겨, 자신이 태어났던 경남 의령의 세간마을에서 의병의 깃발을 올렸다. 그때가 4월 22일이었다. 전쟁이 일어난 지 불과 열흘도 되기 전이었다. 이일의 상주전투조차 일어나기 전이었으니, 왜군이 한창 대구를 향해 북진하고 있을 때였다. 곽재우의 고향은 낙동강과 지근거리에 있었다. 낙동

현고수

강 수로를 따라 북진했던 왜군의 선두는 이미 그의 고향을 스쳐지나갔다.
자고로 남의 나라의 강을 거슬러 올라가는 자들은 경계해야 한다. 동서고
금의 역사를 봐도 그런 자들은 대개 자연의 순리를 역행해 자신의 욕심을

채우려는 의도가 있는 사람들이었다. 우리나라를 침탈했던 왜구들이 그러했고, 신대륙으로 건너간 유럽인들이 그러했다. 그곳에 살며 자연에 순응하는 사람들은 흐르는 강물에 몸을 맡길 뿐이었다. 그게 자연의 섭리이고 인간의 본능이었다. 아메리칸 인디언 이름에서 가장 흔한 이름 중 하나가 '흐르는 강물처럼'이 된 이유가 그 때문이고, 요즘도 강을 답사하는 사람들이 발원지부터 물길을 따라 내려가지 포구에서부터 거꾸로 올라가지 않는 이유이다. 그러나 왜군들은 강을 거슬러 올라가고 있었다. 그건 노략질을 일삼던 왜구들의 습성이었다. 곽재우는 자신의 식솔과 근처 마을에서 불러 모은 약 50여 명의 사람들을 공터에 모아놓고 의병 출정식을 거행했다. 지금도 세간마을에는 당시 북을 매달았던 느티나무가 그날의 일을 증언하듯 살아남아 있다. 그날 이후 이 나무는 현고수(懸鼓樹)라 불렀다. '북을 매달았던 나무'라는 뜻이다.

곽재우는 아마도 수로의 중요성을 깊이 인식하고 있었던 듯했다.

고향 마을 바로 앞에는 낙동강 지류인 유곡천이, 우측으로 마을 하나만 지나면 낙동강이, 남쪽으로는 산 하나를 넘으면 남강이 흐르고 있었다. 남강은 그곳에서 낙동강과 합류했다. 부산포에 상륙한 왜군에게 낙동강은 북쪽 깊숙이 쉽게 올라갈 수 있는 수로였다. 더구나 곽재우 고향 근처에 와서 전라도로 향하는 남강과 연결되었으니 여러모로 요긴하게 사용될 수 있었다. 이순신이 확보했던 해상 제해권 못지않게, 육지의 수로도 굉장히 중요한 보급 루트였다. 또한 육지로 전진하는 적이 반드시 건너야 하는 강은 조선군의 입장에서 천혜의 방어 진지이기도 했다. 곽재우는 이 모든 걸 꿰뚫어보고 있었다. 곽재우가 이끈 유명한 전투 중 기강 전투는 바로 그 보급 루트를 노린 전투였고, 정암진 전투는 도강하는 적을 막아낸 전투였다.

곽재우 의병의 첫 전투가 벌어진 곳 또한 당연히 수로였다.

의령 기강

그는 아버지가 명나라 북경에 갔을 때 황제에게 하사받은 붉은 비단으로 철릭을 만들어 입고서, 의병들을 데리고 기강으로 향했다. 기강은 남강이 낙동강과 만나는 지점으로, 생가에서 남쪽으로 산을 넘어가면 당도할 수 있었다. 정식으로 훈련받은 관군도 아니고 아직 수적으로도 열세인 곽재우 의병군이 선택한 전술은 게릴라전이었다. 기록에 따르면 곽재우는 강물에 말뚝을 박게 했다. 지금으로서도 장비 없이는 힘든 그 일을 어떻게 했는지는 모르지만, 여하튼 왜군의 보급 선단이 말뚝에 걸려 꼼짝달싹 못하게 되었다고 한다. 그 순간 매복한 의병들이 활을 쏘며 기습하니 화살을 맞은 적 몇이 쓰러지고 여러 척의 배가 불에 타 침몰했다. 이것이 조선 의병 최초의 전투인 기강 전투였다.

이후 곽재우는 의병을 이끌고 정암진으로 향했다.
기강 전투 소식을 들은 주위 백성들이 의병에 새로이 합류했다. 정암진은

의령 정암

정암루

부산에서 함안을 거쳐 의령 읍내로 들어가는 주 길목으로. 왜군이 전라도로 향하는 주요 루트 중 하나였다. 정암진은 당시 남강에서 가장 큰 나루이기도 했다. 전라도 공격을 담당한 왜군은 제6진이었다. 5월 말에 그들의 선봉대 약 2천 명이 정암진에서 남강을 건너 의령으로 진격을 시도했다. 정암진 반대편 기슭에 도착한 왜군은 조선 백성을 위협해 강을 건널 지점을 알아내고는, 뗏목을 타고 와 그곳에다 나무 푯말들을 꽂아 표시를 해두었다. 이 정보를 입수한 곽재우는 의병들로 하여금 밤에 몰래 푯말을 늪지대와 갈대밭이 있는 쪽으로 향하도록 옮겨 놓게 했다. 그리고 적이 넘어오는 길목마다 의병을 매복시켰다. 다음 날 적들은 강을 건너기 시작했다. 밤사이 푯말이 옮겨진 것은 물론 강 너머에 의병이 매복해 있을 거라곤 꿈에도 생각 못한 채 늪지대로 들어섰다. 때를 기다리던 의병들은 곽재우의 신호가 떨어지자 일제히 화살을 쏘며 기습 공격을 감행했다. 이후는 이야기하지 않아도 알 수 있지 않을까. 늪지대와 갈대밭 사이에서 우왕좌왕하던 적군은 크게 패퇴했다. 이후 왜군은 강을 넘지 못한 채 한동안 의령 땅을 넘보지 못했다. 흔

정암철교

정암철교

히 불가의 최고 공덕은 월천(越川) 공덕이라고 하는데, 곽재우는 그럴 맘이 전혀 없었다. 왜적들에게 보시는커녕 정암 나루를 틀어쥐고 한 놈도 물을 건너지 못하게 하겠다는 생각뿐이었다. 곽재우 의병의 완벽한 승리이자 조선 의병의 최대 승리인 정암진 전투는 그렇게 완성되었다.

이렇듯 대승을 거둔 곽재우 의병에 백성들이 몰려들었다.

또한 이러한 공적을 인정해 경상 우도 초유사 김성일은 의령과 삼가 두 현을 곽재우의 지휘 아래에 편입시켰다. 그럼으로써 의병군은 그 수가 천 명을 훌쩍 넘었으며, 한때는 4천여 명의 대부대가 되기도 했었다. 곽재우의 집안은 상당한 부자였다. 그러나 곽재우는 거병 초기부터 의병들에게 무기를 공급할 뿐 아니라 군량을 대기 위해 전 재산을 아낌없이 쏟아부었다.

정암과 정암루

곽재우 의병군은 기습적으로 치고 빠지는 전술을 활용해 상당한 전과를 올렸다.

기록마다, 그리고 시기마다 조총의 성능에 조금씩 차이가 있지만, 곽재우가 정암진 등에서 왜군과 한창 싸울 때 조총은 대략 20초당 1발씩 발사할 수 있었다. 그래서 왜군 조총부대는 임진왜란 이전부터 3줄로 편성해 공격하는 전술을 사용했었다. 맨 앞줄이 총을 쏘고 나서 제일 뒤로 빠지면 두 번째, 세 번째 줄이 차례대로 사격하는 방식이었다. 또한 조총의 유효 사거리는 어른 걸음으로 50보 정도였다. 이러한 사실을 간파하고 있던 곽재우는 그 거리를 유지하며 매복 공격을 감행했다. 당시 조선 활의 유효 사거리가 60~70보 정도였다고 하니 충분히 해볼 만한 전술이었다.

물론 임진왜란을 치르며 조총의 성능은 계속 개량되었다. 유효 사거리뿐 아니라 파괴력 또한 증대되어 조선군에 막대한 피해를 입혔다는 건 주지의 사실이다.

지금은 많이 잊힌 전투가 되었지만, 정암진 전투는 왜군으로부터 경상 우도뿐 아니라 전라도를 지켜낼 수 있었던 중요한 전투였다. 김성일이 선조에게 치계한 증언에 따르면, 당시 왜군 진영에는 "이 지방(의령)에는 홍의장군(紅衣將軍)이 있으니 조심하여 피해야 한다"는 말이 돌았다고 한다. 그러나 전쟁이 끝난 후 곽재우는 선조에게 철저히 버림받았다. 1603년에 행해진 임진왜란 관련 논공행상에서 녹훈을 정할 때 의주까지 호종한 신하들은 신분 고하를 막론하고 거의 모두 포함시켰지만 목숨 걸고 싸운 사람들은 대부분 배제하였다. 그러자 이 업무를 맡은 공신도감에서 이러한 불균형을 의식해 선조에게 무신들 중 공신에 들지 못한 사람들을 언급하며, "경상 우도가 보전된 것은 실로 곽재우의 힘에 말미암은 것인데, 이 사람은 어떻게 해야 합니까?"라고 물었다. 『선조실록』에는 이에 대한 선조의 대답이 실려 있다. 선조는 "우리나라 장수들이 왜적을 막는 것은 양(羊)을 몰아다가 호랑이와 싸우는 것과 같았다. 이순신과 원균의 해상전이 수공(首功)이고 그 이외에는 권율의 행주 싸움과 권응수의 영천 수복이 조금 사람들의 뜻에 차며, 그 나머지는 듣지 못하였다. 간혹 그 가운데에 잘하였다고 하는 자도 겨우 한 성을 지킨 것에 불과할 뿐이다"고 했다. 이렇듯 곽재우를 비롯한 무수한 의병들은 '임금이 듣지 못한 나머지'에 불과했다. 참으로 어처구니없는 일이었다. 목숨 걸고 적과 싸운 백성들을 기억해주지 않는 나라와 임금은 대체 왜 필요할까. 당시 사관 또한 이 점을 명확히 인식하고 있었다. 해당 실록을 작성한 후 사관은 다음과 같이 첨언을 해두었다.

"공로에 보답하는 것은 국가의 막중한 행사이다. 막중한 행사인데도 사람들에게 가볍게 시행하였으니 어찌 매우 애석한 일이 아니겠는가. (중략) 어떻게 후세의 비난을 면할 수 있겠는가. 왜적을 물리친 공에 이르러서는, 그것이 비록 중국 장수들의 공이라고는 하나 (우리 장수들이) 싸워 승전한 공이 없지 않았다. 그런데 호종한 신하들은 많이 참여시키고 싸움에 임한 장수들은 소략하게 하였으니, 공에 보답하는 방도를 잃었다고 할 만하다."

7

진주가 없으면
호남도 없다

어떤 공부를 하다 보면 가끔 그런 생각이 들 때가 있다. "이런 걸 학교 다닐 때 알았더라면 좋았을텐데", "왜 그때는 안 가르쳐 줬을까?" 학교에서 많은 걸 배우기도 했지만, 한편으론 학교에서 가르쳐주지 않은 것들도 많다는 걸 살면서 느낄 때도 있다. 내겐 김성일이라는 인물이 그랬다. 나는 오랫동안 김성일을 오해하고 있었다. 학교에서 배운 거라곤, "임진왜란 전에 통신사로 일본에 갔다 돌아와 선조에게 '전쟁이 일어나지 않는다'고 보고함으로써 무방비 상태로 전쟁을 겪게 만든 장본인이며, 그 이유가 당쟁 때문"이라는 것뿐이었다. 어린 마음에 벼슬이 더 높은 정사인 황윤길이 옳은 소리를 하는데, 그보다 부하인 부사가 당쟁을 위해 거짓말을 하고 있다고 받아들였다. 더군다나 선조 시대 당쟁은 무조건 나쁘다는 편견으로 가득 차 있었으니, 그 순간 김성일이라는 사람은 도저히 용서할 수 없는 사람이 되어버렸다. 이 책을 읽는 사람들 중에도 몇몇은 나와 비슷한 경험을 하지 않았을까 싶다.

그러나 김성일은 그렇게만 매도당해서는 안 되는 인물이었다.

여러 사료에서 확인할 수 있듯이, 당시 통신사로 갔던 김성일이 선조에게 보고한 내용이 사실임을 부정할 순 없다. 그러나 어느 순간 어느 자리에서 자신이 내뱉은 말 한마디로 그의 모든 생각과 삶을 규정해서도 안 된다. 또한 사람은 누구나 실수할 수 있다. 지금도 수많은 인생 멘토들이 사람들에게 실수를 두려워하지 말라고 가르친다. 실수에 대한 반성을 통해 사람은 성장한다고 가르친다. 실패하지 않는 사람은 있을 수 있어도 실수하지 않는 사람은 없다. 이는 '인간은 반드시 죽는다'와 같이 지구상에 인간이 출현한 이후로 모든 사람이 받아들이는 불변의 진리 중 하나다. '인간은 누구나 실수를 한다.' 더구나 태생적으로 반성은 실수가 없으면 존재할 수조차 없다. 그래서 우리는 누군가의 실수에 초점을 맞추기보단 그 이후 그 사람의 말이나 행동이 어떠하냐에 집중해야 한다. 그가 실수를 반성함으로써 자기 성장의 자양분으로 삼는지, 아니면 실수를 하고도 그에 대한 반성이나 책임을 회피하기에 급급한 사람인지를 살펴봐야 한다.

물론 '하나를 보면 열을 알 수 있다'는 말이 세간에서 나름 긍정적으로 받아들여지고 있는 것처럼, 말 한마디가 그 사람을 올곧이 드러내는 경우도 많이 있다. 그렇더라도 가능하다면 그가 그럴 수밖에 없는 보이지 않는 무언가를 찾기 위해 한번쯤 노력하는 것이, 혹은 그에게 변명의 기회라도 주는 것이 타인을 대하는 예의이다. 그것은 역사 인물에게도 마찬가지이다. 그러나 안타깝게도 역사 인물한테는 애초에 스스로 변명할 기회가 주어질 수 없다. 그러니 그럴 필요가 있는 인물이라면 누군가 그를 위해 대신 해줘야 한다. 내가 지금 이 글을 쓰는 이유이다. 앞서 말한 것처럼 김성일은 어린 시절 내 머릿속에 용서할 수 없는 나쁜 사람으로 낙인찍혔다. 한번 찍힌 낙인은 좀처럼 지워지지 않았다. 그러다 역사에 관심을 가지고 이런저런 책을 읽고 자료를 접하다 보니 그 낙인이 조금씩 희미해졌다. 그리고 지금은 김성일을 위한 변명 아닌 변명을 쓰고 있다. 적어도 김성일은 자신의 말에 책임을 지려고 노력했다는 걸 알았기 때문이다.

그럼 통신사 보고 사건 전후의 김성일의 행적을 대략 쫓아가보자.

통신사가 일본으로 출발한 것은 1590년 3월이었다. 통신사는 당시 조선에 사신으로 왔던 대마도 교주 소 요시토시 일행과 함께 떠났다. 통신사 파견은 일본의 요청을 조선이 고심 끝에 받아들임으로써 성사되었다. 일본의 통신사 파견 요청은 이전에도 있었지만, 조선은 이를 무시했었다. 당시 조선 조정은 일본의 내부 사정에 대해 거의 무지했다. 동서고금을 막론하고 개인이나 국가나 자신에게 막대한 영향을 미칠 수 있는 상대방에 대해 모르면 알려고 하는 게 인지상정인데, 조선은 일본에 대해 알려고도 하지 않았다. 단지 잊을 만하면 나타나 괴롭히는 왜구 정도로만 치부했다. 이는 선조 대만 그런 건 아니었다. 기록에 따르면 조선이 일본에 공식적인 사신단을 파견한 건 성종 대인 1459년 이후 무려 111년 만이었다. 그러니 그 백여 년 동안 조선은 이웃나라, 결과적으론 매우 위험한 이웃에 대해 몰라도 너무 몰랐다. 명나라는 오라는 소리가 없어도 일 년에 수차례씩 찾아갔지만, 턱밑에

바짝 붙어있으면서 걸핏하면 우리 해안가에 찾아와 말썽을 피우고 노략질을 일삼는 일본에 대해선 손을 놓고 있었다. 아무리 오랜 세월 전쟁을 잊고 살았던 나라라 할지라도 한 나라의 지도층으로선 매우 심각한 직무유기인 셈이다. 그사이 일본은 백여 년 전하고는 완전히 달라진 나라가 되어 있었다. 전국시대라는 내부 격변기를 거치면서 발생한 무수한 전쟁을 오다 노부나가와 그 뒤를 이은 도요토미 히데요시가 종식시킴으로써 하나로 통일된 나라가 되었다. 그리고 백 년 동안 전투에서 단련된 무사들이 넘쳐나는 나라가 되었다. 더 이상 성종 대 우리 사신단이 보고 온 그 일본이 아니었다.

통신사가 돌아온 것은 1년 만인 1591년 3월이었다.

지금 기준으로 보면 옆 나라에 배 타고 다녀오는 데 왜 그리 오래 걸리느냐고 생각할 수도 있고, 상당히 긴 시간 동안 일본에 머물며 많은 일을 하고 왔다고 생각할 수도 있지만, 당시 사신단 행렬은 오가는 데만도 상당한 시간이 걸리는 아주 고된 일정이었다. 우선 교통수단이 그러하기도 했지만, 중간의 기착지를 거칠 때마다 여러 날 머물며 이런저런 일정을 소화해야 했다. 더구나 통신사가 교토에 도착했음에도 도요토미 히데요시는 핑계를 대며 시간을 끌뿐 만나주지 않았다. 그렇게 힘들게 그를 잠깐 만나고 다시 돌아오는 데 꼬박 일 년이 걸린 셈이었다.

그리고 우리가 익히 알 듯이, 정사인 황윤길은 "반드시 병화가 있을 것"이라고 보고하고, 김성일은 그러한 느낌을 전혀 받지 못했다고 보고했다. 이를 두고 우리는 동인인 김성일이 당쟁 때문에 서인인 황윤길과 반대되는 의견을 말한 것으로 배웠다. 하지만 통신사로 함께 갔던 서장관 허성은 김성일과 같은 동인임에도 황윤길과 같은 의견을 말했으니, 통신사의 결과 보고를 당쟁의 시각으로 보는 시도는 이미 그 한쪽 근거를 상실한 꼴이었다.

『징비록』에는 당시 김성일의 속마음을 짐작할 수 있는 이야기가 나온다.

그 일이 있고나서 류성룡이 "그대의 말이 황윤길의 말과 전혀 다른데 만일 병화가 있게 된다면 장차 어쩔 작정이시오?"라고 묻자, 김성일은 자신 또한 어찌 왜적이 침략하지 않는다고 단언할 수 있겠느냐며, 단지 모두가 전쟁이 일어날 거라고 이야기한다면 온 나라가 혼란에 빠질 것을 염려해 그렇게 말한 것이라고 대답했다. 물론 이것이 김성일의 진짜 속마음인지는 모른다. 『징비록』을 쓴 류성룡과 김성일은 동인이라는 같은 당파에 속해 있을 뿐 아니라, 둘 다 퇴계 이황의 제자였으니 글쓴이의 팔이 안으로 굽었을 거라는 혐의를 피할 순 없다.

그런데 통신사가 돌아오면서 가져온 일본의 국서에도 조선을 거쳐 명나라를 침략하겠다는 내용이 있었다. 아무리 세상물정에 어두운 사람이라 할지라도, 그런 세태에서 전쟁이 일어나지 않을 거라고 어찌 단언할 수 있겠는가. 당시는 임진왜란이 일어나기 불과 일 년 전이었다. 김성일의 보고와 관계없이 선조나 조정 관료들은 어떤 식으로든 전쟁이 일어날 분위기라는 걸 알고 있었다. 단지 애써 눈 감고 귀 막고 있었을 뿐이었다. 그러한 시대에 누군가는 일종의 페이스메이커(pacemaker) 역할을 담당해야 한다고 김성일은 생각했을 수도 있다.

물론 앞서 말했듯 김성일의 속마음을 지금으로선 정확히 알 수 없다. 그가 정말로 얼굴이 쥐의 상을 닮았다는 평을 듣는 도요토미 히데요시를 만난 후 전쟁을 일으킬만한 위인이 못된다고 판단했을 수도 있고, 세종 대의 명재상 허조처럼 반대를 통해 소수의견을 내는 기질을 타고났을지도 모른다. 혹은 오랑캐 섬나라 놈들이 쳐들어와봤자 조선이 간단히 제압할 수 있다는 자신감이 충만했는지도 모른다.

어쨌든 그 일 년 후 전쟁은 일어나고야 말았다.

왜군이 부산진에 상륙하기 이틀 전인 1592년 4월 11일, 김성일은 경상 우병사에 제수되었다. 뜻밖의 인사였다. 김성일은 류성룡에 비해 관운이 트이진 않았어도 엄연히 퇴계 학풍을 이어받은 문신이었다. 더구나 평시의 '병사(兵使)' 직책은 무신을 위한 자리였다. 이 점을 들어 비변사에서도 반대했으나 선조가 밀어붙인 인사였다. 전쟁의 기운이 극에 달한 시점에 왜적이 상륙할 가능성이 큰 경상도 지역의 병사를 맡김으로써 어쩌면 일 년 전 통신사 결과 보고 자리에서 했던 말에 대한 책임을 지우려는 것인지도 모를 일이다. 김성일은 병영이 있던 창원으로 길을 떠났다. 그러나 창원에 도착한 후 다시 바로 짐을 싸야 했다.

이번엔 죄인의 신분으로 바뀌었다.

그렇게 얼마 전 내려온 길을 되짚어 서울로 압송되어갔다. 그사이 전쟁이 터졌기 때문이었다. 일본의 침략 사실을 적시한 경상 좌수사 박홍의 장계가 궁궐에 도착했다. 이에 김성일에 대한 처벌 요구가 대두되자 선조는 그를 압송해 의금부에서 국문하도록 했다. 그러나 김성일은 의금부에 갇히지 않았다. 전쟁이라는 급박한 시기에 그의 상황도 계속 급반전하였다. 류성룡은 김성일에게 죄를 씻을 수 있는 기회를 주길 선조에게 간청했다. 그게 받아들여져 압송 중이던 김성일은 충청도 직산에서 경상 우도 초유사(招諭使)라는 임시 직책을 부여받고 다시 남쪽으로 향하게 되었다. 초유사란 흩어진 군사들을 다시 모으고, 백성들을 깨우쳐서 의병으로 나서게 하는 게 주된 임무였다. 김성일은 즉시 경상 우도 백성들에게 고하는 초유문을 작성했다. 그 글이 너무도 절절하여 읽은 사람은 모두 울분을 금하지 못했다고 한다. 김성일은 함양, 산음, 단성, 진주 등 경상 우도 지역을 돌며 사람들을 깨우쳐 모이도록 했다. 마치 일 년 전 자신의 실수를 반성하고 스스로 그 책임을 다하려는 사람처럼 열심히 뛰어다녔다. 그의 동분서주는 분명 반성할 줄 아는 자의 행보였다.

임진왜란 때 활약한 의병을 이야기할 때면 흔히 경상 우도 지역의 의병을 첫손에 꼽는다.

전국 곳곳에서 의병이 들고 일어났지만, 맨 처음 의병을 일으킨 곽재우를 비롯해 김면, 정인홍 등 남명 조식의 제자 50여 명을 중심으로 거병한 경상 우도 지역이 수적으로도 가장 많을 뿐 아니라 가장 활발한 활동을 보인 건 인정해야 한다. 더구나 경상도의 관군이 거의 무너진 전쟁 초기, 그들의 활약으로 왜적의 호남 진출을 막을 수 있었기에 그 실제적 가치는 훨씬 더 중요했다. 이는 바다에서 일본 수군의 호남 진출을 막은 이순신에 버금가는 활약이었다. 그런데 그러한 경상 우도 의병들의 뒷배 역할을 했던 사람이 있었으니, 그가 바로 초유사 김성일이었다. 앞서 언급했듯 1592년 4월 말에 초유사로 부임했던 김성일은 그해 9월 경상 우감사가 되어 경상 우도를 관할하는 최고 책임자가 되었다. 당시 조정은 왜적에 의해 경상도 지역이 양분되어 서로 소통할 수 없게 되자, 경상 감사를 좌·우 감사 체제로 전환했다. 흥미로운 점은 경상 우감사가 되기 전에 김성일은 경상 좌감사로 발령받았었다. 그러자 경상 우도의 선비들이 선조가 있는 행재소까지 가서 상소를 올렸다. 그 내용인즉 이렇다. "나라를 광복시키는 기반은 영남에 있으며, 영남을 수복하는 책임은 김성일에게 달려 있습니다. 김성일이 없으면 의병이 없게 되고, 따라서 영남도 없게 됩니다. 지금 김성일이 단지 교서의 명만을 받들어 낙동강을 건너 동쪽으로 가고 있으므로, 사민(士民)들이 눈을 부라리고 있으며, 의병들은 기운이 꺾이어 있습니다." 또 다른 상소에서는 "오늘날의 일은 모두가 의병들이 한 일인데, 의병들이 종시토록 공을 이룰 수 있었던 것은 김성일 덕분"이라며 김성일이 경상 좌감사로 떠나면 경상 우도의 의병들은 와해되고 이는 경상 우도의 성패만이 아니라 나라의 성패에도 영향을 끼칠 거라고 주장했다. 결국 선조는 애초의 임명을 철회하고 김성일을 경상 우감사로 재발령 낼 수밖에 없었다.

초유사와 경상 우감사를 거치면서 김성일은 경상 우도 지역의 관군과 의병 활동을 적극 지원하였다. 김성일이 초유사가 되기 전에 의병을 일으킨 곽재우를 제외하면, 대다수 의병장들은 거병하기 전에 김성일이 초유사가 되자마자 작성했던 초유문을 읽고 분기탱천했을 가능성이 컸다. 김성일의 문집인 『학봉집』에도 '김면과 정인홍 두 대장이 김

안동 학봉 종택

성일이 내린 초유하는 격문에 호응하여 두 주먹을 불끈 쥐고 떨쳐 일
어나 흩어진 의병들을 모으자, 원근에서 의병들이 구름처럼 몰려들어
의기의 칼날이 자못 예리해졌다'고 적혀 있는데, 당시 글 읽는 사람들
은 거의 초유문을 구해 읽었다고 보는 게 타당할 듯싶다.

　그렇다면 경상 우도 지역이 다른 지역에 비해 의병이 많이 일어난 이
유는 무엇 때문일까?

　개인적으로는 세 가지 정도로 정리할 수 있을 것 같다. 첫 번째는
그 지정학적 위치다. 경상 우도 지역은 왜군의 주력부대가 상륙한 부
산포와 그들이 한양을 공략하기 위해 선택한 핵심 경로로부터 살짝
비켜나 있었다. 그러다 보니 초반에 인명 피해가 적었고, 백성들이 각

학봉 기념관

성하여 의병에 참여할 수 있는 시간을 벌 수 있었다. 또한 지리적으로 인접한 부산포 등에서 수많은 백성들이 처참한 죽음을 당했다는 소문을 들었을 테니, 그 마음만은 분기탱천해 있었다. 더구나 경상 우도 지역은 전라도로 들어가는 관문이나 다름없었다. 이곳을 적에게 빼앗기면 조선 최대의 곡창지대인 전라도의 안전을 보장할 수 없었다. 전라도가 적의 수중에 떨어지면 이길 수 없는 전쟁이 될 가능성이 컸다.

두 번째는 경상 우도에서 배출한 인물 중 학문적으로 가장 큰 별인 남명 조식의 가르침이다. 합천과 산청 등에서 제자들을 가르친 조식은 경의(敬義) 사상을 바탕으로 한 실천을 중요시했다. 특히 우리나라 남해안에 자주 출몰하는 왜구들의 동향을 늘 살폈으며, 제자들에게 왜구를 어떻게 처리할 것인지에 대한 시험문제를 내기도 했다. 경상 우도 의병의 중심이 그의 제자들인 이유다.

세 번째는 김성일의 독려와 지원이다. 전쟁 초반 임금은 도성을 버리고 북쪽으로 도망갔고, 왜적을 막아야 하는 지방관들 또한 이런저런 핑계로 줄행랑치기 일쑤였다. 대표적으로 당시 경상 감사였던 김수는 임금을 지켜야 한다면서 자신의 수하에 있던 관군을 모두 데리고 북쪽으로 올라갔다. 이는 근왕(勤王)을 핑계로 한 도망이었다. 다음에 다시 이야기하겠지만, 이때 김수가 데리고 떠난 군사들 중 대다수는 진주성을 지키는 주력 군사들이었다. 진주대첩은 이런 열악한 상황에서 이뤄낸 대승이었다. 모두가 도망가는 마당에 그 지위나 영향력에 있어서 김성일은 경상 우도 지역에서 중앙정부를 대신하는 거의 유일한 고위급 인물이었다. 그런 그가 의병을 독려하고 그 활동을 지원하는 데 최선을 다했기에 더 많은 의병이 일어나고 백성들이 모일 수 있었다. 한 사례로, 곽재우가 왜적 앞에서 꽁무니만 빼는 경상 감사 김수를 죽이겠다고 공개적으로 비난한 적이 있었다. 이 때문에 곤란한 지경에 빠지자 이를 무마시키기 위해 나선 이도 김성일이었다. 사실 이는 곽재우로서는 대단히 위험한 발언이었다. 일개 의병장이 임금이 임명한 그 지역 최고위 관료를 죽이겠다고 공개 선언한 것이니, 반역죄로 다스린다 해도 하등 변명의 여지가 없었다. 『선조실록』에는 당시 상황이 적혀 있는데, 선조는 곽재우가 김수를 "자신의 병세(兵勢)를 믿고 죽이려는 것"이라고 생각했다. 하지만 전시에 차마 곽재우를 죽일 수 없었다. 이때 이 사건을 아무 탈 없이 마무리한 사람이 김성일이었다. 또한 한 달 넘게 목에 종기가 났던 진주 목사 이경이 파직되자 주변의 지방관들을 독려해 왜적과 싸우게 하고, 당시 진주성 판관이었던 김시민을 진주 목사로 임명해 진주성을 지키도록 하는 데 노력한 이도 김성일이었다. 진주대첩의 승리에는 김시민을 위시한 관군과 이에 합세한 곽재우 등 의병들이 큰 역할을 한 건 분명하다. 그러나 그 이면에는 김시민, 곽재우와 함께 작전을 짜고 군사들과 의병들을 독려했던 김성일의 역할도 간과해서는 안 된다. 이처럼 전쟁 초기에 호남을 지켜내고 진주성을 사수하는 데 있어 배후에서 큰 역할을 담당했던 사람이 바로 김성일이었다.

지금도 진주성을 방문한 사람이면 누구나 느낄 수 있겠지만, 진주성은 성으로서는 비할 데 없는 요건을 갖춘 자리에 위치하고 있었다. 서장대가 있는 서쪽은 삐죽삐죽 솟은 촉석(矗石)들이 쌓인 절벽으로 이루어져 있으며, 이는 남강을 따라 남장대(촉석루)까지 이어졌다. 남강은 자연스레 성의 해자 역할을 하였기에 외부의 적들이 쉽게 성을 공략할 수 없었다. 따라서 이 지역은 절벽과 해자가 잘 어우러진 천연의 요새였다. 북문이 있는 북쪽은 성곽 밖에 신라 때부터 있던 큰 절이 꺼져 생긴 대사지(大寺池)라는 연못이 있어 해자 역할을 해주었다. 그러다 보니 진주성에서 가장 취약한 곳은 동문이 있던 동쪽 지역이었다.

그런데 임진왜란 발발 전년도인 1591년에 조정에서는 비변사의 요청에 따라 왜적의 침략을 대비한다는 목적으로 영남과 호남의 성곽을 대대적으로 보수, 증축한 적이 있었다. 당시 조정 관료들은 왜적이 수

전에는 강하지만 육전에는 약하다는 오판으로 오로지 육지의 방어에만 힘을 쏟았다. 이때 진주성도 확장되어 새롭게 축성되었다. 문제는 보수 과정에서 성의 가장 취약한 지역인 동쪽을 확장했다는 점이었다. 확장하기로 판단한 이상 어찌 보면 이는 당연한 귀결이었다. 누가 봐도 절벽과 남강이 있는 서쪽과 남쪽, 그리고 대사지가 있던 북쪽보다는 평지인 동쪽을 확장하기 마련일 터였다. 이를 진두지휘한 사람이 당시 경상 감사였던 김수였다. 김수는 진주성뿐 아니라 경상도의 큰 성들을 모두 이런 식으로 증축하였다. 그런데 취약했던 지역을 확장하다 보니 취약 지역만 늘어난 꼴이 되었다. 이는 수성전에 대한 대비 없이 피란민을 많이 수용하는 데만 초점을 맞춘 결과였다. 이러한 문제는 당시 조정에서도 인식하고 있었다. 『선조수정실록』 1591년 7월의 다음 기사에서도 그 점을 걱정하고 있었다.

> 경상 감사 김수는 더욱 힘을 다해 봉행하여 축성을 제일 많이 하였다. 영천·청도·삼가·대구·성주·부산·동래·진주·안동·상주의 모두 성곽을 증축하고 참호를 설치하였다. 그러나 크게 하여 많은 사람을 수용하는 것에만 신경을 써서 험한 곳에 의거하지 않고 평지를 취하여 쌓았는데 높이가 겨우 2~3장에 불과했으며, 참호도 겨우 모양만 갖추었을 뿐, 백성들에게 노고만 끼쳐 원망이 일어나게 하였는데, 식자들은 결단코 방어하지 못할 것을 알고 있었다.

이는 당연히 성을 지키는 데는 엄청 불리하게 작용했다.

가뜩이나 적의 수에 비해 절대적으로 적었던 군사를 가지고 지켜야 할 곳만 늘어난 꼴이었다. 진주성의 경우 성의 확장으로 애초에 없던 성문(신북문)이 북문과 동문 사이에 새로 생기기까지 했다. 성문은 성곽에 비해 방어하기에 취약한 곳임은 말할 것도 없다. 취약한 성문을 지키기 위해 군사들이 몰리면 다른 성곽 방어도 허술해지기 마련이었다. 이는 제1~2차 진주성 전투에서 문제점을 그대로 노출시켰다. 왜적들은 동문과 신북문을 주로 공격했다. 넓혀진 그 구간을 적은 군사로 막기에는 역부족이었다. 제1차 싸움에서는 경이에 가까운 노력으로 지켜냈지만, 제2차 전투에서는 마지막 고비를 넘기지 못했다. 더구나 큰 비까지 내려 성곽이 무너지고 말았다.

흔히 성은 읍성과 산성으로 나뉜다.

읍성(邑城)은 백성들이 사는 고을을 중심에 두고 성곽을 쌓아올린 것으로 그 안에서 백성들의 일상생활과 관료들의 행정이 모두 이루어졌다. 그러다 보니 대개 평지에 성곽을 쌓아올렸다. 산성(山城)은 말 그대로 산 위에 쌓은 성이다. 당연히 그 목적 또한 전시에 대비한 축성이었다. 우리 역사를 살펴봐도 외적이 침략해왔을 때 군사와 백성이 모두 성으로 들어가 수성전을 벌인 적이 많았다.

요즘은 지자체마다 자기 지역의 문화재에 대한 복원 및 보존에 관심이 많다 보니, 성곽들도 새롭게 단장하여 관리하는 곳이 많다. 접근이 보다 편리한 읍성뿐 아니라 오르기 힘든 산성의 복원 작업도 많이 이루어지고 있다. 여행을 좋아하는 사람이라면 각지의 성곽을 찾아 떠

진주성 촉석루와 남강

국립진주박물관

나는 여행도 좋은 테마가 될 수 있다. 진주성이나 수원 화성처럼 유명하고 많이 알려진 곳뿐 아니라 충남의 해미읍성이나 전북의 고창읍성 같은 소도시의 성곽들도 가볼 만하다. 조금만 알아보면 전국 어디나 성곽을 찾는 건 어렵지 않다. 사부작사부작 성곽 길을 따라 사색에 잠기기도 좋고, 자신의 과거를 돌아보는 데도 그만한 길이 없다. 덧붙여 어느 돌, 어느 길이든 역사가 안 배인 곳이 없는 법이니, 그곳만의 역사의 비밀을 엿보는 것도 즐거운 여행이 될 수 있다.

가끔 찾을 때마다 진주성은 늘 사람들로 넘쳐났다.

진주 자체가 그 근동에서 꽤 큰 도시이다 보니 산책 나온 사람들도 많겠지만, 그 성의 아름다움이나 그곳에 담긴 역사를 찾아 외부에서도 많은 이들이 찾아왔다. 진주성은 고을과 함께 호흡하는 읍성이지만 주변 지형을 잘 활용한 산성의 장점도 가지고 있었다. 그러다 보니 일반적인 읍성이 주는 단조로운 느낌이 아닌 훨씬 다양한 풍광을 사시사철 모양을 바꿔가며 선사해주었다. 이 책을 읽는 독자 중에 혹 진주성을 아직 가보지 못한 분들은 꼭 한번 다녀오라고 권하고 싶다. 우리나라 유일의 임진왜란 특성화박물관인 국립진주박물관도 성안에 있으니 종일 그곳에서 놀다 와도 좋으리라.

진주성에서 첫 번째 전투가 벌어진 것은 1592년 10월 5일이었다.
이날부터 6일간 성벽을 사이에 둔 치열한 공방전이 벌어졌다. 당시 왜군은 고니시 유키나가가 이끈 선봉대가 파죽지세로 평양까지 치고 올라갔지만, 더 이상 북쪽으로 진격하지 못하고 있는 상태였다. 남해 바다에서 이순신에게 가로막혀 식량, 탄환, 군복 등 보급물자를 평양에 공급하는 데 차질이 생겼기 때문이었다. 더구나 날은 계속 추워지고 있었다. 이대로 가다간 명나라 정벌을 위해 요동은커녕 압록강 근처도 가지 못하고 얼어 죽을 판이었다. 이순신이 버티는 바다는 더 이상 돌파구를 찾을 수 없었다. 이미 왜군은 자신들이 내세울 수 있는 최고의 카드를 전면에 내세웠었다. 지난 7월, 한양까지 올라갔던 와키사카 야스하루 등 세 명의 주력 장수를 경남 웅천으로 불러내려 이순신을 상대하도록 했다. 와키사카 야스하루는 일본 최고의 수군 장수였다. 하지만 그런 그조차도 단 한방에 이순신에게 참패를 당하고 도망쳤다. 그것이 그 유명한 한산대첩이다. 이제 남은 방법은 육로를 통해 곡창지대인 전라도로 진격해 비교적 길이 험난하지 않은 충청도를 거치거나, 전라도 서해안의 항구에서 배를 이용해 한양과 평양으로 군수물자를 공급하는 것뿐이었다. 일종의 '이순신 패싱(passing)' 전략인 셈이다. 이순신이 아무리 뛰어나더라도 경상도와 전라도의 남해안이 아닌 전라도 서해안까지 방어할 여력은 없었다. 그러니 이순신만 제쳐두고 전라도를 점령하면 문제가 없어 보였다.

그런데 이 또한 쉬운 일은 아니었다.

전라도로 들어가는 관문인 경상 우도 지역에서 유난히 많은 의병이 들고 일어났다. 아무리 조총을 앞세운 막강한 군사력을 지녔다할지라도 난데없이 불쑥불쑥 튀어나오며 게릴라전을 펼치는 의병들을 쉽게 제압할 순 없었다. 의병들은 이미 조총의 위력뿐 아니라 그 단점에 대해서도 알고 있었다. 그리고 그에 맞는 전략으로 맞서면서 왜군의 전라도 진출을 막았다. 이제 육지의 왜군에게도 남은 선택지는 하나밖에 없었다. 경상 우도에서 가장 큰 성으로, 의병들의 근거지이자 지휘부 역할을 하는 진주성을 점령하는 것뿐이다. 진주성만 점령하면 의병들은 와해될 것이고, 전라도로 가는 길은 탄탄대로가 열릴 거라고 생각했다.

기록에 따르면 당시 진주성에 있던 조선 군사는 3,800여 명에 불과했다.

하지만 왜군은 3만 명이 넘었다. 아무리 적은 인원으로 많은 적을 막을 수 있는 게 수성전이라 하더라도 10배 가까이 되는 적을 막는 건 쉽지 않은 싸움이다. 그러나 불과 두 달 전에 임명된 진주 목사 김시민의 지휘하에 인근의 관군과 의병이 속속 진주성으로 모여들었다.

당시 경상 우병사였던 김성일 또
한 진주성을 사수하기 위해 각 지
역에 원군을 요청했다. 이 소식을
들은 최경회는 멀리 전라도에서 한
걸음에 달려와 진주성 서쪽 지역인
시천에 주둔했다. 이처럼 성안으로
들어가지 못한 우리 군사들은 외
곽에서 왜군과 전투를 벌이며 진주
성을 지원했다. 결국 죽기를 각오
하고 싸우는 난공불락의 진주성을
점령하지 못한 채 왜군은 퇴각해야
만 했다.

김시민 장군 동상

　조선 관군과 의병 연합군의 완벽
한 승리였다.

　이 싸움이 이순신의 한산대첩, 권율의 행주대첩과 함께 임진왜란 3
대첩에 포함되는 진주대첩이다. 그러나 이 싸움에서 김시민은 왼쪽 이
마에 탄환을 맞는 큰 부상을 당했다. 김시민이 의식을 잃었을 때 곤양
군수 이광악이 그를 대신해 전투를 진두지휘했다. 전투에서 승리했지
만, 김시민은 끝내 부상에서 회복하지 못하고 진주성에서 죽음을 맞
았다. 그때가 1592년 11월 22일이다.

　가만 생각해 보면 어디서 많이 들어본 익숙한 이야기다.

　바로 노량해전에서 맞은 이순신의 최후와 묘하게 겹쳤다. 영웅은

진주성 동문

그 죽음마저도 닮아가는 법인가. 이순신의 죽음도 그로부터 6년이 지난 1598년 11월 19일에 일어났으니, 당대의 11월은 유독 영웅들의 죽음이 많이 일어난 달이었다. 김시민에게도 '충무'라는 시호가 내려졌다. 육지의 충무공 김시민은 그렇게 진주성의 별이 되었다.

이듬해 초 김성일은 진주대첩에 대한 장계를 올려 역사가 처절한 그 싸움을 기억하도록 했다. 『선조실록』에서 옮겨오면 이렇다. 우리에게는 김시민만이 익숙한 이름이지만, 기억하지는 못하더라도 이런 기회에 목숨 바쳐 함께했던 이들의 이름도 한 번쯤 불러주면 좋을 것같다.

"목사 김시민은 본래 군사와 백성들에게 인심을 얻었으므로 성을 수호하고 적을 물리친 것이 모두 그의 공로입니다. 곤양 군수 이광악은 고을의 날랜 군사 수백 명을 거느리고 김시민과 함께 군주의 성을 지켰는데, 8일에 김시민이 '아마도 성을 온전하게 하기는 어려울 듯하니 몰래 수문을 열어서 노약자를 내보내야겠다'고 하자, 이광악이 '이와 같이 하면 군사들의 마음이 크게 변하여 성을 수호할 수 없다'고 하면서 큰소리로 말렸으며, 김시민이 탄환에 맞은 뒤에는 혼자 한 모퉁이를 담당하여 왜적을 쏘아 죽이고 마침내 적을 물리쳐 성을 온전하게 하였습니다. 판관 성수경은 적이 성에 오를 도구를 많이 준비해 처음부터 오로지 동문만을 공격하였지만, 밤낮 5일 동안 굳게 지키며 용맹스럽게 혈전하여 적을 무수히 살해하여 마침내 적을 물리치고 성을 완전하게 하였습니다. 수성 대장 최덕량은 적이 불시에 옛 북문에 충돌하니, 군사들이 도망하여 흩어지매 적이 개미처럼 달라붙어서 성에 기어올라 성의 함락이 경각에 달려 있게 되자, 이눌 등과 함께 도망하는 군졸 몇 사람을 베어 죽였습니다. 그러자 군사들이 다시 모여 죽기를 각오하고 용맹을 떨치며 힘껏 싸워 마침내 성을 온전하게 하였습니다. 영장 이눌의 공은 최덕량과 다름이 없습니다. 적이 고을을 포위하려 할 때 사람들이 모두 '성에 들어가면 틀림없이 죽는다'고 말하였으므로 전 우후 이협은 성문에 이르렀다가 도망하였지만, 율포 권관 이찬종은 혼자 성으로 들어가 협력하여 남문을 지켰으니, 난리에 임하여 명령을 받든 것이 매우 가상하며, 거기에다 재주와 국량이 보통 사람보다 뛰어나 위급할 때 쓸 만합니다."

병호시비

나는 전작인 『조선으로 떠나는 시간여행자를 위한 안내서』란 책에서 남명 조식의 두 수제자로 최영경과 정인홍을 언급했었다. 마찬가지로 조식과 함께 16세기 중반 조선 학문계의 쌍두마차인 퇴계 이황의 두 수제자를 꼽으라면 단연 류성룡과 김성일을 꼽을 수 있다. 그러나 공교롭게도 조식의 수제자 중 최영경이 정여립 모반 사건에 연루되어 길삼봉이라는 누명을 쓴 채 정인홍보다 상대적으로 이른 죽음을 맞이했듯, 이황의 수제자인 김성일도 임진왜란 와중에 역병에 걸려 이른 죽음을 맞고 말았다. 『선조실록』에 따르면 최영경이 죽은 이후인 1591년 8월 8일 당시 부제학이었던 김성일이 선조에게 최영경이 억울하게 죽은 일을 아뢰고 그 억울함을 풀어줄 것을 청했다고 하니, 둘은 기질이 비슷하여 운명도 비슷하게 생을 마감했을지도 모를 일이다. 반면 정인홍과 류성룡은 한참을 더 살면서 역사에 더 많은 흔적을 남겼으니, 조식과 이황은 수제자 복이 비슷했나 보다.

같은 이황의 문인이면서도 나이가 어린 류성룡이 관운은 훨씬 좋았지만, 둘의 우정은 돈독했다. 류성룡은 김성일이 갑작스럽게 죽자 "평생의 지우는 사순 한 사람뿐이었다"고 탄식했다. 사순은 김성일의 자였다. 『징비록』에서도 김성일에 대해선 다소 우호적인 이야기에 많은 지면을 할애함으로써 팔이 안으로 굽는다는 혐의를 받기도 했다. 어쩌면 전장에서 동분서주하다가 당한 지우의 안타까운 죽음에 류성룡의 맘은 더욱 애달팠을지도 모르겠다. 그러나 후대에 와서 본의 아니게 둘은 시비에 휘말리게 되었다. 이를 '병호시비(屛虎是非)'라고 부른다. '병호'란 류성룡의 병산서원과 김성일의 호계서원을 말한다.

병산서원

사연인즉 이렇다.

호계서원은 조선의 대표적인 서원으로 1575년에 여강서원으로 출발했다. 그러던 중 1662년 숙종이 사액을 내리면서 호계서원으로 바뀌었다. 논란은 사액을 받으면서 불거졌다. 퇴계 이황을 가운데 배향하고, 류성룡과 김성일을 양 옆에 배향할 때, 누구의 위패를 이황의 왼편에 모시는지가 논란이 되었다. 흔히 우의정보다 좌의정의 서열이 높듯이, 배향 위치 또한 마찬가지였다. 류성룡의 제자들과 풍산 류씨 후손은 류성룡이 관직이 더 높았다는 이유로, 김성일의 제자들과 의성 김씨 후손은 김성일이 나이가 더 많다는 이유로 왼편에 모셔야 한다며 논쟁과 다툼을 벌였다.

이 시비는 400년 넘게 이어져오다 근래에 극적으로 합의를 하게 되었다. 호계서원의 복원을 앞두고 안동시는 중재에 나서 이황의 왼쪽에는 류성룡을, 오른쪽에는 김성일을 모시는 것으로 문중 간 합의를 이끌어 냈다. 이제야 비로소 저승의 두 사람도 흐뭇하게 웃고 있을까.

병산서원 만대루

우리나라 최초의 안경

마지막으로 학봉 김성일에 대해 흥미로운 이야기 하나만 더 하고 끝을 맺어야겠다.

혹 우리나라에 안경을 처음 들여온 사람이 누구인지 아시는가? 안동에 있는 학봉 기념관에 가면 그 안경을 볼 수 있다. 그리고 이런 설명이 붙어 있다. "1577년 학봉이 중국에 사신으로 가서 가져온 우리나라 최초의 안경이다. 안경알은 옥돌이며, 안경테는 거북등뼈로 만들었다."

이후 17세기부터는 문헌에도 안경과 관련된 기록이 간간이 보인다. 18세기에는 청나라 연행에 나선 사신들이 북경의 유리창 거리에서 안경을 사오기도 했다. 실학자인 홍대용이 청나라 학자 엄성과 반정균을 만난 것도 동료의 안경을 사러 가서였다. 엄성 일행이 자신의 안경을 공짜로 주면서 인연이 시작되었다. 이러다 보니 임금도 이 신문물을 받아들였다. 우리나라에서 처음 안경을 쓴 임금은 정조로 알려져 있다. 이처럼 재미있는 안경 이야기의 시작이 바로 김성일이었다.

8

전라도를 지켜라

진주대첩으로 인해 일본 육군의 호남 진출은 좌절되었다. 조선의 민관군이 합세하여 호남을 지켜냈다. 『학봉집』에서 김성일은 "진주는 호남의 보장(保障, 울타리)이니 진주가 없으면 호남도 없고, 호남이 없으면 나라도 믿을 곳이 없게 된다"라고 적었다. 이 말은 한강 정구의 『한강집』 등 다른 글에서도 인용되었다. 『학봉집』에 의하면, 이 말을 했던 시기는 김성일이 진주성으로 와서 당시 판관이었던 김시민을 독려해 군사를 모으고, 성을 수축하고, 무기를 수선할 때였다. 이 말을 했던 이유는 그다음 말에서 드러났다. "(그러니) 왜적들이 항상 노리고 있는 진주성의 방비를 느슨히 해서는 안 된다."

이와 같은 비유적 표현은 당시에 자주 쓰였던 모양이다.

이순신 또한 호남을 언급하며 비슷한 말을 했다. 비교해서 보면 나름 의미도 있고 재미있을 것 같다. "약무호남 시무국가(若無湖南 是無國家)." 즉 "호남이 없으면 국가도 없다"는 뜻이다. 이 말은 1795년에 정조의 명으로 편찬한 『이충무공전서』를 비롯하여 몇몇 사료에 적혀 있었다. 『이충무공전서』에 따르면, 이순신이 1593년 7월 16일에 사헌부 지평 현덕승에게 보낸 편지에서 이 말을 언급했다. 한편 『대동야승』에 따르면, 이순신이 한산대첩을 승리하고 난 뒤 군사들을 독려하며 이 말을 했다고도 하니, 어쩌면 이순신은 전쟁 기간 내내 호남의 중요성을 누구보다 잘 인식하고, 이에 대한 대비를 늘 마음에 새겨두고 있던 것으로 짐작할 수 있다. 이는 김성일도 마찬가지였다.

결국 김성일의 말마따나 진주로 인해 호남이 있고, 국가도 지켜낼 수 있었다.

앞서 언급했듯 호남이 보존되었기에 의주로 도망간 선조의 밥상도 차려질 수 있었다. 당시 호남을 제외한 전 국토가 왜적에게 유린당하고, 왜적이 한양과 평양에서 의주로 가는 길목을 차단하고 있던 상황에서 전라도의 물자를 실은 조운선만이 서해바다를 통해 선조가 있는 행재소에 도달할 수 있었다. 이렇듯 진주대첩의 승리는 한산대첩과 마찬가지로 단순히 한 번의 전투 승리 그 이상의 의미를 가지고 있었다.

그럼, 이순신에 의해 해로가 막힌 상황에서 부산과 창원 등지에 있던 왜군이 육로를 이용해 호남으로 들어가려면 어느 길을 택해야 했을까?

왜군은 호남 중에서도 전주를 주 목표로 삼았다. 전라 감영이 있던 전주는 당시 전라도에서 가장 큰 고을이었다. 뿐만 아니라 조선에서 제일 넓은 평야지대가 바로 근처에 있었다. 또한 조선 왕의 시조가 살

전주 객사

왔던 왕조의 발상지이자, 조선을 건국한 태조 이성계의 어진을 보관하고 있는 상징적인 곳이었다. 간략하게 설명을 덧붙이면, 조선 시대 전주를 지칭하는 표현으로 풍패지향(豊沛之鄕)이라는 말이 있었다. '풍패'는 중국 한나라를 건국한 한고조 유방의 고향 이름이었다(풍읍과 패현을 합쳐 풍패라 불렀다). 따라서 '왕의 고향'이라는 의미를 담고 있는 말이었다. 태조 이성계의 관향이기에 그런 별칭이 붙었다. 지금도 전주 객사의 주 건물에는 풍패지관(豊沛之館)이라는 편액이 걸려 있다. 뿐만 아니라 전주성의 제1문인 남문 이름이 풍남문인데, 이 또한 여기서 연유해 '풍패지향의 남문'이란 의미로 붙인 명칭이었다. 물론 풍남문이라는 이름이 붙은 건 임진왜란이 끝나고 한참 지난 조선 후기에 와서였

전주 한옥마을

다. 영조 대 전라도 관찰사였던 홍낙인이 불에 탄 전주성 남문을 새로 지으면서 붙였다. 그리고 풍남문에서 지금의 전주 한옥마을 쪽으로 방향을 잡으면, 그 초입에 이성계의 어진을 보관하고 있는 경기전이 자리 잡고 있다. 전주 한옥마을을 방문했던 사람들은 기억하겠지만, 풍남문에서 길 하나만 건너면 전주 한옥마을이다. 바로 우측에 오래된 전동성당이 있고, 거기서 몇 발짝만 더 걸어가면 왼편으로 경기전이 보인다. 경기전은 한때 한 해에 천만 명이 넘는 관광객으로 붐비던 전주 한옥마을 안에 있기에 지금도 많은 사람들이 찾는 명소 중 한 곳이 되었다.

경기전에 있던 이성계의 어진도 임진왜란의 풍파를 피해갈 순 없었다.

이치 전투와 웅치 전투로 언제 전주성이 함락될지 모르는 급박한 시기에 경기전 참봉으로 있던 오희길이라는 인물이 어진을 지켜냈다. 오희길은 어진을 모시고 왜군을 피해 바닷길을 통해 선조의 행궁이 있

전주 풍남문

전주 경기전

던 의주까지 갔다. 사실 평시 같으면 이성계의 어진을 모시고 이동하
는 건 거의 임금의 행차에 준하는 중요한 일이었다. 보통 큰 가마에
모시고 수천 명의 군사들이 호위해 움직였다. 그러나 전란 중이었다.
왜군의 손에 불타지 않고 살아남은 것만도 감사해야 했다. 선조는 어
진에 제사를 지낸 후 영변에 있는 묘향산에 이안해 모시도록 했다.

그런데 어진을 보호해 의주로 가져갔던 오희길과 선조는 그전에 이
미 특별한 인연이 있었다. 물론 임금이 오래전 지방 유생과의 인연을
기억할지는 장담할 수 없지만, 그 사연은 이렇다. 전북 고창에 살던 오
희길은 유생 시절에 정여립의 문인이 되어 그에게 학문을 배운 적이 있

었다. 그러나 정여립이 이이와 성혼을 배척하자 그에게 장문의 편지를 보내 연을 끊었다. 정여립 모반 사건이 일어나기 5년 전의 일이었다. 하지만 모반 사건이 일어났을 때 오희길도 체포되어 하옥되었다. 당시 정여립과 인연이 있던 호남 지역의 웬만한 유생들은 모두 잡혀들어갔었다. 그런데 5년 전에 오희길이 보낸 편지가 정여립이 보관 중인 문서 속에서 발견되었다. 정여립은 평소 받은 편지를 거의 모두 보관하고 있었다. 앞서 언급했듯 당시 정여립이 갖고 있던 편지들은 모두 선조의 손에 들어갔다. 오희길의 절교 편지를 본 선조는 급히 특명을 내려 오희길을 석방시켰다. 뿐만 아니라 특별히 한양의 궁궐로 불러 칭찬했다고 한다. 오희길이 참봉 벼슬을 받은 것도 이 때문이었다. 역사에 크게 이름을 남긴 인물은 아니지만, 오희길은 편지 한 장으로 죽음의 문턱에서 생환하여 벼슬까지 얻은, 당시로서는 흔하지 않은 사례의 주인공이었다. 역사가 그렇다. 만약 그때 오희길이 죽임을 당했다면, 우리는 지금과 다른 태조의 어진을 보고 있을지도 모른다.

경기전 안에는 역사에 관심 있는 사람들이 알아야 할 중요한 전각이 하나 있는데, 바로 조선왕조의 실록을 보관했던 전주 사고이다. 실록 또한 전쟁 통에 소실될 위험에 처한 건 어진과 마찬가지였다. 이때 수호천사로 나선 인물은 오희길과 함께 경기전을 지키고 있던 안의와 손홍록이었다. 이들은 그 많은 실록을 내장산의 어느 동굴 속으로 옮겨, 일 년 넘게 숙직을 서며 지켰다. 결국 실록도 어진과 마찬가지로 전란을 피해 좀 더 안전한 영변의 묘향산으로 옮겨 보관되었다. 이들의 노력으로 전주 사고의 실록만이 불에 타지 않고 유일하게 살아남을 수 있었다.

　임진왜란 당시 왜군의 호남 진격로를 살펴보다가 이야기가 한참을 샜다.

　요즘 전주 한옥마을을 여행하는 사람들이 상당히 많다. 전주를 찾는 여행자들이 제일 먼저 떠올리는 건 아무래도 먹거리다. 여기엔 '전주＝음식'이라는 이미지가 한몫하고 있다. 그러나 전주는 어느 도시보다도 역사 이야기가 많이 묻어있는 도시다. 혹 앞으로 전주 한옥마을을 찾는 분들이라면 곳곳에 스며있는 역사를 더듬어 보는 것도 즐거운 여행이 되지 않을까 싶다.

　그럼 본래의 이야기로 돌아와 계속 살펴보도록 하자.

　예나 지금이나 산천은 크게 변하지 않았으니, 요즘의 지도를 펴놓고 보더라도 몇 가지 경로가 눈에 들어올 것이다. 당시에도 왜군은 조선의 지도를 가지고 있었기에, 대체로 비슷한 경로를 택해서 공격해 왔다. 참고로 국립진주박물관에서 펴낸『임진왜란과 도요토미 히데요시(부제: 프로이스의 〈일본사〉를 통해 다시 보는)』라는 책이 있는데, 이 책은 당시 예수회 선교사로서 일본에 머물다 임진왜란에 종군했던 루이스 프로이스가 쓴『일본사』를 바탕으로 엮은 책이다. 이 책을 보면, 임진왜란에 앞서 도요토미 히데요시는 소 요시토시가 바친 조선 팔도 지도를 바탕으로 새롭게 지도를 만들어 여러 영주들에게 나누어 주었다. 지도에는 각 지역별로 특정한 색깔을 칠했는데, 경상도는 백색, 전라도는 적색, 충청과 경기도는 청색, 평안도와 강원도는 황색, 함경도는 흑색을 칠했으며, 황해도는 별도로 색을 칠하지 않았다. 또한 도요토미 히데요시 자신은 조선, 중국, 일본이 그려져 있는 황금 부채를 만들어 간직한 채 대륙 침략의 꿈을 키웠으며, 조선으로 떠나는 장수들에게도 이 황금 부채를 선물했다. 일설에 따르면 이순신이 1592년 당포해전 당시 그 황금 부채 중 하나를 전리품으로 노획하여 선조에게 바쳤다고 한다.

그럼 우리도 지도를 펴놓고 그 경로를 한번 따져보도록 하자.

공부하거나 책을 읽다가 중간에 지칠 때면 이렇듯 잠시 쉬어가는 것도 좋다. 요즘은 별도 지도책을 가지고 있는 사람이 없으니 인터넷 포털 사이트에서 지도를 띄워놓고 보는 게 좋다. 왜군의 목적지는 전주였으니, 출발지는 부산으로 정하고 도착지는 전주를 택해 살펴보자. 지도를 보면 대충 느낌이 오겠지만, 경상도에서 전주로 가려면 생각보다 길이 많지 않다. 바로 덕유산에서 지리산으로 이어지는 소백산맥이 가로막고 있기 때문이다. 그러나 아무리 높은 산이라 할지라도 쉬엄쉬엄 넘어가는 고개는 있는 법이다. 그게 바로 육십령과 팔량치다.

옛날에는 모두 이 고갯길을 넘어 다녔다.

고개 넘는 수고는 육십령보다는 팔량치가 좀 편했다. 그래도 호남과 영남을 잇는 고갯길의 대명사는 한동안 육십령이었다. 물론 당시 이런 길들은 모두 험난한 길이었다. 평상시에도 도적떼가 많이 출몰하는 험지였다. 육십령이라는 이름은 그 유래 자체가 '도적떼 때문에 60명이 모여야 그나마 안전하게 지나갈 수 있다'는 의미로 붙여졌다. 부산 쪽에서 이 고개들을 넘자면, 무조건 함양을 거쳐야 했다. 육십령은 함양의 북쪽을 통과해야 넘을 수 있었다. 이곳을 넘어 장수, 진안을 지나야 전주로 들어갈 수 있었다. 반면 팔랑치(지리산 바래봉 옆의 팔랑치와는 다른 지명이다)는 함양 남쪽을 통과해야 넘을 수 있었다. 이곳을 넘어 운봉, 남원, 임실을 지나야 전주로 들어갈 수 있었다. 함양에서 전주로 가는 길은 이처럼 두 갈래뿐이었다. 왜군이 부산에서 함양까지만 오면 이 길들을 통해 전주로 들어갈 수 있었다.

그럼 부산에서 함양까지는 어떤 경로를 통해 올 수 있을까?

부산에서 함양으로 오는 경로도 크게 두 가지였다. 먼저 육십령을 넘으려면 북쪽 경로를 택해 길을 잡아야 했다. 부산에서 창원을 지나 의령, 합천, 거창을 거치면 함양 북쪽으로 갈 수 있었다. 이 경로를 택하면 어쩔 수 없이 지나가야 하는 곳이 바로 의령의 정암진이다. 앞서 언급했듯 곽재우가 이곳을 건너려는 왜군을 박살낸 것이 정암진 전투였다.

그렇다면 팔랑치를 넘으려면 어느 경로를 택하는 게 좋을까? 좀 더 편한 길은 창원에서 진주, 산청으로 통해 함양으로 올라가는 경로다. 그러나 가장 빠른 길은 창원에서 의령을 거쳐 산청으로 넘어가는 길이다. 지금은 고속도로가 잘 뚫려 있지만, 예전에 국도나 지방도를 주로 이용할 때 전주에서 부산 가는 고속버스가 진안, 장수를 거쳐 함양을 지나며 택한 길이 바로 이 노선이었다. 그때까지도 두 도시를 잇는 가장 빠른 경로였기 때문이다.

재미로 읽는 고개 이야기

지리산 오도재 가는 길

요즘은 고개에 오르기 쉽다. 예전엔 힘들게 걸어 올라가야 했고, 더 오래 전에는 산적들 걱정까지 해야 했지만, 이제는 자동차 시동만 켜면 갈 수 있는 고개가 많다. 웬만한 고개는 도로가 연결되어 있고, 그 고갯마루에는 전망대나 휴게소도 있다. 아울러 가볍게 걸을 수 있는 산책로가 있는 곳도 많다. 그러니 주말에 마땅히 어디 갈 데가 없으면 도심을 벗어나 가까운 고개를 찾아가는 것도 좋은 여행이 된다. 다른 건 몰라도 탁 트인 시야와 시원한 바람은 모든 고개가 주는 공통의 선물이다. 또한 대개의 고개는 그 이름에 딸린 옛이야기 하나쯤 있기 마련이니, 여행의 소소한 양념 정도는 되어줄 수 있다.

248

공주 우금치

우리나라는 국토의 70퍼센트가 산이다 보니 그만큼 고개도 많다.
그러다 보니 웬만한 사람들은 한계령, 박달재, 우금치 등 유명한 고개 이름 몇 개는 쉽게 말할 수 있다. 그런데 언급한 이름만 보더라도 '영(령)', '재', '치' 등 고개를 나타내는 표현이 여러 가지가 있다는 걸 알 수 있다. '영(嶺)'과 '치(峙)'는 한자이고 '재'는 순우리말이라는 차이가 있을 뿐, 어떤 특정한 고개는 어떤 이름이 붙어야 한다는 법칙은 따로 없는 것 같다. 특히 앞의 세 가지는 그 높이와도 특별한 상관성이 없는 것처럼 보인다. 하긴 전국의 모든 고개를 누군가 한꺼번에 그 이름을 붙인 게 아닐 터, 언젠가 누구는 '영'을, 누구는 '치'를, 또 누구는 '재'를 붙였을 것이다. 또 그 높이라는 것도 상대적이다. 서울에서는 사당에서 과천 넘어가는 주 통행로인 남태령이 꽤 높은 고개이겠지만, 그것이 강원도에 있다면 그리 높다고 여기지 않을 수도 있다.

다만 재미있는 건 그 한자 생김을 보면 그 고개가 위치한 지점을 대략이나마 짐작할 수 있다.

'영(嶺)'은 '산(山) 바로 아래 명령(令) 없이는 굳이 머리(頭)를 들이밀지 않을 만큼 높은 곳'의 의미로 풀 수 있다. 이중환은 『택리지』에 이렇게 적었다. "영(嶺)이라는 것은 등마루 산줄기가 조금 나지막해지고 평평해지는 곳을 말한다. 이런 곳에다 길을 내어 영 동쪽(영동)과 통한다. 그 나머지는 모두 산이라는 이름으로 부른다." 이렇듯 산과 '영'으로 구분함으로써 '영'을 모든 고개의 대명사로 사용했다. 이는 같은 책에서 "덕유산 남쪽에 있는 육십치와 팔량치는 큰 영이다"라는 표현에서도 드러난다. 더구나 요즘은 육십령으로 부르는 고개를 육십치로 적은 걸로 보아 '영'과 '치'는 그리 큰 구분 없이 섞여서 사용된 듯하다. 그러나 한자로만 보면 '치(峙)'는 '산(山) 속에서 절(寺)이 들어서기 좋은 높이'로 풀이할 수 있으니, 요즘 산속 사찰이나 암자들의 높이를 대략 가늠하면 참고가 될 수 있다.

그리고 고개를 뜻하는 다른 한자인, '현(峴)'은 '산(山)을 전체적으로 조망(見)하기 좋을 만큼의 높이'를 의미한다고 볼 수 있다. 따라서 '현'은 '영'과 '치'보다 한참 아래임을 알 수 있다. 그래서 고개 중 우리가 살고 있는 동네 주변에 가장 가까이 있는 이름이 바로 '현'이다. 동네 지명에 '현'이 들어갔다면 한번 한자를 찾아보는 것도 좋다. 지금은 개발로 밋밋할지언정 한때는 고개가 있었다는 흔적일 수 있다. 대표적으로 서울의 아현동을 들 수 있다. 지금은 한자 표기가 '阿峴'이지만 원래는 '兒峴'으로, 애오개(아이고개)가 있던 흔적이다.

그리고 한 가지 더, 이 책에도 등장하는 이치(梨峙)와 웅치(熊峙)의 사례에서 볼 수 있듯이, '치'는 '티'와 서로 호환되어 사용되기도 한다. 그래서 우리말로 부를 때 이치는 배티(재)로, 웅치는 곰티(재)로 부른다.

→ 광양시 다압면에 있는 섬진마을에 가면 섬진강 유래비가 있다. 그 내용은 이렇다.

"본디 이 강의 이름은 모래내, 다사강(多沙江), 두치강(豆置江)이었던 것이 고려 말부터 섬진강(蟾津江)이라 부르게 되었다. 고려 우왕 11년(1385)에 왜구가 강 하구에 침입했을 때 광양 땅 섬거(蟾居)에 살던 수십만 마리의 두꺼비가 이곳으로 떼 지어 몰려와 울부짖자 이에 놀란 왜구들이 피해갔다는 전설이 있다. 이때부터 두꺼비 섬(蟾)자를 붙여 섬진강으로 불렀다고 전한다."

지금까지 언급한 경로 외에도 우회하는 길은 있었다.

그 하나가 창원에서 고성, 하동, 구례를 거쳐 곡성, 남원으로 올라가는 경로였다. 이 경로는 원래 섬진강 물길과 함께 가는 경로라서 고려 때부터 왜구들이 많이 이용했던 경로였다. 그래서 '두꺼비 나루'라는 의미의 '섬진(蟾津)'이란 이름의 유래도 왜구들과 관련이 있었다. 부산에서 전주로 가기엔 한참을 돌아가는 경로라 육로로서는 여간해선 택하기 어려운 경로였다. 다만 정유재란 당시 왜군은 수로를 통해 이 경로를 이용했었다. 칠천량해전으로 남해의 제해권을 장악한 왜군이 배를 이용해 섬진강을 따라 곡성까지 바로 치고 올라갔다. 그러고 나서 일어난 전투가 지금은 만인의총의 흔적으로 남아 있는 바로 남원성 전투였다.

그리고 또 하나, 아예 북쪽으로 우회하는 경로가 있었다.

부산에서 대구, 김천을 거쳐 올라가다가 서쪽으로 우회해 영동을 지나 금산이나 무주를 통해 전주로 들어가는 경로였다. 한양으로 올라가는 왜군 중 일부가 이 경로를 이용해 전라도를 침범했었다. 조헌과 영규대사가 순절한 금산 전투나 권율과 황진이 대둔산을 넘어 남하하는 왜적을 물리친 이치 전투가 모두 이 경로에서 발생한 전투였다.

이치 정상

이 경로는 오래전부터 호남과 영남을 연결하는 길이었다.

후백제 견훤이 신라 수도 계림(경주)을 점령할 때도 이 길을 따라 넘어갔고, 뒤이어 고려의 왕건이 후백제의 신검을 멸망시킬 때도 이 길을 타고 넘어왔었다. 당시는 고려와 후백제가 통일을 다투던 시기였다. 그동안의 잔잔한 전투가 지나고 한판 크게 붙는 대회전이 대구에서 벌어졌다. 927년 '공산 전투'였다. 후백제 견훤이 신라 계림을 공격하자 왕건은 신라를 구원하러 출정했다. 당시 고려와 신라는 동맹 관계였다. 그러나 견훤은 이미 계림을 점령한 후, 경애왕을 죽이고 경순왕을 세운 뒤 전리품을 챙겨서 전주로 귀환하는 중이었다. 결국 두 군대는 대구 공산에서 마주쳤다. 이 전투에서 고려군은 대패하고 말았다. 아마 다들 한 번쯤은 드라마에서 봤을 전투다. 왕건을 주인공으

이치전적비

로 하는 드라마에 꼭 등장하는 전투가 바로 이 공산 전투였다. 후백제군은 고려군을 완전히 포위하고 공격했다. 옛날 전투에서 상대방을 포위하면, 그때부터는 그야말로 살육전이었다. 도저히 포위망을 뚫지 못하자, 왕건의 최측근 장수인 신숭겸이 왕건의 갑옷과 말(백마)을 타고 후백제군을 유인했다. 그사이에 왕건은 병사의 옷으로 갈아입고 간신히 포위망을 뚫고 도망쳤다.

지금도 그 주변에는 당시 왕건의 피난과 관련된 이야기가 전하는 곳이 여럿 있다. 그러나 대부분의 고려군과 신숭겸을 비롯한 고려의 장수 8명이 전사했다. 이 전투에서 8명의 장수가 전사했다고 해서 이후에 이곳은 팔공산으로 불리게 되었다. 전투 이름도 자연스레 팔공산 전투가 되었다.

이 전투로 인해 통일 대업의 승기는 완전히 후백제 견훤에게 넘어갔다.

그러나 모든 싸움은 완전히 끝날 때까진 끝난 게 아니었다. 3년 후 심기일전한 왕건은 고창 전투에서 후백제군을 대파하고 승부의 추를 자기 쪽으로 가져왔다. 고창은 지금의 안동이다. 안동(安東)은 이때 왕건이 지어준 이름이다. 고창 전투에서 승리한 후 바꾼 이름이 안동이다. 대승으로 인해 '동쪽이 편안해졌다'는 의미였다. 그리고 마지막 전투, 고려는 936년 일리천(선산) 전투에서 후백제군을 대파했다. 익히 알려졌듯이, 이때는 큰아들인 신검 일파에 의해 금산사에 유폐되었던 견훤이 탈출하여 왕건에게 항복한 후였다. 견훤은 고려군의 일원으로 이 전투에 참여했다. 고려군은 도망가는 후백제군을 금산을 지나 대둔산(이치 고개)을 넘어 전주 인근인 운주까지 추격한 끝에 신검의 항복을 받아냈다. 그걸로 전쟁은 막을 내렸다.

이렇듯 무주, 금산 경로는 오래전부터 영남과 전주를 연결하는 주요 경로였다.

이순신과 경상 우도 의병에게 길이 막힌 왜군도 어쩔 수 없이 전주 북쪽으로 통하는 이 경로를 이용해 침탈하려고 했다. 이를 위해 왜군은 한양에 머물던 군대까지 불러내려 별동대를 구성해 대대적인 전라도 공격을 감행했다. 일단의 무리는 오래전 왕건이 택한 길을 따라 이치 고개를 넘으려 했고, 다른 무리는 금산에서 진안을 거쳐 웅치 고개를 넘어 전주로 가려 했다. 당시 왜군의 움직임은 오희문이 기록한 『쇄미록』에도 잘 나타나 있었다. 오희문은 임진왜란 때 전북 장수에서 발이 묶여 피란 생활을 하고 있었다. 당시는 이 경로를 통한 왜군의 전주 공략 시도가 한창일 때였다. 때론 왜군을 피해 장수의 깊은 산중에서 며칠씩 보내기도 하면서, 오희문은 자신이 겪은 일들과 주위들은 이야기와 소문을 적은 피란 일기를 썼다.

이때 왜군의 전주 입성을 막기 위해 조선군이 방어에 나섰던 전투가 이치 전투와 웅치 전투였다. 왜군이 이치(배재, 배치 고개 혹은 배티재로도 불린다)를 넘어 전주로 향하려 한다는 정보를 입수한 권율은 군사를

충장사와 이치대첩비

이끌고 이치에 진을 쳤다. 여기에 동복현감이었던 황진도 합류했다. ↙
좁고 험난한 고갯길에서 쌍방은 치열한 교전을 벌였다. 그 끝에 조선
군은 왜군을 물리치고 전주를 든든히 지켜냈다. 이치 전투는 사실상
조선 관군이 육지에서 거둔 첫 번
째 승리나 마찬가지였다. 개전 후
거의 3개월 만에 얻은 승전보였다.
흔히 권율은 행주대첩의 명장으로
만 기억되는데, 그 전투가 있기 한
참 전에 권율 또한 대둔산의 한 고
개를 지킴으로써 이순신이나 경남

→ 『연려실기술』에 따르면, 황진은 통신사 황윤길의
군관으로 일본에 다녀왔다. 본래 주색을 좋아했으나
일본에서 돌아온 뒤 "장차 큰 난리가 일어날 것"이라
며 술을 끊고 색을 멀리하고 재산을 털어 말을 사서
밤낮으로 말달리기와 활쏘기를 익혔다. 일본에서는 가
진 돈을 털어 보검을 사오면서 "오래지 않아 적이 오
면 내가 이 칼을 쓰리라" 하였다.
야사의 기록일지언정, 분명한 건 황진은 자신이 뱉은
말에 책임을 다했다.

우도 의병과 같이 왜군의 전라도
침입을 막아선 전력이 있었다.

비슷한 시기에 웅치(곰티재 혹은
곰치재로도 불린다)에서도 전투가 벌
어졌다.

웅치 전투가 그것이다. 웅치는
마이산으로 유명한 진안군에서 전
주로 넘어가는 고개였다. 앞서 말
했듯 왜군은 두 방향의 길로 전주
로 진격했다. 하나가 전주 북쪽의
이치를 넘어오는 길이고, 또 하나

웅치전적비

가 동쪽의 웅치를 넘어오는 길이었다. 당시 전라도 조선군은 광주 목
사였던 권율이 전라도 절제사가 되어 지휘를 맡고 있었다. 권율은 자
신은 이치로 가고, 대신 김제 군수 정담과 해남 현감 변응정, 나주 판
관 이복남 등에게는 웅치를 막도록 했다. 그러나 이치 전투와 달리 웅
치 전투에서는 끝내 왜군을 막지 못했다. 당시 조선군은 의병까지 포
함해 약 천여 명의 군사가 전부였다. 화살이 다 떨어질 때까지 왜군과
치열하게 전투를 벌였으나 거의 대부분이 전사하고 말았다. 왜군은
끝까지 항전한 조선군의 시체를 한데 모아 묻고는 '조선의 충성스럽
고 의로운 행위에 조의를 표함'이라고 쓴 표목을 세워놓았다. 임진왜
란 초기만 해도 왜군은 조선군의 충의를 다한 죽음에 대해서는 이렇

곰티재 정상

듯 무덤을 만들어주기도 했었다. 물론 한산대첩이나 진주대첩에서의
대패가 벌어지기 전까지일 뿐이었다. 따지고 보면 자신들이 당연히 승
리할 거라는 자만심에서 나온 행위였던 셈이다. 왜군은 웅치에서 간신
히 조선군의 방어선을 뚫고 전주성을 바라다보게 되었지만, 끝내 전
주성을 함락하지 못하고 금산으로 철수했다. 당시 전주성에는 도망친
전라 감사 이광을 대신해 백성들이 성을 지키고 있었다. 참고로 이광
은 절대적인 수적 우세에도 불구하고 대패한 용인 전투에서 조선군의
지휘를 맡았던 인물이었다.

이때 이치와 웅치에서 조선군의 처절한 저항에 부딪힌 왜군은 결국
보급 문제를 해결하지 못하고 후퇴하게 되었다. 조선은 전라도를 지
켜냄으로써 결국 나라를 지켜낼 수 있었다. 지금은 잊힌 전투가 되었
지만, 당시에는 그만큼 중요한 두 전투가 전주로 향하는 고개 위에서
벌어졌던 셈이다.

전쟁은 보급이다

많은 군사 전문가들이나 전쟁사 연구자들은 흔히 '전쟁은 보급이다'고 단정적으로 말한다. 보급의 성공 여부가 전쟁의 승패를 결정 짓는 알파요 오메가란 뜻이다. 이 책 내내 전라도의 중요성, 그리고 그곳에 대한 왜군의 침략을 맞아낸 이순신과 의병들의 활약을 강조한 이유도 바로 보급 때문이다. 드론 무기와 같은 각종 첨단 무기가 개발되고 있는 현대전은 좀 덜하지만, 정복전의 성격을 가진 전통시대의 전쟁은 모두 대규모 군사를 동원해, 적이 있는 머나먼 전쟁터로 산을 넘고 강을 건너 떠나야 했다. 그러다 보니 한번 전쟁을 시작하면 보통 몇 달은 훌쩍 흘러갔다. 따라서 가장 중요한 것이 전쟁 물자, 그중에서도 식량의 공급이었다. 최소한 밥은 먹여 놓고 죽음의 싸움터로 내보내야 그나마 칼이라도 휘두를 힘이 있지 않겠는가.

2020년 전 세계를 패닉으로 몰아넣은 코로나19가 대유행 단계로 접어들자 유럽과 미국의 모든 마트에서 생필품이 동이 난 이유도 사람들이 본능적으로 보급의 중요성을 인식하고 있기 때문이었다. 그래서 전쟁에 직면한 나라에서 가장 신경 쓴 것 또한 식량의 보급 문제였다. 이순신이 백의종군 후 다시 삼도수군통제사에 임명되자 제일 먼저 보성의 조양창부터 찾은 것도 바로 군량 문제가 해결되어야 군사들을 모을 수 있기 때문이었다.

기본적으로 식량 보급은 두 가지 형태로 이루어졌다.
하나는 후방의 자기 진영에서 준비해 보급 부대를 통해 전방으로 보내주는 형태이고, 다른 하나는 전방의 전투 지역에서 스스로 농사를 짓거나 적의 식량을 탈취함으로써 자체적으로 해결하는 형태였다. 전통적으론 첫째 형태가 기본이었다. 하지만 이는 늘 운반의 어려움을 수반했다. 육로를 이용하려면 때론 산맥을 넘기도 하고, 때론 큰 강을 건너야 했다. 지금처럼 트럭이 있거나 교통로가 발달한 것도 아니고, 이 모든 걸 전통적인 방식으로 사람이 책임져야 했다. 더구나 식량의 부피도 지금보다 훨씬 컸으니 수레 하나에 실을 수 있는 게 한정적이었다. 소나 말이 끄는 수천 대의 수레에 싣고 떠나더라도 고민이 끝나진 않았다. 혹 적에게 빼앗길까 두려워 수천의 호위병을 붙여야 했다. 그러다 보니 호위병의 식량은 물론 소나 말의 먹이도 챙겨야 했다.

그래서 가능하면 수로를 이용하려고 했다.

배 한 척이면 수레보다 많은 식량을 실을 수 있을뿐더러, 운반 시간도 훨씬 단축시킬 수 있기 때문이다. 임진왜란 때 왜군이 그토록 남해의 제해권을 장악하려 하고, 전라도를 침략하려고 했던 이유도 바로 여기에 있었다. 부산포에 있던 왜군이 배를 타고 전라도에 들어와 곡창지대의 식량을 확보한 뒤 배에 싣고 서해안을 따라 북상하여 한강을 통해 한양, 대동강을 통해 평양, 압록강을 통해 의주로 공급할 수 있었다면, 평양에 머물던 왜군은 의주의 선조를 뒤쫓고, 아마도 압록강을 넘어 진즉에 명나라와 일전을 치렀을 것이다. 결국 전라도를 확보하지 못한 왜군은 보급을 해결하지 못해 전체 전쟁을 그르치고 말았다.

왜군의 사례에서도 알 수 있듯이, 보급은 전쟁의 전체 판도를 바꾸어 놓기 일쑤였다.

익히 알려진 대로 몽골이 세계 제국을 이룩할 수 있었던 이유 중 하나가 바로 보급 문제의 완벽한 해결이었다. 아시아와 유럽을 오가며 그 넓은 영토를 휩쓸던 몽골군에게는 보급 부대가 필요 없었다. 유목민의 후예답게 그들은 말과 양의 고기를 말린 육포를 이용했다. 전쟁터로 떠나기 전에 군사들은 개인별로 미리 이 육포들을 말 방광으로 만든 주머니에 가득 채워 떠났다. 그리고 필요할 때마다 꺼내 음식 대용으로 사용하였다. 지금도 그렇지만 육포는 고열량 음식이니 전투에 지친 군사들에게 에너지를 공급해 줄 수 있었다. 이는 마치 제2차 세계대전 중 연합군 진영에서 빅히트를 친 스팸과 같았다. 때론 육포를 물에 불려 먹었다. 그러면 양도 더 많아지고 육질도 더 부드러워졌다. 덤으로 고기 국물도 먹을 수 있었다. 요즘 사람들이 즐겨 먹는 샤브샤브는 여기서 유래되었다. 몽골군은 방광 하나에 있는 육포로 약 석 달 정도를 버틸 수 있었다. 그들은 군사 한 명당 보통 예닐곱 마리의 말을 데리고 출병해 번갈아 타면서 전진했다. 육포가 떨어지면 그중 체력이 달리는 말을 잡아 현지 조달이 가능했다는 의미다. 이렇듯 보급 문제를 완벽히 해결한 몽골군을 대적할 만한 군대는 세계 어디에도 없었다.

식량 보급을 위한 다른 형태 중 하나가 이 책에서도 언급했던 둔전의 개발이다.

둔전(屯田)이란 변경이나 군사 요지에 주둔한 군대의 군량을 마련하기 위하여 설치한 토지를 말한다. 군사들이 직접 경작하기도 하고, 인근 농민에게 경작시켜 수확량의 일부를 가져가는 방식도 있었다. 이렇게 현지에서 직접 조달하게 되면 설령 후방에서 보급에 차질이 생기더라도 어느 정도는 버틸 수 있기에, 군사 작전을 수행하는 데 큰 보탬이 되었다. 이순신도 조산보 만호 시절 녹둔도의 둔전을 경영해본 적이 있었다. 또한 임진왜란 중에도 머무는 군영마다 둔전을 마련하여 군량을 확보하려고 시도했다. 이순신은 둔전에만 의지하지 않았다. 바닷가의 이점을 살려 소금을 구워 판매했으며, 정유재란 때는 해로통행첩을 팔기도 했다. 그렇게 마련한 돈으로 곡식을 사서 비축하였다. 그만큼 누구보다 군량의 중요성을 늘 인식하고 있었다는 방증이다.

하지만 농사는 오랜 시간을 기다려야 하는 일이었다.

따라서 평시에 변경 지대에서는 군량을 확보하는 중요한 루트가 될 수 있지만 장거리를 이동해야 하고, 계속 싸움터가 바뀌는 전시 상황에서는 수확을 장담하지 못했다. 잘못하면 실컷 농사지어서 적군에게 빼앗길 수도 있었다. 그러니 늘 변수가 따랐다. 특히나 남의 나라를 침략하는 군대의 입장에서는 빠른 이동을 요하기 때문에 둔전을 경작하기 힘들었다. 침략을 당한 입장에서도 자신들이 농사지은 곡물을 적에게 넘겨줄 수 없기에, 청야(淸野) 작전이라는 명분으로 들판의 농작물을 모두 태워버리고 성으로 들어가 버텼다. 그러니 먼 길 힘들게 달려오더라도 식량 한 톨 얻을 수 없는 경우가 태반이었다. 결국 실제 전쟁이 발발하면 기본적인 군량은 후방에서 공급해줘야 했다.

보급이 얼마나 중요한지를 보여주는 대표적인 전투가 있다.

역사를 공부하거나 삼국지를 좋아하는 사람들에게는 익숙한 관도대전이다. 관도대전은 적벽대전, 이릉대전과 함께 삼국지의 3대 대전으로 꼽히는 전투로, 조조와 원소가 관도에서 맞붙은 전투였다. 이 전투가 유명해진 게 바로 보급 때문이었다. 수적으로 열세였던 조조의 군대는 관도에서 당시 최대의 군벌이었던 원소 군대에게 포위당한 상태였다. 이때 원소의 모사인 허유라는 사람이 자신의 계책이 받아들여지지 않자 조조에게 투항해왔다. 허유는 원소 군대의 보급 창고가 오소라는 곳에 있다고 조조에게 알려줬다. 이에 조조는 군사를 보내 오소를 공격해 원소의 군량미를 모두 태워버렸다. 이를 기점으로 조조가 원소의 10만 대군을 격파할 수 있었다. 이 전투의 승리로 중원을 장악한 조조는 삼국 중 가장 큰 세력으로 성장했다. 이렇듯 전쟁에서 보급은 전쟁의 성패를 가르는 중요한 요인이었다. 그래서 임진왜란 당시 조선의 최고위 관료인 류성룡의 역할 중에서 가장 큰 게 바로 명군을 위한 군량을 보급하는 일이었다.

9

흐르는 강물은
길이길이 푸르리니

전쟁이 발발하자마자 일방적으로 밀리기만 하던 육지에서 반격의 기회를 잡은 대규모 전투가 바로 진주대첩(제1차 진주성 전투)이 었다. 제2차 진주성 전투는 그로부터 약 8개월이 지난 1593년 6월 21일에 시작해 9일간이나 계속되었다. 임진왜란사에서 두 번의 진주성 전투가 중요한 이유는 그 8개월 동안 전황이 크게 뒤바뀌었기 때문이다. 이순신이 치른 해전을 제외하고 육전만 살펴본다면, 제1차 진주성 전투는 일본의 군사력이 정점을 찍을 때 벌어졌다. 당시 왜군의 선봉부대는 평양성에 있었다. 하지만 제2차 진주성 전투는 왜군이 조명연합군에 밀려 평양과 한양에서 쫓겨나 남해안까지 밀린 상태에서 벌어졌다. 즉 두 번의 진주성 전투를 기준으로 삼아 그 전후 상황을 파악하면, 임진왜란 초반 2년여의 전황을 보다 쉽게 이해할 수 있다. 그럼 두 번의 진주성 전투 사이에 무슨 일이 벌어졌는지 대략 살펴본 후, 제2차 진주성 전투가 어떻게 전개되었는지 살펴보자.

이치 전투에 이어 진주대첩마저 대패하자 육지의 왜군 또한 큰 타격을 입었다.

평양에 머물던 선봉 부대는 이래저래 더는 진격하지 못하고 성만 사수하고 있었다. 설상가상으로 추위가 닥쳐오자 왜군은 쉽게 움직이지 못했다. 일본에서도 주로 따뜻한 남쪽 지역 출신이 많았던 고니시 유키나가 군사들은 대륙의 추위를 견디지 못했다. 그간 조선 조정에서는 명나라에 파병을 계속 요청했다. 명나라에서 마지못해 파병했던 소규모의 조승훈 부대는 이미 패한 후 돌아간 지 오래였다. 그 정도의 시늉으로는 일본을 이길 수 없었다. 명나라는 결국 대규모의 이여송 부대를 파병했다. 해를 넘기자마자 조선과 명의 연합군은 평양성 공략에 성공했고, 왜군은 한양까지 후퇴했다. 이를 추격했던 이여송의 기마 부대가 벽제관에서 왜군에 패하긴 했지만, 곧이어 벌어진 행주대첩에서 조선군은 왜군의 전의를 확실히 꺾게 되었다. 이 패배 후 왜군은 짐을 꾸려 부산을 향해 남쪽으로 후퇴해야 했다. 그게 1593년 4월 18일이었다. 전쟁을 일으키고 일 년이 지나자 왜군은 전쟁 명분이었던 명나라를 향한 진격을 사실상 포기한 셈이었다. 하지만 왜군은 강화 협상을 핑계로 조선에서 완전히 철수하지 않은 채 경상도 남해안 지역에 성을 쌓고 버티었다.

도요토미 히데요시는 평양성에서 더 이상 진군하지 못한 가장 큰 이유가 이순신에게 막힌 해상과 진주대첩의 패배 때문이라고 인식했다. 그러나 아무리 화가 치밀어도 인간계를 넘어선 이순신은 어찌할

진주성 촉석루

수 없었다. 한산대첩의 대패가 이를 증명했다. 그렇지만 자신들이 확
실한 우위에 있다고 여겼던 육지에서는 어떡하든 분을 풀어야 했다.
도요토미 히데요시는 진즉부터 여러 차례에 걸쳐 가토 기요마사 등에
게 다시 진주성을 공격하라는 명령을 내렸었다. 그리고 여러 기록에서
확인할 수 있듯이, 그는 진주성을 함락한 후 살아있는 단 한 명도 남
기지 말고 죽이고 불태우라고 명령했다. 왜군의 대대적인 진주성 공격
에 대한 소문은 이미 조선과 명나라 진영에도 퍼져 있었다.

266

이렇듯 진주성 전투는 완전히 보복전이었다.

또한 대놓고 벌인 살육전이었다. 왜군은 제1차 전투에 비해 3배 이상이 증강된 약 9만 3000여 명을 동원했다. 일개 지방의 성 하나를 공격하기 위해 조선에 남아 있던 군사 대부분을 투입한 것이다. 그중에는 왜군의 주력 부대인 고니시 유키나가와 가토 기요마사의 군대도 포함되어 있었다. 그에 비해 조선군은 제1차 전투 때보다 고작 2000명 정도가 증강된 약 6000명의 군사가 전부였다. 제1차 전투 당시 조선 관군과 의병의 구심점 역할을 했던 김성일도 없었다. 전쟁이 해를 넘기자 조선 곳곳에서 역병이 발생했었다. 안타깝게도 김성일 또한 약 두 달 전에 역병에 걸려 죽음을 피하지 못했다. 왜군의 전세를 파악한 조선군 내부에서는 격론이 벌어졌다. 그 결과 도저히 수성을 할 수 없다고 판단하며 후일을 도모하려는 군사들은 진주성을 떠났다. 도원수 권율이 이끄는 관군은 전라도 운봉으로 물러났고, 곽재우의 의병도 의령으로 돌아갔다. 그러다 보니 제1차 전투 때도 다윗과 골리앗의 싸움이었는데, 제2차 전투는 수적으로 그보다 3배나 힘든 상황이었다. 남은 조선군에게는 더 이상 선택지가 없었다. 죽음을 각오한 결사항전만 남아 있을 뿐이었다. 그곳에 최경회, 황진, 김천일, 고종후 등이 남았다. 그리고 5만 명이 넘는 백성들이 성안으로 들어와 있었다.

9일간 계속된 전투 끝에 왜군은 그들 대부분을 살육했다.

모두 6만 명이 넘는 목숨이었다. 제2차 진주성 전투는 임진왜란 중 일어난 단일 전투로는 가장 많은 백성들이 참혹하게 살육당한 전투로 남았다. 임진왜란을 통틀어 같은 곳에서 두 번에 걸쳐 대규모 전투가 벌어진 곳은 단 두 곳뿐이었다. 육지에서는 진주성 전투가, 바다에서는 당항포해전이 그랬다. 이 중에서 유일한 패배였지만 그 희생이 너무 컸다. 오늘날 매년 10월이면 진주에서는 진주성을 중심으로 남강 인근에서 유등 축제를 개최한다. 진주성 전투 당시 유등은 어두운 밤에 남강에 띄움으로써 한편으론 남강을 건너려는 왜군을 저지하는 군사전술로, 한편으론 성 밖의 가족들에게 안부를 전하는 통신수단으로 사용했었다. 지금은 축제를 통해 진주대첩의 승리를 기억하고, 제2차 진주성 전투에서 목숨을 던진 사람들을 기리고 있다. 제2차 진주성 전투는 그렇게 처참한 패배와 살육전으로 끝났다. 그러나 완전히 끝난 건 아니었다. 우리가 진주성의 쓰라린 패배를 기억할 때면 늘 함께 떠올리는 또 한 사람의 이름, 바로 논개가 있었기 때문이다.

1593년의 여름은 진주 백성들에게 너무도 가혹했다.

성안으로 피신했던 백성들 대부분은 잔혹한 죽음을 피하지 못했다. 죽음을 전제로 싸우는 결사항전의 결말은 처참했다. 살아남은 사람들이라 할지라도 숨조차 쉬기 어려운 시간들이었다. 더운 여름날인데도 제대로 수습하지 못한 시체들의 영혼이 온 진주를 떠돌았다. 죽은 자나 산 자나 모두 유령이 된 고을, 속절없이 쏟아지는 장맛비조차 그들의 마음을 다 씻어줄 수 없었다. 백성들의 마음속에 아름다운 남강의 물길은 더 이상 흐르지 않았다.

논개는 살아남았지만 자신과 어머니의 목숨을 구해줬던 낭군은 진주성이 적의 손에 넘어가자 남강의 짙은 물속으로 스스로 뛰어들었다. 어머니 상중임에도 전라도에서 의병을 일으킨 후 왜적과 전투가

남강의 밤

벌어지는 곳이면 죽음을 무릅쓰고 어디든 달려갔던 사람, 그 공적을 인정받아 경상 우병사가 되어 진주성을 지키려고 달려온 사람, 최경 회였다.

왜적들은 성내에 있는 촉석루에서 진주성 전투의 승리를 축하하는 잔치를 베풀었다.

논개는 스스로 기생이 되었다. 낭군의 죽음을 헛되지 않게 하고, 복수할 수 있는 방법은 그 길밖에 없었다. 수많은 사람들의 억울한 죽음 위에서 벌이는 흥청망청을 보고 있자니 논개는 역겨웠다. 촉석루 난간 너머로 멈춰버린 남강을 논개는 한참 내려다보았다. 낭군인 최경회가 보고 싶었다. 그와 보낸 몇 년의 세월을 떠올렸다. 태어나서 처음으로 자신을 사람으로 대해준 사람이었다. 결심은 이미 서있었다. 논개는 술에 취한 척 몸을 일으켜 촉석루를 내려갔다. 남강 쪽으로 난 문을 넘어 강가에 서서 다시 한참을 내려다보았다. 술에 취한 왜장 게야무라 로쿠스케가 논개를 좇아 따라왔다. 두 번의 기회는 장담할 수 없었다. 실수하면 그걸로 끝이었다. 논개는 흐느적거리는 걸음으로 강 쪽으로 좀 더 내려갔다. 왜장도 논개를 잡으러 팔을 뻗치며 따라왔다. 물과 만나는 곳에 커다란 바위가 있었다. 바위 위에 두 발을 올린 논개는 부러 왜장에게 팔을 잡혀주었다. 마침내 왜장도 바위에 올라서자 논개는 두 팔로 왜장을 꽉 껴안았다. 깍지 낀 두 손이 절대 빠지지 않도록 미리 손가락 마디마다 반지를 껴두었다. 그 순간 논개는 고요한 강물 속으로 몸을 던졌다.

갓 스물이었다.

진주 남강 의암

　죽음을 스스로 선택하기엔 앞으로의 삶이 창창한 나이였다. 하지만 강물 속에서 낭군을 만나도 부끄럽지 않을 것 같았다. 어쩌면 대견해 하면서 자신의 어깨를 살포시 껴안아 줄 것이다.

　논개의 의로움을 칭송하기 위해 후세 사람들은 그녀가 강물에 뛰어들었던 바위를 의암(義巖)이라 불렀고, 그런 그녀를 의기(義妓)로서 기억했다. 그리고 진주 사람들은 촉석루 옆에 의기사(義妓祠)라는 사당을 세워 그녀를 기렸다.

　많은 사람들이 알고 있는 이와 같은 논개 이야기는 단 한 줄의 기록에서부터 출발했다.

　유몽인이 이런저런 이야기를 채록하여 기록한 『어우야담(於于野譚)』

에 논개 이야기가 적혀 있다. 유몽인이 기록하지 않았다면, 그녀의 이름은 역사 속에서 전하지 않았을지도 모른다. 임진왜란이 끝나고 광해군이 집권하던 시기인 1620년경 유몽인은 세상에 떠도는 이야기를 모은 설화집『어우야담』을 엮었다.

유몽인의 운명도 그리 순탄하지는 않았다.

그는 광해군 때 당파적으로는 집권당인 북인 계열이었다. 그러나 이이첨 등이 추진하던 인목대비(선조의 계비이자 영창대군의 생모) 유폐에 반대하다가 권력으로부터 배척되었다. 그러나 이것이 전화위복이 되었다. 1623년에 일어난 인조반정으로 광해군 대의 북인 계열이 무참히 죽어나갈 때 유몽인은 화를 면했다. 그러나 얼마나 얄궂은 운명이란 말인가. 그 복도 오래가지 못했다. 반정이 일어나고 채 몇 달이 지나지 않았을 때, 그가 광해군의 복위를 꾀하고 있다고 무고하는 사건이 일어났다. 이 일로 인해 그는 아들과 함께 처형되고 말았다.

역사를 공부하다 보면 어떤 특정한 인물 다음에 꼬리에 꼬리를 물며 연상되는 인물들이 있기 마련이다. 앞서 언급했듯 그것이 또한 역사를 공부하는 방법 중 하나이다. 이순신 이야기를 하다가 진주성 전투로 이어지고 다시 논개로 이어져 유몽인까지 연결되었다. 이렇듯 꼬리를 물 때는 간간이 옆길로 새는 것도 책을 읽는 즐거움 중 하나일 거라 믿는다. 그럼 한번 꼬리를 좀 더 물어보자. 그냥 책을 읽다가 지친 마음을 달래는 놀이쯤으로 여겨도 좋을 것 같다.

각설하고, 유몽인을 떠올릴 때면 내 머릿속에는 자연스레 유형원이 따라붙었다.

사람들이 유몽인은 잘 모르더라도 유형원은 대개 알고 있다. 학교 다닐 때『반계수록』의 저자로 한 번쯤은 외웠던 이름이기 때문이다. 그러면 유형원은 어떻게 유몽인과 연결될까. 그 발단은 앞서 언급한 유몽인의 역모 사건이다. 대개의 역모 사건이 그렇듯 이 사건에서도 주동자 외에 연루자들이 있었다. 당시 유흠이라는 인물이 연루되어 젊은 나이에 죽임을 당했는데, 그가 바로 유형원의 아버지였다. 유형원이 2살 때였다(이 부분은 잘 기억하시라. 다음에 연상되는 인물은 바로 이를 매개로 해서 이루어진다). 어린 나이에 아버지를 잃은 유형원은 할아버지 손에서 자라다가 할아버지마저 돌아가시자 삼년상을 마치고, 32살 때 전북 부안 변산의 우반동으로 낙향했다. 그곳에는 그의 선조이자 조선의 개국공신인 유관이 하사받은 땅이 있었다. 유형원은 그곳에 반계서당을 짓고 평생을 살면서 그 유명한『반계수록』을 편찬했다.

생각이 이렇게 흘러가면 자연스레 또 다른 인물이 연상된다.

바로 성호 이익이다. 앞서 스포일러처럼 간단히 언급했듯이, 그 연결고리는 2살이라는 키워드였다. 이익은 학문적으로도 유형원의 계보를 잇는 인물이니 굳이 앞에 말한 키워드가 아니더라도 어쩌면 자연스러운 연상일 수도 있다. 여하튼 이야기는 이렇다.

때는 1680년이었다.

이 해는 경신년으로 숙종이 집권하던 시기였다. 이 정도 정보로 혹 머릿속에 떠오르는 사건이 있다면 역사에 꽤 관심이 많은 사람일 것이다. 이해는 바로 교과서에도 등장하는 '3대 환국'의 첫 번째 사건인 경신환국이 일어난 해였다. 당파적으로는 남인이 몰락하고 서인이 재집

변산 반계서당

권하는 사건이 바로 경신환국이었다. 당시 수많은 남인 관료들이 유배를 떠나는데 그중에는 이익의 아버지인 이하진도 있었다. 이하진은 이 사건으로 대사헌에서 진주 목사로 좌천된 후 얼마 안 있어 평안도 운산으로 유배되었다. 그리고 이듬해 유배지에서 아들이 하나 태어났는데, 그가 바로 이익이었다. 그리고 또 한 해가 지나 이익이 2살 때 이하진은 유배지에서 죽음을 맞이했다. 아버지가 죽자 이익은 어머니 고향인 경기도 광주에서 자랐다. 그리고 어머니마저 돌아가시자 재산을 모두 형들에게 넘겨주고 안산으로 이사한 후, 직접 농사를 지으며 평생을 가난하게 살았다. 그러면서도 불세출의 역작인『성호사설』을 편찬했다.

유형원과 이익은 약 60년을 사이에 두고 비슷한 인생 항로를 겪으며 조선 후기 사상사에 지대한 영향을 끼치는 역작을 남긴 공통점이 있었다. 이렇듯 논개에서 시작된 생각의 흐름은 유몽인으로 넘어갔다가 또 유형원으로 넘어갔고, 다시 이익으로 연결되었다. 나는 이런 식의 공부를 즐기는 편이다. 늘 하는 얘기지만, 이렇듯 자기 나름대로 이야기를 연결해 정리하는 것이 역사 공부를 하는 데도 상당한 도움이 될 수 있다고 생각한다.

Guide's Pick

논개의 고향, 장수

흐르는 강물은
길이길이 푸르리니
그대의 꽃다운 혼(魂)
어이 아니 붉으랴.

아! 강낭콩꽃보다도 더 푸른
그 물결 위에
양귀비꽃보다도 더 붉은
그 마음 흘러라
_ 변영로 시 〈논개〉 중 일부

논개라는 이름을 들었을 때 중년의 사람들이라면 어릴 적 교과서에서 배운 변영로의 시 〈논개〉를 떠올릴 수도

→ 앞서 언급했던 책 『쇄미록』의 저자 오희문이 임진왜란 중에 피란 생활을 하며 이를 기록했던 곳 또한 장수군 장계면이었다.

있다. 노래 좀 흥얼거렸던 사람들은 1980년대에 가수 이동기가 부른 노래 〈논개〉를 떠올릴지도 모르겠다. 정확한 기록이 많이 남아 있지 않은 인물이 대개 그렇듯, 논개 또한 출생의 비밀은 정확히 알려진 게 없다. 다만 현재 논개를 칭할 때 주로 쓰는 글에서 알 수 있듯이, 둘 중 하나로 정리된 것처럼 보인다. 하나는 '진주 기생 논개'이고, 다른 하나는 '전북 장수의 양반가 출신 논개'이다. 물론 뒤엣것을 채택하더라도 그녀 삶의 마지막이 진주 기생 논개임은 동일하다. 그리고 '진주 기생'이라는 말은 그녀가 꼭 진주 출신이라는 말은 아닐 수도 있다.

이 글은 기본적으로 전북 장수 출신 논개에 대해 정리한 것이다.

개인적으로는 논개가 태어났다고 하는 전북 장수군 장계면이 고향이라는 인연이 있기도 하다.[7] 논개 생가로 알려진 곳이 내 고향 집에서 그리 멀지 않고, 더구나 외가에서는 고개 하나만 넘으면 이웃하는 마을이었다. 논개 사당 또한 그리 멀지 않은 곳에 잘 정비되어 있었다.

논개는 주씨 가문의 양반집 딸로 태어났다.

하지만 어릴 때 아버지가 돌아가시는 바람에 인근에 살던 숙부의 집에서 자랐다. 그런데 도박에 빠진 숙부가 재산을 모두 잃자, 논개를 이웃마을의 부자에게 돈을 받고 팔아넘겼다. 이를 안 어머니가 논개를 데리고 도망치자, 그 부자는 모녀를 관아에 고발했다. 당시 장수 현감이 바로 제2차 진주성 전투에서 전사한 최경회였다. 최경회는 지방관으로 근무한 곳마다 선정을 베풀어 백성들의 칭송이 자자했던 인물이었다. 그는 모녀의 딱한 사정을 듣고는 죄를 주는 대신 관아에서 잡일을 하며 살도록 선처

장수 논개 사당(의암사)

했다. 논개에게는 병석에 누워 있는 자신의 아내를 수발 들도록 했다. 그러나 오래지 않아 아내는 세상을 뜨고 말았다. 결국 최경회는 논개를 후처로 맞았다. 논개가 최경회와 인연을 맺게 된 대강의 이야기는 이렇다. 그 후 전쟁이 터지고 진주성에서 큰 싸움이 일어날 조짐이 보이자 최경회는 군사를 이끌고 진주로 향했다. 그리고 논개 또한 최경회가 있는 진주로 향했다.

사실 장수와 진주는 지리적으로 그리 멀리 떨어진 곳이 아니었다.
대개 그렇듯 사람이 다니는 길보다 물길은 훨씬 더 가까웠다. 요즘 사람들에게는 무진장(전북 동부 지방의 고원 지대인 무주, 진안, 장수를 합쳐 부르는 말) 고원 중 한 곳으로 더 많이 알려진 장수는, 그 위치가 덕유산의 턱밑이자 지리산의 이마에 해당한 자리에 위치하고 있다. 남부 지방의 두 명산인 덕유산과 지리산을 연결시켜주는 지역에 있다 보니, 우리나라

논개 사당 앞 의암호

서남부의 큰 강줄기를 모두 잉태한 곳이기도 하다. 금강의 발원지가 바로 장수군 수분리의 뜬봉샘이고, 섬진강의 발원지는 뜬봉샘 바로 너머에 있는 데미샘(행정구역으로는 진안군에 속한다)이었다. 한마디로 '장수(長水)'라는 이름값은 제대로 하고 있는 고장이었다. 그래서 나는 졸저 『나는 엄마와 함께 살기로 했다』에서 이 풍경을 묘사하며, 다음과 같이 적었다.

'지금도 전북 장수군에 가면 수분리란 마을이 있는데, 그 동네에 수분재라는 고개가 있다. 수분(水分)이라 하면 당연히 물을 나눈다는 말인데, 수분재에는 이런 이야기가 전해져 내려온다. 고개 이쪽으로 빗물이 떨어지면 그 물은 섬진강으로 흘러 들어가고, 고개 저쪽으로 떨어지는 빗물은 금강으로 흘러간다는 것이다. 더 극적으로 얘기하면, 수분재 한가운데에 양철 지붕을 한 집이 한 채 있는데, 빗물이 지붕 이쪽으로 토독~ 하고 떨어지면 섬진강, 저쪽으로 투둑~ 하고 떨어지면 금강이 된다는 남강 또한 그곳에서 그리 멀지 않은 데서 발원해 진주로 내닫는다.
남강의 발원지는 남덕유산 남쪽 사면으로 행정구역으로는 함양군 서상면
에 속한다. 그러나 장수군 장계면에서 고개만 들면 보이는 우뚝 솟은 산
이 바로 남덕유산이다. 또한 남강 발원지에서 산 하나만 넘으면 바로 논
개 생가다. 이곳에서 발원한 남강은 산청의 경호강을 만나고 지리산 천왕
봉 아래에서 출발해 대원사 계곡을 훑고 내려온 덕천강과 합류해 진양호
에 모인 뒤 진주성을 향해 흘러갔다. 어쩌면 논개는 이 물길을 따라 흘러,
흘러 장수에서 진주로 갔을 것이다.

남강 이야기를 한 김에 하나만 더 보태고 끝내도록 하자.
사람들은 진주성과 유등 축제로 유명한 남강이 진주 시내를 관통하는 것
쯤은 알고 있다. 그러나 남강이 어디로 흘러 바다로 들어가는지는 잘 알
지 못했다. 우리나라 지도를 좀 아는 사람들은 당연히 진주에서 가장 가
까운 바다인 사천만으로 흘러들어간다고 생각할 것이다. 물론 진양호에
모인 물 중 일부는 주변 개천을 따라 사천만으로 흘러들어갔다. 하지만
남강의 본 물길은 좀 더 긴 여행을 한다. 진양호에서 진주성을 향해 왼쪽
(동쪽)으로 내달리던 강물은 다시 북쪽으로 치고 올라가다 곽재우 장군이
왜적을 물리쳤던 정암나루를 지난 후 창녕군 남지읍에서 낙동강과 합류
한다. 강원도 태백에서 출발한 낙동강은 남강과 몸을 합친 후에야 비로소
강폭이 커지면서 큰 물결을 이뤄 부산으로 들어갔다. 그래서 그런가. 남
강의 이 물길을 따라 사람들도 몸을 실었나 보다. 어릴 적에는 고향에 살
던 친척 중 여럿이 부산에 살고 있다는 게 다소 의아했었는데, 지금은 조
금 이해가 갔다. 그들 또한 남강의 물길에 삶을 맡겼을지도 모를 일이다.

사실 논개의 고향이 어디인지, 그녀의 출신이 무엇인지는 그리 중요하지 않다.

사랑보다도 강한 그녀의 정열은 양귀비꽃보다도 더 붉은 강물이 되어 지금까지도 흐르고 흘러 장수와 진주를 이어주고 있으니 말이다. 장수나 진주의 사람들이 해마다 그녀를 위한 제사를 지내고 있으니, 그 죽음 결코 헛되지 않았음이리라.

10

백의종군하라!

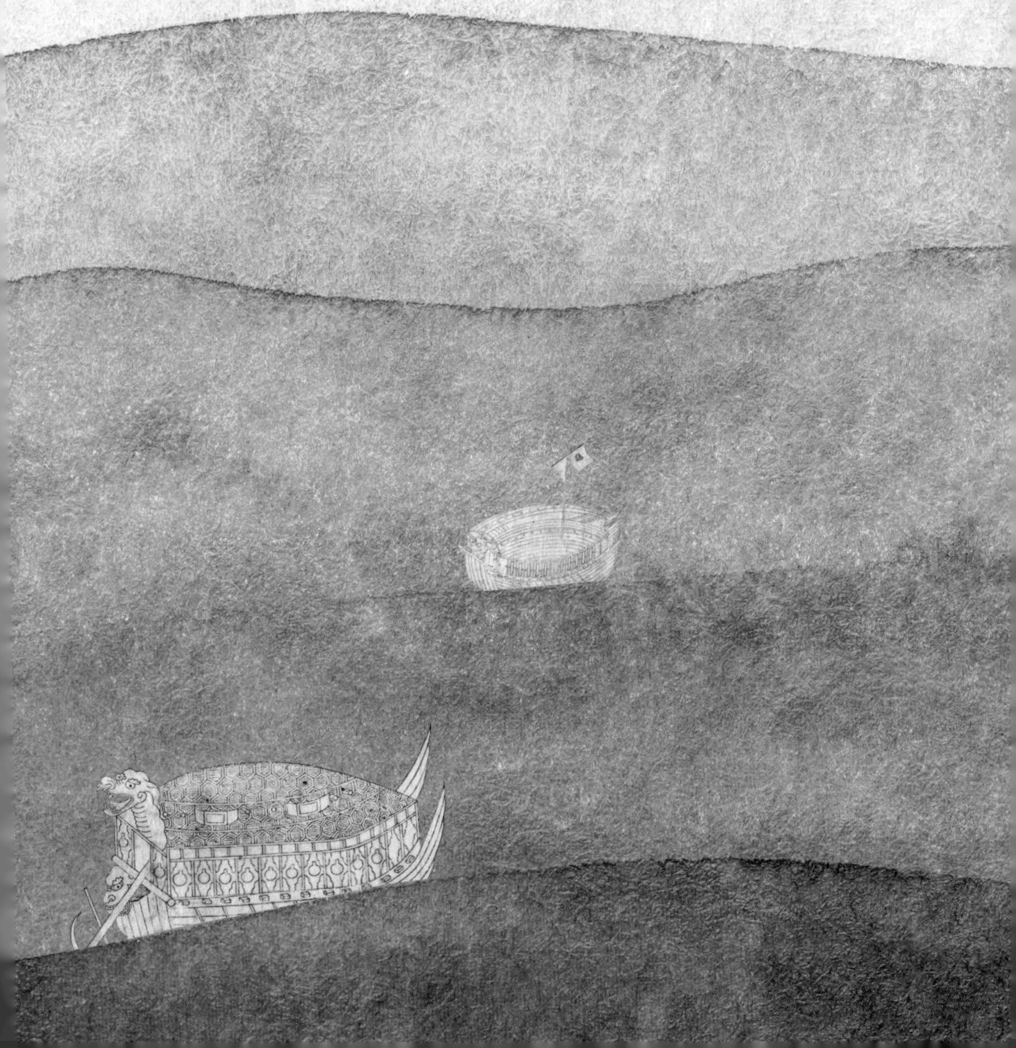

요즘 사람들에게 '이순신' 하면 떠오르는 연관 검색어는 꽤 많다. 이는 그만큼 이순신이라는 인물의 업적이 많을 뿐더러 그 파란만장한 삶을 구성하는 이야깃거리가 다양하다는 방증이다. 이 책을 읽는 당신은 무엇이 가장 먼저 떠오르는가? 혹자는 거북선을, 혹자는 한산대첩이나 명량대첩 같은 승전의 기억을, 또는 이순신이 죽음을 맞이한 노량해전을 떠올릴 수도 있다. 그리고 그중에 빠지지 않는 하나가 바로 백의종군이다. 이는 이순신을 선조와 대비시킴으로써, 즉 나라를 망국에서 구한 전쟁의 영웅이자 민족의 성웅인 이순신을 도성을 버리고 의주까지 도망친 임금인 선조가 죽이려 했다는 이야기와 연결시켜 더 극적인 효과를 자아내기도 했다.

1593년 10월 1일, 선조는 드디어 한양으로 돌아왔다.

도성을 버리고 떠난 지 거의 1년 반이 다 되어서였다. 왜군이 한양에서 후퇴한 지도 한참 지났지만, 선조는 곧바로 도성으로 들어오지 못했다. 사실 와봐야 머물 곳도 마땅치 않았다. 선조는 한양으로 돌아오기 전인 1593년 8월 말에 이순신을 삼도수군통제사에 임명했다. 당시는 의주에서 남하해 평양 인근에 머물며 한양으로 출발할 날짜를 고민하고 있을 때였다.

통제사란 직책은 이때 처음 생겼다.

말하자면 이순신은 우리나라 제1호 삼도수군통제사였다. 막상 전쟁이 터지니 삼도(전라도, 경상도, 충청도)에 배치된 각각의 수사들을 통솔할 책임자가 필요하다고 판단하여 특별히 마련한 직책이었다. 그만큼 이순신의 활약을 인정한 셈이었다. 이순신은 전라 좌수사직을 그대로 유지한 채 통제사를 겸임하였다. 군대 선배였던 경상 우수사 원균은 후배인 이순신 밑에서 명령을 받아야 할 입장이 되었다. 원균은 이를 부끄럽게 여겼고, 이때부터 둘 사이에 틈이 벌어지기 시작했다. 이는 조정에서도 논란이 되었다. 서로 합심해 전쟁을 승리로 이끌어야 할 두 핵심 장수의 갈등이었다. 결국 1594년 12월이 되어서야 그 해결책으로 원균을 충청 병사로 보직을 바꿔주었다. 수군 전투에서 승승장구하는 이순신을 선택한 셈이다.

선조가 천신만고 끝에 한양에 돌아왔지만, 머물 궁궐은 이미 잿더미로 변해 있었다.

선조는 임시로 정릉동 행궁에 거처했다. 이때부터는 전쟁도 소강상태로 접어들어, 소위 말하는 강화 협상기로 접어들었다. 왜군은 남해안에 왜성을 쌓고 주둔한 채 농성하였고, 조선군과 명군은 그보다 북쪽 지역에 자리 잡은 채 웅크리고 있을 뿐이었다. 바다와 육지에서 산

발적으로 전투가 일어났지만, 서로 큰 충돌은 없었다. 이처럼 전쟁은 오랫동안 교착 상태에 빠졌다. 그렇다고 가만히 앉아만 있을 이순신이 아니었다. 이순신은 이때를 이용해 수군 전력을 강화하는 데 힘을 쏟았다. 그렇게 약 4년이 흘러갔다.

1596년 9월, 명과 일본 사이의 강화 협상이 마침내 결렬되었다.

어차피 깨질 협상이었다. 협상 대표로 나섰던 명나라의 심유경과 일본의 고니시 유키나가는 둘 다 자국의 통치자를 속이고 있었다. 두 나라 모두 자신들이 승전국이라 여기며, 상대방이 받아들일 수 없는 조건을 요구하였다. 속임수로 시작한 협상은 결국 들통 날 수밖에 없었다. 또다시 조선에 전운이 감돌기 시작했다. 조선이 배제된 채 진행된 협상이 깨지자, 그 불똥은 조선의 산하로 튀었다. 결국 1597년 1월 가토 기요마사의 군대를 필두로 왜군은 다시 바다를 건너왔다.

정유재란의 시작이었다.

당시 도체찰사 이원익의 보고에 따르면 왜군은 대략 500여 척의 전선으로 침략해왔다. 앞서 언급했듯이 재침 정보를 입수한 조정에서는 이순신에게 부산 앞바다로 나아가 적의 도하를 막도록 했다. 그러나 이순신의 생각은 달랐다. 정보를 신뢰할 수 없으니 함부로 나아갈 수 없었다. 조정에서는 전라도 병마절도사였던 원균을 경상 우도 수군절도사로 임명했다. 원균은 다시 수군 지휘자로 복귀했다. 2월이 되자, 사헌부가 먼저 이순신을 탄핵했다. 적을 토벌하지 않고 놓아두었으며 막대한 국가의 은혜를 저버리고 나라를 배반한 죄가 크다는 이유였다. 그리고 이에 응하듯 선조는 이순신을 의금부로 압송해오라고 명령했다. 조정 대신 중 유일하게 정탁이 나서서, "참으로 죄가 있습니다만, '위급할 때 장수를 바꿀 수는 없다'"고 간하였으나 소용없었다.

통제사에서 해임된 이순신은 한양으로 압송되어 의금부 감옥에 갇힌 신세가 되었다.

그해 3월 4일이었다. 그의 자리는 원균이 이어받았다. 선조는 직접 이순신의 죄를 나열하며 죽여야 마땅하다고 했다. 선조는 이순신을 정말 죽이려 했다. 『선조실록』에 실린 당시 선조가 내린 비망기의 내용은 이랬다.

> "이순신이 조정을 기망한 것은 임금을 무시한 죄이고, 적을 놓아주어 치지 않은 것은 나라를 저버린 죄이며, 심지어 남의 공을 가로채 남을 무함하기까지 하며 (중략) 이렇게 허다한 죄상이 있고서는 법에 있어서 용서할 수 없는 것이니 율(律)을 상고하여 죽여야 마땅하다. 신하로서 임금을 속인 자는 반드시 죽이고 용서하지 않는 것이므로 지금 형벌을 끝까지 시행하여 실정을 캐어내려 하는데 어떻게 처리할 것인지 대신들에게 하문하라."

선조에게 이순신은 이미 죽은 목숨이었다.

대신들에게 이순신의 처벌 수위를 논의하라는 형식을 취했지만, 이미 죽어 마땅한 죄라는 가이드라인을 제시한 셈이었다. 옛말은 하나도 틀리지 않았다. "용기와 지략이 군주를 떨게 만드는 자는 그 자신이 위태롭고, 공로가 천하를 덮는 자는 상을 받지 못한다"고 했던가. 한나라 명장 한신에 대해 기록하며, 사마천이 다른 이의 입을 빌려 『사

기』에 적은 말이었다. 결국 한신은 반역죄로 처참한 죽임을 당했다. 이
순신 또한 상은커녕 위태로운 시간을 보내고 있었다. 이때 정탁이 다
시 한번 나섰다. 정탁은 이순신과 어떤 인연도 없는 인물이었음에도
결정적인 순간에 누구보다 적극적으로 나섰다. "이순신은 공이 많은
장수입니다. 전시에 그를 죽인다면 앞으로 나라의 안위는 아무도 보
장할 수 없습니다." 이순신을 살릴 마지막 기회였을지도 모른다. 정탁
의 이 말이 없었으면, 이순신은 그대로 죽었을 수도 있었다. 어쩌면 이
말을 들은 선조도 섬뜩했을 것이다. 지난 임진년에 의주까지 도망친
자신을 다시 한양으로 돌아올 수 있게 해준 공은 누가 뭐래도 이순신
이 가장 크지 않던가. 다시 적들이 대규모 병력으로 쳐들어오는데, 이
순신이 없다면 누가 막을 것인가. 장담할 수 없었다. 정탁이 먼저 나서
자, 삼도체찰사인 이원익과 병조판서인 이항복도 이순신의 공이 크므
로 죽여서는 안 된다며 구명 운동에 합류했다. 이렇듯 일부 대신들의
간청으로 이순신은 죽음을 면할 수 있었다. 이를 다행이라고 해야 할
까. 조선과 조선 백성을 위해서라면 확실히 다행이었다. 하지만 이순
신은 이미 지쳐 있었다. 정말 거짓말 같은 시간이었다. 차라리 그대로
삶을 끝내고 싶었을지도 모른다.

이순신은 그해 4월 1일 의금부의 옥에서 나왔다.

백의종군의 시작이었다. 도원수 권율 밑에서 종군하라는 명령을 받
았다. 몸은 피폐해질 대로 피폐해졌다. 그러나 몸보다 마음이 먼저 무
너졌다. 어서 죽기를 바랄 뿐이었다. 아무리 힘들어도 자기가 컨트롤
할 수 있는 고통은 고통이 아니다. 막막함, 고통은 거기서 생겨난다.

이순신은 막막했다. 이제 누구를 믿고, 무엇을 위해 왜적과 싸운단 말인가. 나라는 그의 충심을 헌신짝처럼 버렸다. 조정에서 입만 가진 이들이 그 입으로 그의 몸과 마음을 송두리째 난도질했다. 평생 간직해온 일심(一心)이 속절없이 무너졌다. 이순신은 지친 마음을 이끌고 류성룡을 만나 이야기를 나누었다. 무슨 이야기를 했는지는 모르지만 『난중일기』에는 옥에서 나온 다음 날 둘이 만난 사실이 기록되어 있었다. "종일 비가 내렸다. (중략) 어두워질 무렵 성으로 들어가 영의정과 이야기하다가 닭이 울고 나서야 헤어져 나왔다." 어쩌면 세상에 알려진 것보다 더 이순신과 류성룡은 가깝게 지냈을지도 모른다. 『난중일기』에는 이순신이 자기 혼자 류성룡의 점을 쳐서 좋은 점괘가 나오면 기뻐했다거나, 유자 30개를 류성룡에게 보냈다는 등 둘의 친분을 짐작하게 할 만한 내용이 간간이 등장했다. 류성룡과 헤어진 이순신은 고통스런 백의의 몸으로 남쪽으로 향했다. 그러나 고통은 아직 끝나지 않았다.

어머니가 돌아가셨다.

어머니의 죽음과 관련하여 그동안 내가 알고 있었던 건 대략 이러했다. '이순신이 의금부에 하옥되어 모진 고문을 받으며 죽을 위험에 처하자, 노모는 이를 걱정하다가 죽음을 맞게 되었다.' 그리고 '결국 백의종군하게 된 이순신이 남쪽으로 내려가다가 아산에 잠시 들러 어머니의 초상을 치른 후 다시 길을 떠났다.' 그런데 이것만으론 해소해주지 못하는 게 하나 있었다.

여수 이충무공 자당 기거지

'이순신의 어머니는 언제, 어디에서 죽음을 맞이했는가?'

이순신은 전라 좌수사 시절인 1593년 6월 아산의 노모를 여수로
모시고 내려와 약 4년 정도 살았던 것으로 전해졌다. 지금도 여수에
가면 '이충무공 자당 기거지'가 있어, 당시의 흔적을 간직하고 있었다.

그런데 이런 궁금증을 해소해준 책이 있었다.

이순신 연구가인 제장명 씨가 쓴 『이순신 백의종군』이란 책에는 이
런 구절이 있었다. 이순신이 백의종군의 명을 받고 1597년 4월 3일 한
양을 출발한 이후의 여정을 정리한 부분이다.

여수 이충무공 자당 기거지(외관)

이순신의 본가가 있는 아산에는 4월 5일에 도착하여 19일에 떠나기까지 14일간 머문다. 이 기간 중 이순신은 조상과 먼저 별세한 친척의 사당을 방문하여 절을 하고 친척 및 지인들과 만나 회포를 푼다. 그런데 이 기간 중인 4월 13일에는 이순신의 어머니가 배를 타고 오다가 안흥량에서 별세했다는 소식을 접한다. 이순신은 어머니의 시신을 인수하고는 4월 18일까지 장례를 치르게 된다. 한창 장례를 치르던 중 이순신은 금부도사의 독촉을 받고는 길을 떠나게 된다.

어머니가 돌아가신 건 이순신이 의금부 옥에 갇혀 고문을 받을 때가 아니라, 이순신의 압송 소식을 들은 어머니가 고향인 아산으로 올라오는 배 안에서였다. 배를 타고 오다가 태안 안흥량에서 숨을 거뒀고, 이때는 이미 이순신이 백의종군의 길을 떠나 아산에 머물 때였다.

이순신은 소식을 듣자마자 바닷가로 달려갔다. 배는 이미 도착해 있었다. 그 심정을 어찌 할까. 그렇잖아도 죄인의 몸이었다. 불충인 몸에 불효의 죄가 더해져 그의 몸을 휘감고 옥죄었다. 간신히 버티던 그의 마음도 와르르 무너졌다.

이순신은 어머니가 돌아가시자 '하늘 해도 까맣게 변했다'고 일기에 썼다.

인생을 어느 정도 살아본 사람들은 안다. 살면서 내 맘대로 할 수 있는 게 그리 많지 않다는 것을. 그러다 문득 깨닫는다. 내 맘대로 할 수 있는 게 하나 있다면, 그것은 효다. 시간의 대부분을 보내는 직장에서 내 맘대로 할 수 있는 건 거의 없다. 퇴근 후 만나는 사적 인간관계에서도 마찬가지다. 우리는 늘 타인들의 피드백을 받으면서 살아야 한다. 문제는 그 피드백이 일정치 않다는 점이다. 주변 환경에 따라서 달라지기도 하고, 동일인일지라도 그의 기분에 따라 달라지기도 한다. 그러니 거기에 맞추려면 나를 계속 변경해야 한다. 내 맘대로 하지 못한다. 그러나 세상에서 유일하게 단 하나, 효에는 그런 외부적 변동성이 없다. 어떤 환경에서든 자식에 대한 부모의 마음은 변하지 않는다. 효가 크든 작든 따지지 않는다. 때론 내 사정으로 인해 효를 다하지 못해도 부모의 피드백은 동일하다. 연인이나 자식조차도 때론 그 변동성이 들쭉날쭉하여 마음의 상처를 받기도 하지만, 부모만 유일하게 변동성이 없다.

이순신 또한 그랬다.

문관의 꿈을 무관으로 바꿔 무과에 급제한 후 오로지 나라의 안위를 위해 주어진 책무를 다했지만, 나라에서는 그다지 인정해주지 않았다. 늦은 나이에 가까스로 그에 걸맞게 승진했지만, 여기저기서 헐뜯는 말들이 많이 들려왔다. 그러다 불쑥 전쟁이 터지고 말았다. 전투에서 승리하면 구국의 영웅으로 치켜세웠지만, 조금이라도 틈이 보이면 물어뜯어 죽이려고 달려들었다. 세상일이란 게 그렇다. 그렇지만 어머니는 늘 똑같았다. 어머니를 대하는 이순신의 마음도 똑같아지려고 노력했다. 자신이 노력한 만큼을 배신하지 않는 건 효 밖에 없었다. 『난중일기』에 '어머니가 평안하니 다행이다'는 문구가 82회나 기록된 것이 이를 방증하고도 남았다.

그런 어머니가 돌아가셨으니 이순신의 상심이 얼마나 컸을까.

무인의 길로 들어서다 보니 어쩔 수 없이 변방으로 떠돌아다니는 팔자였다. 그럴 때마다 어머니의 속은 얼마나 타들어갔을까. 고향을 떠난 옛사람들이 '고개 들어 명월을 보고 고개 숙여 고향을 생각'ᵏ하는 심정을 이순신은 누구보다 뼈저리게 느끼고 있었다. 변방에 있으면 유난히 밝은 달이 떠올랐다. 그럴 때면 이순신도 고향에 계신 어머니를 생각했다. 늘 자신보다 한 걸음 먼저 늙어가는 어머니였다. 더구나 어머니의 든든한 기둥이었던 두 형은 이미 죽고 없었다. 이순신은 여건이 허락되는 한, 지극정성으로 어머니를 모시고자 했다. 전쟁 통임에도 아산의 어머니를 여수로 모시고 온 이유이기도 했다.

이순신은 돌아가신 어머니 곁조

→ 당나라 시인 이백의 시 〈정야사(靜夜思)〉 중 일부다. 이백은 25세 때 고향을 떠나 죽을 때까지 돌아가지 못했다.

차 오래 머무를 수 없었다.

평시 같으면 아무리 높은 벼슬자리에 있더라도 부모상을 당하면 모든 벼슬을 내려놓고 3년 상을 치러야 했다. 만약 그러지 않은 자가 있으면 사헌부와 사간원에서 대간들이 들고 일어나 탄핵했다. 요즘 식으로 말하면 공무원이 부모상을 당했는데도 퇴직하지 않고 계속 근무하면, 검찰이 수사망을 조여오고 언론이 이를 받아 기사를 쓰는 꼴이었다. 하지만 당시는 전시였다. 조정에서도 상중인 무관들에게 업무에 복직하라는 명령을 내렸으니, 나름 죄인의 신분인 이순신으로서도 계속 아산에 머물 수 없었다. 곁을 지키는 금부도사로부터도 재촉이 들어왔다. 이순신은 다시 일어나 남쪽으로 향했다. 지금으로 치면 1번 국도 길을 따라 전주까지 내려간 후 방향을 틀어 남원을 거쳐 구례에 도착했다.

Guide's Pick

안흥량

예로부터 우리나라 서남해안은 리아스식 해안으로 해안선의 굴곡이 심하고, 바다에 섬도 많은데다, 조수간만의 차가 심해 물에 잠긴 암초도 많았다. 그러다 보니 뱃길 운행에 애를 먹는 지역이 여럿 있었다. 그중 사람들에게 많이 알려지고 역사적인 이야기가 있는 대표적인 곳이 바로 안흥량을 비롯해 울돌목, 손돌목, 맹골수로였다. 이들의 공통점은 좁은 수로 탓에 빠르고 거센 물살이 일어날 뿐만 아니라, 그 흐름이 갑작스럽게 바뀌기도 하고, 바다 표면과 속의 물살이 소용돌이치듯 계속 뒤엉킨다는 점이었다. 역사적으로 이러한 물살은 때론 우리나라에 도움을 주기도 했고, 때론 온 나라를 큰 슬픔에 빠뜨리게도 했다.

먼저 해남과 진도 사이의 바다이자 명량대첩의 격전지인 울돌목을 모르는 사람은 별로 없을 것이다. 이순신은 하루에 네 번 바뀌는 울돌목의 물살을 이용해 수적으로 절대 열세였던 13척으로 배로 적선 133척을 물리칠 수 있었다.

손돌목은 김포와 강화도 사이의 수로이다.

울돌목과 달리 손돌목에는 좀 슬픈 이야기가 전한다. 지명은 손돌이라는 뱃사공에서 유래했다. 고려 때 몽골이 침입하자 왕은 급히 강화도로 피란길을 나섰다. 김포 앞바다에 도착해 손돌의 배를 타고 바다를 건너려는데, 손돌이 자꾸 배를 급류가 심한 쪽으로 끌고 갔다. 이를 수상히 여긴 왕은 손돌이 자신을 죽이려 하는 줄 알고 먼저 그를 죽이려 했다. 그러자 손돌은 죽기 전 바가지 하나를 꺼내 바다 위에 띄워 놓고는 그것을 따라가면 된다고 알려주었다. 손돌의 바가지를 따라 무사히 도착한 왕은 그때서야 크게 후회하며, 손돌의 무덤을 만들어 제사를 지내주었다. 이후 이때만 되면 겨울의 북서풍이 강하게 불었는데, 사람들은 이 바람을 손돌바람이라고 했다.

그리고 또 한 곳, 진도 서남쪽 해역인 맹골수로는 2014년 4월 16일 현대사의 큰 비극인 세월호 사건이 발생한 곳이다.

그렇다면 안흥량은 어디인가?

안흥량은 지금의 충남 태안군 근흥면 정죽리 안흥항 앞바다로, 고려와 조선 시대에 전라도에서 조세로 징수한 미곡과 면포 등을 싣고 올라오는

'태안선'이 발견된 안흥항 아래쪽 바다

안흥나래교 _다리 너머에 국립태안해안박물관이 있다.

마도 앞 해역

조운선이 지나가는 해로였다. 조운선의 길목이다 보니 어쩌면 우리 역사
상 가장 많은 배들이 이곳을 지났을 것이다. 그런데 개경과 한양으로 가
던 조운선과 상선의 무덤이 바로 안흥량이었다. 다른 곳에 비해 암초가
많아 조운선 사고가 빈번하게 발생했다. 밀물 때는 암초가 물에 잠겨 잘
보이지 않았다. 그래서 난행량(難行梁)이라고도 불렸다. 일례로 『고려도
경』이란 책으로 우리에게 알려진 송나라 서긍이 함께 온 사절단과 개경으
로 향하던 중 이 해역에서 발이 묶여 며칠을 쉬어갔다고 한다. 한마디로
배가 맘 놓고 다니기 어려운 바다였다.

당연히 많은 배가 이곳에서 침몰했다.
그러다 보니 현대에 와서는 여러 침몰선이 발견되는 바다로 유명해졌다.
고려시대 유물이 수습된 '태안선'이 안흥항 아래쪽 바다에서 발견되었다.
특히 신진도 위쪽에 있는 섬 마도 앞 해역은 험한 물살로 유명한데, 이곳에서 불과 10년 전쯤에 '마도1~3호선'이 차례로 발견되었다. 이러한 배들에서 수습된 유물들은 그 자체로도 경이롭지만, 기록이 전해주지 못하는 우리 역사의 빈자리를 메꿔주기도 했다. 오래된 유물은 그 자체가 하나의 역사 기록인 셈이다. 최근엔 근처 바닷가에 국립태안해안박물관이 개관하여 주변 해역과 보물선에 대한 흥미로운 정보를 얻을 수도 있다. 또한 박물관과 안흥항 사이 바다를 도보로 건널 수 있는 안흥나래교가 개통되어 가족 여행지로도 각광받고 있다.

우리가 흔히 '이순신의 백의종군길'이라고 하면 구례부터 출발한다.

한양에서 아산을 거쳐 남쪽으로 향하던 이순신은 지금의 구례군 산동면 계척마을로 들어섰다. 4월 26일이었다. 한때 부하였던 손인필의 집에 머물렀다. 지금도 계척마을은 여전히 아름다운 마을로 남아 있었다. 남원 쪽에서 국도를 따라 밤재 터널을 지나 내리막이 끝날 즈음 오른편에 있는 마을이 계척마을이다. 마을 이름보다 '산수유 시목지(始木地)'로 더 유명한 동네다. 동네 중턱 양지 바른 곳에 산수유 시목이 오랜 세월을 버티고 서 있었다.

안내판에 따르면, 이 산수유나무는 1000여 년 전에 중국 산동성에서 가져온 것으로, 우리나라 모든 산수유나무의 시조다. 그러니 이순신도 분명 보고 한 번쯤 매만져봤을 나무다. 내가 지금 보고 있는 나무

구례 산수유 마을

계척마을 산수유 시목

를 420여 년 전 이순신도 보았을 거라고 생각하니 왠지 느낌이 묘했다. 이순신이 도착했을 때는 이미 산수유꽃은 진 후였다. 그렇지만 마을 사람들은 작년에 재배한 산수유로 따뜻한 차를 대접했다. 계척마을은 임진왜란 때 피란 온 사람들이 만든 동네였다. 그러니 누구보다도 남해바다에서 왜군을 무찔렀던 이순신을 극진히 모셨다. 그러나 오래 지체할 여유가 없었다. 도착 다음 날 이순신은 다시 순천을 향해 길을 나섰다.

백의종군하던 이순신에게 비보가 날아들었다.

칠천량해전에서 조선 수군이 거의 궤멸되었다는 소식이었다. 이순신은 비통함을 참을 수 없었다. 전쟁 전부터 자신과 함께 훈련했던 군사들이었고, 수많은 해전을 함께 한 용사들이었다. 더구나 강화 협상기 동안 이순신이 더욱 단련시킨 정예군이었다. 그렇게 허무하게 개죽음을 당해선 안 되는 사람들이었다. 이순신은 노량항으로 가서 칠천량쪽 바다를 바라보며 통곡했다.

칠천량해전은 엄밀히 말하면 정유재란의 첫 번째 전투였다.

물론 그전에 7월 초 다대포해전에서 조선 수군이 왜선 8척을 격침시키긴 했지만, 이는 수군통제사인 원균이 곤양(사천)에 불려가 권율에게 혼나기 전이었다. 도원수인 권율은 원균이 출정을 하지 않고 미적거린다며 대놓고 다그쳤다. 떠도는 이야기로는 이날 원균이 권율에게 곤장을 맞았다고도 했다.

진영으로 돌아온 원균은 모든 수군을 이끌고 울며 겨자 먹기로 출정했다.

강화 협상기 동안 이순신이 모든 노력을 다해 재건해놓은 수군이었다. 전선 약 160척에 군사만도 2만 명이나 되었다. 임진왜란 초기 수군의 모습과는 완전히 달라져 있었다. 어디에 내놔도 쉽게 무너지지 않을 전력이었다. 이를 이끌고 원균은 부산 인근으로 나아갔다. 하지만 왜군은 조선 수군을 이끄는 장수가 이순신이 아니란 걸 알고 있었다. 그러니 감히 이순신에게는 통하지 못할 전술을 마음 놓고 구사했다. 일본 수군은 조선 수군 함대를 유인해 이리저리 끌고 다니며 지치게

칠천량 해역

칠천량해전공원 전시관

했다. 센 물살로 인해 가뜩이나 배를 조종하기 힘든 부산 앞바다에서 조선 수군은 진이 다 빠지고 있었다. 특히 노를 젓는 격군들의 고충은 이루 말할 수 없었다. 챙겨왔던 물도 다 떨어졌다. 이는 갑판 위의 군사들도 마찬가지였다. 갈증으로 입이 쩍쩍 마르면서도 마땅한 대책이 없었다.

결국 원균은 함대를 이끌고 가덕도로 향했다.

부족한 물을 보충하기 위해 군사들이 다투어 섬에 상륙했다. 하지만 이는 왜군들이 노리고 있던 함정이었다. 상륙한 군사들은 매복하고 있던 일본 육군에 의해 무방비로 죽임을 당했다. 왜군은 정유재란을 일으키기에 앞서 이순신의 조선 수군을 공략할 계획을 철저히 준비했다. 강화 협상기 동안 남해안의 왜성에 웅크리고 있던 육군도 육지 여기저기에 매복해 있었다. 조선 수군을 물리치기 위해 일본은 수군과 육군의 연합 작전을 구상했던 것이다. 원균은 함대를 수습해 칠천량 방향으로 퇴각했다. 지휘부 내에서 칠천량은 수로가 좁아 퇴각하기에 좋은 곳이 아니라는 의견이 있었지만 원균은 받아들이지 않았다.

칠천도 해안에 정박하고 있는 조선 수군을 향해 조용히 다가오는 배들이 있었다.

조선 수군이 전멸하는 데는 그리 오래 걸리지 않았다. 일본 수군을 이끈 장수는 토도 다카토라였다. 그는 이순신 최초의 해전인 옥포해전에서의 패장이었다. 그는 오래전 패배를 철저히 복수했다. 칠천량의 아비규환을 빠져나온 건 배설이 이끄는 12척의 배뿐이었다. 이순신이 4년 넘게 힘들여 재건한 전력이 한순간에 물거품이 되었다.

다크 투어리즘

정확히 언제인지는 기억나지 않는다. 몇 년 전 부모님과 함께 한 여행에서 거제도를 유람하다가 칠천도에 있는 칠천량해전공원을 방문한 적이 있었다. 그때 전시관 입구에 세워 논 안내판에 큼지막하게 써놓은 글귀가 생소하면서도 인상적이었다. '다크 투어리즘(Dark tourism).' 고백컨대 이 용어는 이때 처음 들었다. 평소 누구보다 역사 여행을 많이 다닌다고 떠들어댔지만, 다크 투어리즘의 시각에서 역사 현장을 고민해본 적은 없는 듯했다. 일반적으로 다크 투어리즘은 전쟁이나 학살처럼 비극적인 역사 현장이나 대규모 재난재해가 일어났던 곳을 돌아보며 교훈을 얻는 여행을 뜻한다. 다른 말로는 '블랙 투어리즘(black tourism)'이라고도 하고, 비탄이나 큰 슬픔을 의미하는 '그리프 투어리즘(grief tourism)' 이라고도 한다.

생각해 보면 우리나라는 외세의 침략을 여러 번 받았다.

특히 일본에 의한 두 번의 큰 침략은 우리 땅과 백성들에게 크나큰 상처를 안겨주었다. 뿐만 아니라 육이오전쟁마저 겪어야 했다. 그러니 그리 넓지도 않은 이 땅에 비극의 역사가 서린 곳이 한둘이 아니었다. 다크 투어리즘으로 명명할 수 있는 장소가 많다는 건 그만큼 상처가 많은 역사를 지녔다는 방증이다. 한 인간에게 있어 지난 세월의 희로애락이 모두 버릴 수 없는 자신의 과거이듯, 안타까움도, 슬픔도, 분노도 모두 역사의 일부임은 부정할 수 없다. 문제는 그것을 들여다보는 현재의 마음이다. 다크 투어리즘이 존재할 수 있는 지점이 바로 그곳이다. 과거의 슬픈 역사가 현재의 거름이 되어 미래의 세대에게는 똑같은 비극을 물려주지 않겠다는 각성과 노력, 그럼으로써 이 땅에, 더 나아가 온 지구에 다크 투어리즘의 현장이 지금보다 한 군데도 더 늘어나지 않는다면, 인류가 지구에 살 수 있는 희망은 아직 있는 셈이다.

임진왜란으로 인해 생긴 다크 투어리즘의 현장만도 여러 곳이었다. 이 책에서 계속 살펴봤지만, 전쟁 발발을 알리는 동래성 전투부터, 제2차 진주성 전투, 남원성 전투 등 곳곳의 땅마다 큰 슬픔이 배어 있었다. 사실 승전의 땅이든 패전의 땅이든 전쟁을 겪은 땅 어느 곳인들 '다크'하지 않은 곳이 있겠는가. 하지만 그중에서도 칠천량해전의 패배는 유독 더 아프게 다가왔다. 충분히 이길 수 있는 전투, 충분히 살릴 수 있었던 군사들이었다. 권력자의 변덕과 잘못된 판단 하나가 우리 수군의 거의 모든 전선과 군사를 차가운 바다에 수장시키고 말았다. 지금도 칠천량 바닷속에서는 '이게 나라냐?', '이게 임금이냐?'는 울부짖음이 들리는 듯했다.

11

신에게는 아직
열두 척의 배가 있었습니다

칠천량해전은 무엇보다도 전쟁에서 지휘 장수의 중요성을 상기시켜주었다. 장수에 따라 나아갈 때와 물러날 때가 다르고, 전략과 전술이 바뀌고, 군사들의 용기가 달라지기 때문이다. 이런 사례는 요즘도 스포츠 경기에서 확인할 수 있다. 전쟁에서 장수의 역할과 현대 스포츠의 감독의 역할은 어찌 보면 비슷하다. 이해를 돕기 위해 축구 경기를 예로 들어보자. 똑같은 선수들로 구성된 팀이라 할지라도 감독이 누구냐에 따라 팀의 성적은 확 달라질 수 있다. 상대방 전력의 장단점을 파악해 상황에 맞는 전략과 전술을 쓰고, 반복 훈련을 통해 이를 몸에 익히게 함으로써 선수들의 기량을 최대한 끌어올릴 줄 아는 감독은 그렇지 못한 감독이 상상할 수조차 없는 성과를 이끌어냈다. 이는 자기 팀의 장단점에도 적용될 수 있다. 단점은 보강하고, 장점을 활용해야 강한 팀으로 성장할 수 있다. 선수들을 운동장에 풀어놓고 단지 "열심히 뛰어!"만 외치는 감독은 승패를 운에 맡길 뿐이었다. 그러면 어쩌다 간신히 이기는 요행을 바랄 순 있으나, 대부분의 경기에서 참패를 면하긴 어렵다.

결과적으로 원균은 "돌격 앞으로!"를 외치는 용기는 있었으나, 어떻게 이길지에 대한 전략은 없었다. 이럴 경우 용기는 두려움으로 바뀌고 돌격은 무모함으로 판명되기 일쑤다. 반면에 이순신은 모든 상황을 종합적으로 판단하여 예상 시나리오를 구상하고, 그에 맞는 전략을 수립함으로써 이길 수 있는 전투라는 확신을 군사들에게 심어주었다. 더구나 이순신은 직접 전장을 진두지휘하며 군사들을 독려했다. 축구로 치면 감독의 자리에 머무르지 않고 플레잉코치(playing coach) 역할을 맡아 직접 그라운드를 종횡무진 누빈 셈이다. 명량대첩에서 확인할 수 있듯이, 이는 아무리 강한 상대를 만나더라도 두려움을 용기로 바꿔주는 마법을 가져오기도 했다. 그러나 감독 선임 권한이 있던 선조는 이를 알지 못했다. 당해봐야 자신의 잘못을 아는 리더는 진정한 리더라 할 수 없는데, 하물며 선조는 아무리 당해도 자신의 잘못조차 알지 못했다.

선조는 어찌할 줄 몰랐다.

칠천량의 패전은 자신이 스스로 자초한 일이었다. 자신의 옹졸한 판단으로 칠천량해전에서 병선 169척을 말아먹고, 남은 건 고작 12척뿐이었다. 군사도 달랑 120여 명뿐이었다. 물론 선조도 전혀 예상하지 못한 참패였다. 단지 왕인 자신의 말을 듣지 않는 이순신을 죽여도 조선 수군은 건재할 줄 알았다. 순진한 생각과 욕심이 큰 화를 불러일으킨 셈이었다. 선조가 대신들에게 "누가 구할 것인가?" 라고 묻자, 권율이 나섰다. "이순신밖에 없습니다."

백의종군 중이던 이순신은 선조로부터 삼도수군통제사에 재임명한다는 교서를 받았다.

1597년 8월 3일이었다. 진주시 수곡면 원계리 손경례 집에 머물 때였다. 칠천량 패전 소식을 듣고 노량항 앞바다로 가 바닷속에 수장된 군사들을 위해 통곡을 한 뒤였다. 4월 1일 의금부 감옥에서 나온 지 4개월 만이었다. 다시 통제사가 된 이순신은 가만히 머물 틈이 없었다. 한시라도 급히 무너진 수군을 수습해야 했다. 이순신은 전라도를 향해 길을 나섰다. 그러나 그를 따르는 군사는 고작 15명뿐이었다. 기록에 따르면 군관 9명에 병사 6명이었다고 한다. 그마저도 활과 화살도 제대로 갖추지 못한 군사였다. 이순신은 바삐 움직였다. 칠천량에서 승리한 왜군들 또한 그 여세를 몰아 바로 턱밑에서 전라도로 향하고 있었다. 적은 10만 명이 넘는 대병력이었다. 그들에게 추월당해 갇히면 이순신은 오도 가도 못하는 신세일 게 빤했다.

이순신은 벌교를 지나 먼저 보성으로 향했다.

군사들을 모집하려면 먼저 그들을 먹일 군량 확보가 급선무였다. 앞서 언급했듯, 보성은 장인인 방진이 군수로 있으면서 선정을 베푼 곳이었다. 무엇보다도 보성에는 미곡을 보관하던 조양창이 있었다. 하늘이 도왔는지 조양창의 미곡은 그대로 있었다. 이순신은 마을 백성들의 도움을 받아 군량을 가까운 조양포구로 옮겼다. 어느 정도 군량이 마련되었으니 이제는 군사와 배를 구해야 했다. 이순신은 12척의

노량항에서 바라본 노량대교

배를 끌고 칠천량을 빠져나온 배설에게 계속 연락을 취했다. 그러나 배설은 좀체 나타나지 않았다. 이순신의 속은 타들어갔다. 다행히 장흥 회령포에서 배설의 배를 인수할 수 있었다. 격군도 무기도 제대로 갖춰지지 않은 배였지만 찬밥 따순밥을 가릴 형편이 아니었다. 하지만 이미 칠천량에서 패한 지 한 달이나 넘어선 후였다. 그사이 왜군은 섬 진강을 따라 북진해 남원성을 초토화시켰다. 만 명이 넘는 백성이 코와 귀가 잘린 채 차가운 땅속에 묻혔다. 불과 한 달 사이에 조선의 바다와 땅 속에 수많은 목숨들이 갇혀버렸다. 그 한 많은 울부짖음을 어찌 하랴. 이순신은 스스로를 더욱 재촉했다.

만인의 총? 만인의총!

만인의총

전라북도 남원에 가면 '만인의총(萬人義冢)'이 있다. 1597년 8월 남원성 전투에서 왜적에게 무참히 희생당한 병사와 백성을 한꺼번에 모셔둔 곳 이다. 잠시 그 이름과 관련하여 하나만 정리하고 가자. 만인의총에서 '총 (冢)'은 천마총에서 보듯이 '무덤'을 뜻한다는 것쯤은 많은 사람들이 알고 있다. 더 명확히 구분하면, '무덤의 주인(피장자)이 누구인지 모르는 무덤' 을 뜻한다. 문제는 '의'자다. 주변 사람들에게 만인의총의 풀이에 대해 물 어보면 거의 "만인의 무덤"이라고 답한다. '의'를 조사로 생각하는 것이다.

만인의총 _저 너머에 남원성터가 있다.

그래서 글에서도 '만인의 총'이라고 친절하게 띄어쓰기를 하는 경우도 종종 볼 수 있다. 그러나 한 번쯤 한자를 들여다 본 사람이라면 '만인의 의로운 무덤'임을 알아채는 게 어렵지 않다. 따라서 글에 쓸 때도 '만인의 총' 또는 '만인 의총'으로 써야 한다. 이와 동일한 의미의 무덤이 또 하나 있다. 이미 눈치챈 독자들도 있겠지만, 바로 충남 금산에 있는 '칠백의총(七百義冢)'이다. 1592년 8월, 청주성을 수복했던 조헌과 승려 영규가 이끄는 700명의 의·승병이 금산에 있는 왜적을 공격하기 위해 출정해 혈전 끝에 전원이 순절했는데, 이들을 수습해 한곳에 묻었다. 연도는 다르지만, 임진왜란의 8월은 참 많은 백성들이 죽임을 당한 잔인한 달이었다.

이렇듯 사소한 것도 세심히 들여다보지 않으면 전혀 다른 곳으로 빠지기

남원성터

도 하는 게 역사 공부이다. 굳이 '만인의총'의 한자를 병기하여 설명하는 이유다. 언젠가 혹 남원에 들를 일이 있는 독자라면 춘향이가 뛰놀던 광한루나 그 인근의 추어탕집으로 향하기 전에 한 번쯤 만인의총에 들러, 임진왜란이라는 전쟁의 참상과 오래전 이 땅에 살던 우리 선조들의 한 많은 죽음에 대해 생각해봤으면 좋겠다. 아시는 분은 아시겠지만, 만인의총에 묻힌 선조들의 몸에는 모두 코가 없다는 사실을 기억한다면, 걸음을 떼기도 쉽지 않게 된다. 정유재란 재침 시 도요토미 히데요시는 일차적으로 전라도 공격을 명령했다. 그러면서 조선인의 코를 베어오도록 했다. 그러다 보니 왜적들은 죽은 군사의 코뿐 아니라 살아있는 백성의 코까지 베었다. 지금도 일본의 박물관에는 당시 조선에 침략한 왜군과 도요토미 히데요시 사이에 코를 수수한 내역을 적시한 코 영수증, 그리고 그렇게 베어간 코를 묻은 코 무덤이 존재한다. 기록에 따르면 남원뿐 아니라 전라도 일대에서 2만 개가 넘는 코를 베어갔다고 하니, 당시 그들의 만행은 전쟁 전체를 통틀어 가장 잔학한 행위였다. 지금은 많은 사람들이 임진왜란 때 남원성 전투가 있었는지조차도 기억하지 못하고 살지만, 만인의총만은 여전히 그날의 비극을 모두 기억한 채 앙상한 남원성터를 내려다보고 있었다.

이순신이 보성과 인근 바닷가를 돌며 동분서주하고 있는 동안 선조는 전혀 엉뚱한 생각을 하고 있었다. 마침내 선조의 명령이 도착했다. 수군을 포기하고 도원수 권율의 부대에 합류에 육군을 도우라는 어명이었다. 이순신에게는 청천벽력 같은 소식이었다. 도대체 적에게 바닷길을 횡하니 열어주고 어떻게 나라의 안전을 도모한단 말인가. 불과 몇 년 전의 기억을 임금은 벌써 잊었단 말인가. 수군을 포기하면 거리낄 것 없는 왜선 수백 척이 한강에 도착하는 건 순간이었다. 임금이 그토록 믿는 명군이 아무리 육지에서 버텨준다 해도, 수륙에서 협공하는 왜군을 어찌 다 막아줄 수 있겠는가.

이순신의 고민은 깊어졌다.

육지의 군사들을 차출해 수군을 보강시켜주지는 못할망정, 아니면 차라리 명나라에 애원해 명의 수군을 보내달라고 요청은 못할망정 수군을 철폐하라니. 도저히 받아들일 수 없는 명령이었다. 운명에 맞서보

열선루터

복원 공사 중인 열선루

지도 못한 채 그냥 물러설 수는 없었다. 어명을 어겨 임금을 기망했다
는 죄목으로 또다시 통제사에서 잘려 의금부 옥에 갇히는 한이 있더
라도 어쩔 수 없었다. 이제 자신의 목숨 따위 고려할 만한 변수도 못
되었다. 의금부 옥에서 고문당하면서 죽음에 대한 두려움 따위 이미
사라지고 없었다. 백의종군의 명을 받아 옥에서 풀려나 어머니 초상을
치르고 구례로 들어서는 고개를 넘으면서는 오히려 어서 죽기를 바랄
때가 더 많았다. 아무리 생각해도 받아들일 수 없는 어명이었다. 바다
에 잠긴 부하들과 적의 칼에 유린당하는 백성들의 얼굴들이 떠올랐다.

　이순신은 보성 관아에 있는 열선루에 자리를 잡고 앉았다.

　잠시 울분을 삭힌 후 일필휘지로 써내려갔다. "신에게는 아직 열두
척의 배가 있습니다." "신이 아직 죽지 않았으니 적이 감히 우리를 업
신여기지 못할 것입니다." 이순신은 12척의 배로 바닷길을 통해 한양

어란진항 야경

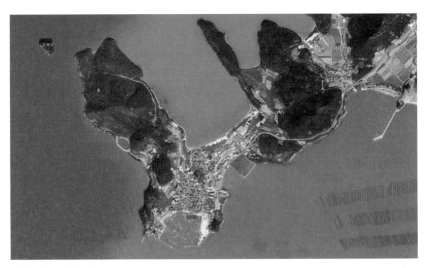
어란진항 항공 사진 ⓒdaum.net

으로 올라가려는 왜군을 막겠다고 선언했다. 이것이 지금 들어도 가슴을 찌릿하게 하는 그 유명한 '상유십이(尙有十二)' 장계였다. 선조로서도 어쩔 수 없었다. 마땅한 묘안이 있어서 어명을 내린 것도 아니었다. 자신 또한 왜군에게 해상 제해권을 내주었을 때 전개될 상황이 불안하긴 마찬가지였다. 칠천량해전으로 원균과 이억기 등 조선 수군의 지휘부가 모두 사라진 지금, 그래도 믿을 사람은 이순신밖에 없었다.

선조는 어명을 거둘 수밖에 없었다.

이처럼 열선루는 임진왜란 후반 이순신과 선조 사이의 가장 긴박한 순간을 기억하고 있는 자리였다. 이순신의 가장 대표적인 어록이 만들어진 곳임에도 열선루는 오랫동안 주춧돌만 남은 채 그곳이 열선루 터였다는 사실만 알려주고 있었다. 다행인지 어쩐지 모르지만 현재는

벽파진

벽파정

충무공벽파진전첩비

이진성터

크고 아름다웠던 열선루를 복원하는 공사가 한창이다. 원래의 자리가 아닌 다른 곳에 복원한다는 아쉬움이 있긴 하지만, 완공되면 보다 더 많은 사람들이 찾아와 이순신의 말을 한 번이라도 더 곱씹으리라 생각하니, 그래도 다행인 듯싶다.

이순신은 다시 걸음을 재촉했다. 이순신이 가는 곳이 곧 조선 수군의 새로운 군영, 즉 통제영이었다. 이순신은 해남 이진성을 거쳐 8월 24일 어란포(현재의 어란진항)에 군영을 꾸렸다. 이순신의 수군은 이곳에서 칠천량해전 이후 처음으로 일본 수군과 맞닥뜨렸다. 이순신은 군영을 서쪽으로 계속 이동하여 마침내 8월 29일에 진도 벽파진으로 옮겼다. 이순신은 벽파진에서 명량대첩 직전까지 머물렀다. 그래도 다행인 건, 벽파진까지 오면서 어느 정도 수군을 정비할 수 있었다. 그리고 마침내 명량대첩 하루 전날 인근의 해남 우수영으로 군영을 옮겨 전투에 대비했다.

12

울돌목은

더 이상

울지 않는다

이순신은 임진왜란 전에도 아팠고, 그 후로도 간간이 아팠다. 난데없이 식은땀을 흘리는가 하면 곽란(급성 위장병)으로 고생한 적도 여러 번이었다. 심지어 화장실을 가지 못할 정도로 아플 때도 있었다. 특히 명량대첩 전후로는 더 심하게 아팠다. 어쩌면 그해 봄 한양에 압송되어 받은 고문 때문일 것이다. 예나 지금이나 고문은 큰 후유증을 남겼다.

그럼에도 이순신은 싸움을 포기할 수 없었다.

첫 해전인 옥포해전에서 적 수군의 전투력을 확인한 이순신은 이후부터는 철저한 준비와 상황에 맞는 전략으로 이길 수 있는 싸움만 했었다. 그러나 이제는 승리를 장담할 수 없는 싸움이었다. 궤멸된 수군을 완벽하게 재정비하기엔 시간이 너무 부족했다. 그러니 매 싸움이 죽기를 각오한 마지막 싸움이 되었다. 칠천량해전에서 확인했듯이, 바다 위에서 단 한 번의 치명적 패배는 모든 장수와 군사의 몰살을 초래했다. 이를 모를 리 없는 이순신이었지만 '필사즉생'의 각오 말고는 달리 방법이 없었다. 사실 8월 3일 다시 통제사가 된 이순신은 8월 19일경이 되어서야 12척의 배를 확보했다. 그리고 나서 불과 한 달도 안 되는 사이에 명량대첩에 나서야 했다. 선택의 여지가 없었다. 이순신이 할 수 있는 선택이라곤 도망치는 것뿐이었다. 그러나 도망친다고 어디 가서 살 곳이 있겠는가. 그러니 외길이었다. 그러나 누구도 승리하리라고 예상하지 못한 이 전투에서 이순신은 승리했다. 이게 가능할까. 그 사이 변한 거라곤 녹도 만호 송여종이 가져온 배 한 척이 늘어난 것뿐이었다.

명량대첩은 여러모로 요즘의 할리우드 히어로물 작법에 맞아떨어졌다.

전쟁의 신으로 불릴 정도로 연전연승하던 주인공, 하지만 적군의 이간계와 아군 수뇌부의 오판으로 하루아침에 직위를 박탈당한 채 감옥에 갇혔다. 다행히 주변의 합리적 캐릭터들의 도움으로 간신히 죽음을 면하고 나라를 위해 백의종군의 길을 떠나는 주인공, 주인공이 없는 사이 적은 바다와 육지의 거의 모든 아군을 초토화시켰다. 분노하는 주인공과 어쩔 수 없이 그의 직위를 다시 복권시켜주는 수뇌부. 모든 전투력이 고갈 난 상태에서 주인공은 다시 하나하나 전투를 준비했다. 그러나 시간이 촉박했다. 이를 안 적군은 모든 군사력을 동원하여 주인공을 죽이려 했다. 어떻게 할 것인가. 적의 전투력에 비해 아군의 준비는 초라했다. 그렇다고 도망가 숨을 곳도 없었다. 드디어 최후의 일전을 준비하는 주인공. 남은 전투력을 한 번에 끌어올려 단박에 적을 제압해야 했다. 그러나 지레 겁을 먹은 부하들은 감히 나서지 못했다. 주사위는 던져졌고 다른 길은 없었다. 주인공은 죽음을 무릅쓰고 혼자 앞으로 나아갔다. 수십 배나 막강한 적을 상대로 물러서지 않고 맞서 싸우는 주인공. 하지만 적은 좀비 떼처럼 끝도 없이 달려들었다. 시간이 지나자 점점 지쳐가는 주인공. 그런 순간 솟구치는 불굴의 의지. 그 의지에 감화를 받은 부하들이 다시 달려오고, 주인공은 마침내 적을 물리쳤다.

차이가 있다면 명량대첩은 상상이나 창작이 아니라 현실이라는 점이었다. 그러니 엔지(NG)도 용납되지 않았다. 한 번에 끝내야 했다.

드디어 1597년 9월 16일, 명량대첩의 날이 밝았다.

칠천량해전으로부터 두 달, 남원성 전투가 끝난 지 고작 한 달도 채 안 된 날이었다. 이순신이 나선 이 전투마저 패한다면 조선의 남해안과 전라도뿐 아니라, 전 국토가 다시 피바람의 소용돌이에 휩싸일 게 뻔했다. 그러면 임진년의 피바람보다 더 혹독한 시간이 될 것이다. 적들은 임진년 실수를 학습 효과 삼아 더욱더 철저하게 몰아칠 것이다. 임금은 압록강을 건너는 것 말고는 도망가 숨을 곳도 없게 된다. 남원성 전투에서 보았듯 미친 광기를 보이는 적들에 의해 백성들은 코가 잘리고 귀가 잘리는 참극에서 벗어날 수 없게 된다. 종묘와 사직은 무너지고 다시 한번 모든 국토가 유린당할 것이다. 그 모든 게 이 단 한 번의 전투에 달렸다. 만약 이 전투에서 승리한다면 조선과 이순신은 시간을 벌 수 있었다. 절대 질 수 없다고 생각했던 전투에서 패한다면,

누구라도 큰 충격과 공포에 휩싸일 것이리라. 잔뜩 겁을 먹은 왜군은 한동안 이순신의 근처에도 다가오지 못할 것이다. 그동안 수군을 다시 재건하면, 남해바다는 안정될 수 있었다. 그러면 임진년처럼 왜군은 식량 보급에 어려움을 겪고, 더 이상 북상할 수 없다. 하지만 남원성을 휩쓸고 간 왜군은 이미 전주를 통과해 충청도를 지나고 있었다.

모든 게 다시 이순신에게 달렸다.

나라와 백성의 운명을 건 단 한 번의 전투, 울돌목에 그 운명을 걸어야 했다. 전날 이순신은 모든 군사를 해남 우수영 바닷가에 모이게 했다. 다 모여 봐야 한눈에 헤아릴 수 있는 군사들이었다. 그 뒤로 13척의 판옥선 또한 한눈에 들어왔다. 진중의 사기는 이미 바닥에 떨어졌고, 군사들은 두려움에 떨고 있었다. 며칠 전에는 수하 장수인 배설마저 도망친 상태였다. 왜군이 몰려온다는 헛소문을 듣고 달아났다. 지휘관이 먼저 달아난 꼴이니 일개 군사들의 사기는 어떻겠는가. 그 마음 모를 리 없는 이순신이었다. 그렇다고 그들의 사기를 끌어올릴 만한 마땅한 묘수도 없었다.

"죽고자 하면 반드시 살 것이요, 살고자 하면 반드시 죽을 것이다!"

이순신은 이 말밖에 할 수 없었다. "필사즉생 필생즉사(必死則生 必生則死)!" 사실 '필사즉생'은 어떠한 전략도, 전술도 아니었다. 이는 마치 축구 감독이 경기장에 나서는 선수들에게 "죽을힘을 다해 뛰어!"라고 하는 거나 마찬가지였다. 어쩌면 모든 전투에 '필사즉생'의 정신은 필요할지 모른다. 그러나 이전까지는 완벽한 구상으로 이기는 싸움을 했기에 이런 말이 필요 없었다. 하지만 지금은 상황이 달라져 있었다. 고작 13척의 배로 수백 척의 적을 상대해야 했다. 더구나 적은 일본을 떠나기 전에 이미 이전 패배의 원인을 보강해 만반의 전투 준비를 끝낸 상태로 출정했으며, 칠천량의 대승으로 사기도 한껏 올라온 상태였다. 이는 고작 선수 5명, 그것도 부상당한 선수들로 구성된 우리나라 축구대표팀이 최상의 컨디션을 유지하고 있는 11명의 브라질 대표팀을 상대하는 것과 마찬가지였다. 상대방은 백업 자원도 수두룩했다. 정상적인 경기라면 약체인 팀이 간혹 전술이 훌륭하거나, 선수들이 불굴의 의지를 불태우거나, 운이라도 좋으면 어쩌다 강팀을 이길 수도 있다. 하지만 부상당한 5명의 선수로 최고 기량을 유지하고 있는 11명의 팀을 이기는 건 인간계에선 거의 불가능에 가까웠다. 게다가 얼마 안 되는 그 선수들마저 상대방에게 겁먹고 있는 상태였다. 아무리 이순신이 돌아왔지만 군사들은 모두 엄청난 두려움에 휩싸여 있었다. 자신들이 따르는 이순신이 신(神)이 아닌 이상, 자신들의 죽음은 예정되어 있었다. 죽음을 미리 본 자들의 두려움을 어떻게 없애줄 수 있겠는가. 아무리 이순신일지라도 말 한마디로 그들의 두려움을 없애줄 순 없었다. '필사즉생'의 외침은 이러한 절박한 심정에서 나온 고육지책이었다.

명량대첩을 앞두고 이순신은 고민을 거듭했다.

아무리 어려운 싸움이고 패할 게 빤한 싸움일지언정 아무 대책 없이 임할 순 없었다. 그건 이순신 스타일이 아니었다. 주어진 조건에서 최선의 전략을 짜야 했다. 그 핵심은 울돌목의 물살이었다. 이순신은 해

망금산에서 내려다본 울돌목

남 우수영에서 배를 타고 울돌목으로 나아갔다. 물살의 흐름과 그 세기와 방향을 확인하기 위해서였다. 가까이서 본 물살은 예상보다 더 강력했다. 바다 밑바닥에서 끌어올린 듯한 소리는 여느 곳에서는 경험하지 못한 강력하고 신비한 소리였다. 건너편 진도의 망금산에도 올라 울돌목을 내려다봤다. 큰 도화지에 큰 붓으로 자유롭게 그림을 그리듯 물살이 이리 저리 휘둘리고 있었다. 마을 노인들에게도 울돌목에 대한 자문을 구했다. 의지할 수 있는 건 울돌목 물살 밖에 없었다. 하지만 어떻게 적을 물리칠 수 있을까. 이순신의 고민은 밤새 이어졌다.

해남 우수영을 출발한 이순신 함대는 울돌목 앞에 한 줄로 늘어섰다.

극도의 긴장은 극도의 예민함을 동반하는 법인가. 바다 밑바닥에서 어제보다 더 강력한 소리가 올라오는 것 같았다. 마치 수백 마리의 소가 한꺼번에 울부짖는 듯한 소리였다. 알 수 없는 어떤 진동마저 느껴졌다. 이순신은 우선 한산대첩에서 썼던 학익진을 포기하고 일자진을 택했다. 학익진은 수전이 아닌 육전에서 주로 사용할 뿐 아니라 넓은 공간이 필요한 전술이었다. 그래서 좁은 해협인 견내량의 적선들을 한산도 앞바다로 유인해 포위하는 전술을 택할 수 있었다. 또한 포위 공격을 하려면 그에 상응하는 군세가 필요했다. 하지만 지금은 13척뿐이었다. 그 수로는 적의 돌격선 몇 척밖에 포위할 수 없었다. 이순신은 좁은 해협으로 직접 들어가기로 결심했다. 이번 전투에서는 넓은 바다로 나가면 승산이 없었다. 어쩔 수 없는 선택이었지만 최선의 선택이기도 했다. 때론 궁여지책이 최고의 계책이 되기도 하는 법이다. 이

망금산 진도타워

순신은 우선 모든 전선을 울돌목 앞에 횡렬로 늘어서게 했다. 배의 수효를 헷갈리게 하기 위해 옆 전선과는 살짝 어긋나게 서 있도록 했다.

수백 척의 왜선이 저 건너편 울돌목 초입에 모습을 드러냈다.

왜군은 한산대첩 당시 학익진에 순식간에 당했으므로 이에 대비하며 전진했다. 아무리 칠천량에서 조선 수군을 궤멸시켰을지라도 남아 있는 조선군의 전선이 몇 척인지는 정확하지 않았다. 더구나 조선 수군을 이끄는 장수는 다름 아닌 이순신이었다. 왜군에게는 죽음의 사자와 다름없는 이름이었다. 왜군은 이순신과 넓은 바다로 나가 싸우느니 울돌목 좁은 해협에서 싸우고 싶었을지도 모른다. 좁은 곳에서 수적 우세를 앞세워 근거리 육박 전투를 한다면 아무리 이순신일지라도 버텨내지 못할 것이라 여겼을 것이다. 이순신은 이를 역이용할 수도 있겠다 싶었다. 수적으로 절대 열세인 입장에서는 좁은 해역에서 싸우는 게 오히려 승산이 있었다.

사실 비빌 언덕이라곤 그것밖에 없었다.

넓은 바다로 나아가면 승산이 없다는 건 누구보다 이순신이 잘 알고 있었다. 중국 낙양의 관문인 함곡관이 천혜의 요새가 될 수 있었던 단 하나의 이유는, 그곳이 한꺼번에 많은 군사가 동시에 들어갈 수 없는 협곡이기 때문이었다. 그런 곳에서는 적은 군사로도 훨씬 많은 적을 방어할 수 있었다. 적이 아무리 백만 대군이라 하더라도 꼬리만 길뿐 앞쪽에서 직접 마주치는 군사는 적을 수밖에 없다. 울돌목은 지금 조선 바다의 함곡관이었다. 좁은 바다에서 적선은 한꺼번에 여러 척이 펼쳐서 공격해오기 어려웠다. 막상 싸움이 일어나는 최전선에서 비슷한 전력이 마주한다면 조선 수군에게도 승산이 있었다. 이런 이유로 이순신은 전날 군사들에게 '필사즉생'을 강조한 후, "한 사람이 길목을 지키면 천 명도 두렵게 할 수 있다, 이는 오늘의 우리를 두고 이른 말이다"라고 덧붙였던 것이다.

이순신은 적당한 때를 기다려 배들이 앞으로 나아가도록 명령했다.

물론 이순신이 탄 대장선이 맨 앞에 섰다. 그러나 안위 등 부하 장수들이 이끄는 전선들은 움직이지 않았다. 마치 닻을 내린 듯 움직이지 못했다. 울돌목의 물살은 우리 수군 쪽에서 왜군 쪽으로 흐르고 있었다. 대장선과 부하 장수들의 배 간 간격이 점점 멀어졌다. 왜군의 기세에 놀란 병사들은 달아날 꾀만 내고 있었다. 울돌목의 거센 물살 소리도 군사들의 불안을 증폭시켰다. 그래도 이순신은 멈출 수 없었다. 해남의 해안가 숲속에서도, 진도의 망금산에서도 백성들이 걱정스럽게 지켜보고 있었다. 대장선에 탄 부하들이 겁에 질려 자꾸 뒤를 돌아보자, 이순신은 단호하게 전진 명령을 내렸다. 배를 멈출 수도 돌릴 수도 없었다.

나는 오래전 진도 망금산에 올라가 울돌목을 내려다본 적이 있다.

그곳에서 명량대첩 당시 진도 백성의 심정이 되기 위해 420여 년 전으로 시간여행을 떠나려 애를 쓰고 있었다. 그러다 문득 이런 생각에 빠져들었다. '어쩌면 이순신은 부하 장수들이 뒤따라오지 않을 걸 예상하지 않았을까?', '단독으로 수백의 적선과 맞짱을 뜨는 것!', '어쩌면 이순신이 준비한 진짜 전략은 그것이 아니었을까?', '죽음의 두려움에 갇혀 있는 군사들을 그 늪에서 빠져나오게 할 수 있는 유일한 길은 그것이 아닐까?' 아무리 공격 명령을 내린들 이미 굳어 있는 몸이 제대로 움직이겠는가. 필사즉생의 결연함은 전장에서 칼을 휘두르며 적과 몸을 부딪쳐야 가능했다. 군사들의 마음을 움직여 몸이 움직이게 해야 했다. 방법은 하나밖에 없었다. 자신의 몸을 죽음 속에 던져놓는 것! 먼저 앞으로 나아가 혼자 버텨보는 것! 군사들이 지켜보도록 처절하게 싸우는 것! 조선 백성들은 그 성정상 다른 사람의 처절함을 그냥 내버려두고 외면하지 못했다. 공감을 얻는 여러 방법 중 가장 빠르고 효과적인 건 어쩌면 자기희생이다.

사람들은 자기를 희생하는 사람들에게 감정을 쉽게 허락한다.

때론 분노로, 때론 눈물로 사람들은 공감한다. 그러한 복잡하고 복합적인 감정을 토대로 사람들의 마음은 자기도 모르게 움직이기 시작한다. 극단적인 순간에 말로만 하는 명령은 별로 효과가 없다. 명령보다 더 중요한 게 필요했다. 마음을 움직일 수 있는 것이어야 했다. 그건 명령권자의 행동, 즉 희생적인 솔선수범이었다. 그것이 부하들의 마

명량대첩비각

음을 하나씩 움직이게 만드는 법이다. 그래야 그 명령도 진정성을 얻을 수 있다. 그래야 '필사즉생'도 믿음을 얻을 수 있다. 이는 동서고금을 막론하고 명령 계통 속에 살고 있는 인간 집단에서는 언제나 유효했다.

하지만 이 순간 이순신에게 그건 자신의 목숨을 먼저 걸어야 한다는 걸 의미했다.

요즘 사람들에게 익숙한 할리우드의 히어로들이야 여차하면 하늘을 날 수도 있고, 자신만의 강력한 무기도 있을 뿐 아니라, 아무리 적의 공격을 받아도 죽지 않았다. 하지만 이순신은 영화 속 히어로가 아니라 현실의 외로운 장수였다. 그럼에도 그는 군사들에게 최고의 감독이자 뛰어난 선수였다. 비록 몸이 굳어 함께 나아가 싸워주지 못하지만, 뒤처진 군사들의 마음 한구석에선 이순신에 대한 오래된 믿음이 자리하고 있었다.

이순신이 탄 대장선은 적선들 속에서 좌충우돌 부딪쳤다.

대장선에서 총통이 불을 뿜을 때마다 적선에서 깨진 나무 조각들이 사방으로 튀어 물 위로 떨어졌다. 그럼에도 수적 우세를 바탕으로 왜군은 하이에나처럼 대장선을 둘러싼 채 달려들었다. 이순신은 한 마리 사자가 되어 달려드는 하이에나들과 힘겨운 사투를 이어갔다. 적은 끝도 없었다. 대장선은 물살을 이용해 적선들과 일부러 부딪쳤다. 강한 충격을 받은 적선들은 배 일부가 부서졌고, 연달아 총통의 공격을 받은 후 좌초되었다. 하지만 혼자는 역부족이었다. 대장선의 군사들은 점점 지쳐갔다. 대장선에 달라붙은 적들은 끝없이 배 위로 올라왔다. 백병전이 시작되자 이곳저곳에서 칼과 창이 빛을 뿜고 피를 뿌려댔다. 이순신은 연신 대장기를 올려서 부하들을 불렀다. 이순신은 죽음 따윈 두렵지 않았다. 백의종군으로 한양을 떠날 때도 이순신은 어서 죽기를 바랄 뿐이었다. 그 마음을 일기에도 그대로 적었다. 의금부 옥에 갇혀 고문을 받으면서 이순신은 확신했다. 조선의 임금과 조정은 자신의 진정을 알아주지 않는다는 것을, 왜적의 강력한 침략 앞에서도 권력은 자기 보호 기능만 작동한다는 것을, 설령 살아서 옥을 나가 왜적을 물리친다 해도 자신은 결코 살아남지 못할 것이라는 것을. 토사구팽은 사냥개에게만 해당되는 건 아니었다. 남해바다 위의 외로운 사자도 전쟁이 끝나면 더는 존재할 이유가 없었다. 결과적으로 의병장 곽재우가 전쟁이 끝난 후 비슬산으로 숨어버린 것도 이순신과 같은 마음이었기 때문이다. 그러니 더 이상 조선 땅에서 원하는 것도 없었다. 어머니를 저 하늘로 보내드렸으니, 미련도 없었다. 하지만 불구대천의 원수인 왜적을 물리친 후여야 했다. 그럼으로써 자신을 따르는 군사들과 자신에게 의지하는 백성들의 목숨은 살려야 했다. 그래야 홀가분하게 떠날 수 있었다. 두려움이 없고 원하는 게 없으면 그때부터 진정한 자유가 시작된다고 했던가. 죽음도 삶도 더 이상 거리낄 게 없을 때 이순신의 칼끝은 더 자유롭게 넘실대었다. 그 칼에 적들의 몸이 하나둘 고꾸라졌다.

희망은 절망의 끝에서 보이는 법이다.

인간의 의지가 아무리 중요하다 하더라도 세상은 결국 자연의 물리 법칙에 지배받기 마련이다. 혼자 버티기에는 물리적으로 한계에 도달했다. 전투 과정에서 대장선도 곳곳이 파괴되었고, 군사들도 하나둘 죽음을 피하지 못했고, 포탄과 화살도 얼마 안 남았으며, 노를 젓는 격군도 힘에 부치기 시작했다. 대장선에는 생의 마지막임을 직감한 인간의 본능적인 움직임만 남아 있었다. 그때 후방에 있던 군사들의 마음이 움직이기 시작했다. 마음이 움직이니 몸도 함께 움직였다. 안위의 전선을 필두로 조선 수군이 울돌목으로 들어오기 시작했다. 때마침 물살도 바뀌고 있었다. 울돌목의 물살은 하루에 네 번, 여섯 시간마

명량대첩비 문화유적

다 바뀌었다. 적들이 있는 쪽에서 조선군이 있는 쪽으로 물살이 빠르게 흘렀다. 미처 속도를 제어하지 못한 적선들이 조선군 앞으로 쏟아져 들어왔다. 기다리고 있던 조선 수군의 판옥선들은 오는 족족 왜선을 깨부쉈다. 이날 출동한 왜선은 총 330여 척으로 알려졌다.

그중 앞선 133척이 울돌목 안으로 밀고 들어왔다. 그러나 왜선은 이순신을 넘지 못했다. 13척으로 맞선 조선 수군은 그 세 배에 가까운 30여 척의 적선을 울돌목 바닷속으로 침몰시키는 대승을 거두었다. 울돌목이 있는 명량해협은 적의 시체에서 빠져나온 피들로 붉게 물들었다. 붉은 물이 해류를 따라 해남 우수영 앞바다를 적시며 흘러가 한

섬을 에워쌌다. 지금도 그 섬은 피섬(혈도)으로 불린다. 살아남은 왜군은 애초 계획대로 전라도 해안을 따라 한양으로 북상하지 못하고 후퇴해야 했다. 이로써 조선 수군의 완벽한 승리는 마무리되었다. 극도의 두려움을 뚫고 이겨낸 무엇보다 값진 승리였다. 가장 두려운 순간 가장 위대한 승리를 거두었다. 흔히 "신(神)은 인생에서 최고의 순간들은 늘 두려움 뒤에 놓아둔다"고 하는데, 거기에 딱 들어맞는 순간이 바로 명량대첩이었다. 그리고 그날 조선의 백성들에게만큼은 이순신이 바로 그 '신'이었다.

'명량대첩에서 처음부터 13척이 모두 나섰으면 과연 승리할 수 있었을까?'

오래전 진도 망금산에 올라 울돌목을 내려다본 이후로 아직도 내 머릿속에 남아 있는 질문이다. 어쩌면 이순신이 짜낸 고도의 심리전이 아니었을까. 보통의 인간이 가진 능력으로는 돌파할 수 없을 때가 있다. 애인과 골목길을 걸어가는데 17명의 불량배가 에워싸는 것과 같은 상황 말이다. 그런 상황에서는 보통의 인간 능력 그 이상이 필요했다. 그러나 그것은 영화에서나 가능할 뿐 현실은 늘 보통의 연속일 뿐이다. 다만 무언가 특별한 계기가 작동한다면? 가끔 그런 사람도 있다. 어느 순간 자기도 모르는 힘이 나타나 인간계를 뛰어넘는 능력을 발휘하는 사람. 이순신은 설령 군사들이 두려움을 이겨내고 적과 맞서더라도, 단지 '필사즉생'의 명령만으론 승리할 수 없다고 판단했을지도 모른다. 군사들에게 내재된, 자기도 모르는 어떤 힘을 끌어내야 그나마 가능성이 있었다. 그렇다면? 이순신은 자신을 제물로 던질 수밖에 없었다. 다만 군사들의 숨은 힘이 발현될 때까지는 적어도 살아있는 제물이어야 했다. 결과적으로 이순신은 승리했다. 이순신이 치렀던 많은 전투 중에 쉬운 전투가 어디 있겠는가마는, 특히 명량대첩의 승리에는 말로 설명할 수 없는 무언가가 작용한 것처럼 보였다. 불가능을 가능으로 바꾼 어떤 힘이었다. 확실한 건, 이순신이 없었다면 그 힘의 발현도 없었을 거라는 점이다. 이로써 이순신은 칠천량해전 후 정확히 2개월 만에 전쟁의 판세를 바꾸어놓았다. 그날 조선의 울돌목은 크게 울었다. 그 울음에 망금산에 있던 백성들도 함께 울었다.

명량대첩의 승리로 조선은 다시 한번 위기에서 벗어날 수 있었다.

또한 조선 수군은 재정비할 수 있는 시간을 벌 수 있었다. 이순신은 남은 함대를 이끌고 서해안을 따라 북쪽으로 이동했다. 명량대첩에서 대패했지만 일본 수군은 여전히 대함대였다. 후퇴했던 왜선들이 기수를 돌려 명량해협으로 처들어오면 다시 그들을 막는다고 장담할 수 없었다. 일단 그들의 대함대와 멀리 떨어져 호흡을 다듬고 재정비해야 했다. 당사도와 어의도를 거쳐 법성포에 머물렀다. 다시 북상하여 위도를 거쳐 군산 인근 고군산군도까지 올라갔다. 이순신은 이곳에 10여 일 이상 머물렀다. 그리고 다시 남하하기 시작했다. 전장은 남해바다였다. 그리고 가급적 빨리 전라 좌수영을 되찾아야 했다.

이순신이 지나는 곳마다 명량대첩의 승전보가 빠르게 퍼져나갔다.

섬마다 육지를 벗어난 피난민들이 많이 있었다. 그들 중 상당수가

고하도 이충무공 유적

이순신 함대에 자원했다. 나머지 백성들도 이순신 함대를 따라 움직였다. 안전한 곳 하나 없는 조선에서 그나마 이순신 곁이 가장 안전하다는 것을 알고 있었다. 이 모든 사람들이 이순신에게 큰 힘이 되었다. 부족한 군사를 채울 수 있었고, 식량 공급을 위한 둔전 개발에 필요한 노동력도 얻을 수 있었다. 이순신은 10월 9일에 다시 해남 우수영으로 돌아왔다. 명량대첩이 끝난 지도 벌써 한 달이 다 되어가고 있었다. 때는 이미 겨울로 접어들기 시작했다.

이순신은 함대가 겨울을 날 수 있는 곳을 물색했다.

겨울의 차디찬 북서풍을 막아줄 천혜의 요새를 찾던 끝에 지금의 목포 앞바다에 있는 고하도로 진을 옮겼다. 그곳에 집과 창고를 새로 지었다. 그러나 막상 고하도로 옮기니 문제점이 발생했다. 지리적으로 목포 바로 턱밑이다 보니 조선 수군의 통제영이 너무 서쪽으로 치우 쳐진 느낌이었다. 일본 수군의 대함대는 여전히 남해바다를 자유롭게 움직이고 있었다. 고하도에서는 왜군의 움직임에 적절히 대응할 수 없 었다. 또한 통제영으로 삼기에는 섬이 작았다. 둔전을 확보하기도 어 려웠고, 이순신을 따라온 피난민들을 수용하기에도 비좁았다. 그렇다 고 추운 겨울에 당장 움직이기는 힘들었다. 이순신은 고하도에서 겨울 을 나고 이듬해 봄인 2월 17일에 통제영을 고금도로 옮겼다. 고금도 는 현재의 완도 우측, 강진과 장흥 아래쪽에 위치한 큰 섬이었다. 아직 예전에 머물던 곳인 여수(전라 좌수영)나 한산도(통제영)까지 갈 수는 없 었지만, 남해안의 일본 수군이나 순천 왜성의 고니시 유키나가를 견제 할 수 있는 위치였다.

명량대첩의 승리를 누구보다 기뻐한 건 명나라였다.

앞서 언급했듯 명량해협이 뚫리면 왜선들이 한양뿐 아니라 바로 중 국으로 갈 수도 있었다. 예부터 중국 절강성은 왜구들로 몸살을 앓던 곳이었다. 그곳에 일본 수군이 상륙한다면, 명나라 조정으로서도 감 당하기 쉽지 않았다. 가뜩이나 북쪽에서 누르하치가 이끄는 여진족이 호시탐탐 중원을 노리고 있는 상황에서 남쪽마저 왜군이 침탈한다면 그야말로 사면초가였다. 그것은 조선에도 영향을 미칠 것이다. 조선에

파병된 군사 중 상당수는 바로 절
강성을 비롯한 중국 남부 출신이
었다. 당장 내 코가 석 자인 명나라
로서는 조선에 파병한 군대를 철수
할 수밖에 없을지도 모른다. 그러
니 이순신이 명량대첩에서 정말 극
적으로 일본 수군을 막아준 게 명
나라나 조선에 얼마나 다행이었겠

거금대교

는가. 명나라 경리 양호가 이순신에게 은과 비단을 상으로 내린 이유
도 바로 여기에 있었다. 또한 이를 계기로 명의 수군 참전 논의가 가속
화되었다. 그 결과로 명나라 수군 제독 진린이 1598년 7월 16일에 고
금도의 통제영에 합류했다. 칠천량해전 패전 후 정확히 일 년 만이었
다. 그리고 진린이 합류하고 이틀째 되는 날, 또 한 번의 큰 전투가 벌
어졌다. 바로 절이도해전이다. 절이도는 고흥군 거금도의 옛 이름이
다. 고흥에서 소록대교를 건너면 소록도이다. 그리고 몇 년 전 소록도
와 거금도 사이에 거금대교가 개통되어 지금은 거금도도 거의 육지나
마찬가지가 되었다. 지금은 다도해의 여러 섬 중에서 육지에서 가까운
섬은 대개 연륙교가 놓여 자동차로도 다닐 수 있게 되었다. 거금대교
를 건너자마자 우측에 거금도 휴게소가 나오고 그 한쪽에 '절이도해
전승전탑'이 있다.

　사람들에게 많이 알려진 전투는 아니지만, 절이도해전은 이순신이
치른 전투 중 대승에 포함되는 완벽한 승전이었다. 또한 명나라 진린

절이도해전승전탑

함대가 고금도 합류 후 벌인 첫 전투로, 이는 조명 연합 함대의 첫 전투이자 첫 승전이라는 역사적 의의를 지닌 전투였다. 물론 전투 자체는 거의 이순신 함대가 담당했지만, 형식적으로는 양국 함대의 연합작전인 셈이었다. 기록에 따르면 진린이 합류한 이틀 후에 절이도해전이 발생했다. 이때는 진린과 이순신이 서로의 간을 보고 있던 때였다. 진린은 명나라 제독의 위세로 가득 찼을 때이고, 이순신으로서는 어떻게 하든 진린을 달래고 꼬드겨 왜군과의 전투에 써먹을 궁리를 하고 있을 때였다. 그 와중에 벌어진 게 절이도해전이었다. 절이도해전은 적선 31척을 침몰시킨 대승이었다. 이 전투에서 큰 역할을 한 장수는 녹도 만호 송여종이었다. 앞서 명량대첩 이전에 배 한 척을 마련해와 13척이 되도록 했던 사람이 바로 그였다. 송여종이 왜군을 무찌르고 그 수급(적군의 머리) 70여 개를 가져오자, 이순신은 그중 40개를 진린에게 주었다. 다분히 진린의 전공을 챙겨주려는 의도였다. 동서고금을 막론하고 이런 호의를 싫어할 사람이 있겠는가. 물론 이후 이런저런 사건 사고가 있긴 하지만, 이때부터 이순신과 진린의 상호 공조 체계가 시작된 셈이다.

절이도해전은 명량대첩 패배를 잊고 다시 서쪽으로 진출하던 일본 수군의 대함대와 다도해 지역의 제해권을 장악하며 점차 동쪽으로 진출하려는 이순신 함대가 맞붙은 전투였다. 그러니 앞으로 남해바다 제해권의 향방을 다툰 중요한 일전이었다. 정유재란이 일어나기 전 이순신이 싸운 전투는 모두 경상도 해역에서 발생했다. 이는 한산도에 삼도수군통제영을 마련한 이후 연전연승했기에 가능한 일이었다. 그러나 정유재란 기간에는 초반에 벌어진 칠천량해전에서 패한 이후 서쪽으로 밀렸기에 많은 전투가 전라도 해역인 다도해 지역에서 벌어졌다. 그 대표적 전투가 바로 명량대첩과 절이도해전이었다. 절이도해전 승리는 이순신이 고흥반도 주변뿐 아니라 여수 인근의 제해권을 장악하는 계기가 되었다. 이를 통해 이순신이 장도에서 순천 왜성의 고니시 유키나가를 포위할 수 있게 됨으로써 결국 4개월 후에 벌어질 노량해전을 가능케 했다. 명량과 절이도에서 일으킨 승리의 물살은 이제 조금씩 노량 앞바다로 흘러들어가고 있었다. 그리고 서서히 마지막 전투가 다가오고 있었다.

Guide's Pick

침략의 흉터, 왜성

조선을 침략한 왜군이 쌓은 성을 왜성이라고 한다. 지금도 남해안 곳곳에 그 흔적이 남아 있다. 훼손되어 그 흔적이 사라진 왜성까지 포함하면 40군데가 넘었다. 조선을 앞세워 명나라를 침략하겠다는 야심찬 계획을 가졌던 그들은 왜 조선의 가장 남쪽 끝 해안 지역에 성곽을 쌓았을까. 그 이유는 그들이 성곽을 쌓았던 시기를 보면 알 수 있다. 왜군은 크게 두 번 (1593, 1597)에 걸쳐서 대대적으로 성을 쌓았다.

물론 처음 의도는 그게 아니었다.
침략하자마자 쌓은 왜성은 부산 왜성이었다. 이는 전쟁 수행을 위한 전진

울산 서생포 왜성 입구

기지가 필요했기 때문이었다. 그
리고 한양을 점령하고 압록강을
건너면, 중간 중간에 거점으로서
왜성을 쌓을 계획이었다. 이를
통해 보급로를 확보하고, 나중에
도요토미 히데요시가 조선에 건 울산 왜성 오르는 길
너올 때 숙소로 활용할 생각이었
다. 그러나 개전 일 년 만에 상황
이 크게 바뀌었다.

평양성 패배로 왜군은 후퇴할 수밖에 없었다.
부산까지 밀린 왜군은 머물 근거지가 필요했다. 이때 왜군은 부산을 중심
으로 좌우 해안 지역에 성을 쌓기 시작했다. 그리고 명나라와 일본은 지

울산 서생포 왜성 내부

지부진한 강화 협상에 돌입했다. 따라서 왜성은 조명 연합군의 공격에 대비한 방어용 성이자, 강화 협상을 유리하게 이끌기 위한 농성용 성의 성격을 띠었다. 이 시기에 쌓은 성이 서생포 왜성 등 약 20개 정도였다.

마침내 강화 협상이 결렬되자, 왜군은 다시 침략했다.

도요토미 히데요시는 장기전을 대비해 남해안에 본격적으로 왜성을 쌓을 것을 명령했다. 기존 왜성을 보수하고, 새로운 왜성을 다시 쌓았다. 더구나 재침 초기 칠천량해전에서 승리한 왜군은 그 축성 지역을 전라도 지역까지 확대했다. 1593년엔 언감생심 꿈도 못 꾸던 지역까지 들어와 성을 쌓기 시작했다. 이 시기에 쌓은 성이 동쪽 끝으로는 울산 왜성이고, 서쪽 끝으로는 순천 왜성이었다. 앞서 언급했듯, 순천 왜성에 머물던 1만 5천의 고니시 유키나가 군이 후퇴하면서 벌어진 전투가 이순신의 마지막 전투인 노량해전이었다.

사천 선진리 왜성 입구

왜성을 쌓을 때 왜군은 기존 조선의 읍성이나 진성이 있는 곳에선 조선의
성을 허물고 다시 일본식으로 쌓았다. 그래서 지금 남아 있는 왜성에 가
보면 꼭대기에 지휘부인 천수각 터가 남아 있다. 진성(鎭城)은 조선 수군
이 해안가에 쌓은 성이었다. 나중에 전쟁이 끝나자, 조선은 일부 왜성을
다시 진성으로 활용하기도 했다.

13

신神이라 불린
사나이

'정말 이런 사람이 존재했을까?'

이순신에 대해 공부하면 할수록 머리에 박히는 생각이다. 우리 역사에는 뚜렷한 업적을 남긴 위인들, 이름만 들어도 대한민국 국민이라면 누구나 알 수 있는 인물들이 여럿이다. 전쟁터를 누비던 광개토대왕, 을지문덕, 김유신, 강감찬, 최영이 그렇고, 군주의 시대를 장식한 세종과 정조가 그렇고, 학문의 일가를 이룬 이황, 조식, 이이, 정약용 등이 그렇다. 하지만 그들은 모두 인간계 내에서 충분히 납득이 되는 인물이었다. 그러나 이순신은 달랐다. 인간과는 다른 차원에 존재했던 인간, 분명 그의 활약은 인간계를 뛰어넘었다. 그래서 역사는 그를 영웅을 넘어 성웅(聖雄)으로 부른다. 어쩌면 성스럽기까지 한 이순신에 대한 이러한 평가는 '우리 역사상 가장 위대한 인물'을 뽑는 모든 설문조사에서도 늘 첫손에 꼽히며 증명되곤 했다.

그러나 당대를 함께 호흡했던 류성룡은 성웅이라는 수식어로도 만

족하지 못한 듯하다.

인간계를 벗어나면 그때부터는 신계, 즉 신들의 영역이다. 퇴계 이황의 수제자로 당대 최고의 성리학자 중 한 명인 류성룡의 뇌리 속에 이순신은 이미 '신(神)'이 되어 있었다. 류성룡이 쓴 『징비록』의 내용을 그대로 인용해보자.

통제사 이순신은 군영에 있을 때는 밤낮없이 갑옷을 단단히 차려입고 지냈다. 견내량에서 왜적과 대치하고 있을 때의 일이었다. 그날은 여러 배들이 이미 닻을 내렸고 달이 매우 밝았었다. 이순신은 그때도 물론 갑옷 차림인 채 전투 때 두드리는 북을 베고 누워 있었다. 그는 잠시 그렇게 있다가 갑자기 벌떡 일어나 가까이에 있는 병졸을 불러 소주를 가져오게 했다. 한잔 마시고 나서 여러 장수를 불러오도록 했다.

"오늘밤은 참 달이 밝구려. 왜적은 간사한 꾀를 잘 부려 달 없는 밤에 습격을 해왔지만, 이렇게 달이 밝아도 습격을 할지 모르니 경비에 엄중을 기할 필요가 있겠소."

그는 이렇게 말하고 나팔로 신호하여 모든 배가 닻을 올리게끔 했다. 그러고 나서 척후선에 명령을 전했다. 척후병들을 모두 깨워 왜적의 습격에 대비하도록 했다. 그런 지 얼마 뒤 척후병이 달려와 왜적이 온다고 보고했다.

이때 달은 서산에 걸려 산 그림자가 바다에 드리웠다. 그런 어둠 속에서 수많은 왜적의 전선이 몰려오고 있었다. 곧 우리 배들 가까이까지 다가올 기세였다.

이에 가운데에 위치한 우리 배에서 대포를 쏘며 함성을 질렀다. 그러자 우리

배들이 일제히 왜적을 공격했다. 왜적들도 조총으로 일제사격을 개시했다. 그
러나 우리의 공격을 당해내지 못한 왜적들은 바삐 달아나 버리고 말았다.
여러 장수들은 이러한 이순신을 신(神)으로 여겼다.

"여러 장수들은 이러한 이순신을 신(神)으로 여겼다."

류성룡이 쓴 『징비록』 초고의 마지막 문장은 이렇게 끝났다. 나중에 〈집필 후 몇 가지 덧붙이는 글〉을 추가했지만, '버전 1.0'의 마지막은 이순신이었고, 그를 신이라 부르고 있었다. 류성룡은 임진왜란의 경험을 가급적 사실 그대로 기록함으로써 후환에 대비하고자 이 책을 썼다. 전쟁이 거의 확실시되고 있음에도 무사안일주의에 빠진 조정의 대책은 형편없었다. 전쟁이 일어났음에도 명확한 대응책을 마련하지 못한 채 우왕좌왕하다가 연전연패를 당했고, 그러자 임금이란 작자는 제대로 짐을 싸지도 못한 채 부랴부랴 도망길에 올랐다. 조정 대신들 또한 왜적에게 속수무책으로 안방을 내주었음에도 자기 집안사람들을 챙겨 피난 가기에 바빴다. 이대로 나라가 망해도 하등 이상할 것이 없는 분위기였다. 이때 혜성처럼 등장한 사람이 바로 이순신이었다. 육로에서 속수무책으로 당하고 있을 때 이순신은 바닷길을 막았다. 이로 인해 왜군의 계획에 금이 가기 시작했다. 바다가 막히자 육지도 평양에서 멈췄다. 임금을 모시는 한편으로 왜군의 진군을 막기 위해 군사와 군량을 모집하느라 동분서주하던 류성룡에게 이 소식은 유일한 숨구멍이었을 것이다. '하늘이 내린 재상'이라는 평을 듣는 류성룡에게 이순신은 마치 '하늘' 그 자체였으리라. 류성룡이 생각하는 징비(懲毖)

의 핵심은 결국 사람이 아니었을까. 흔히 말하는 인재 양성과 그러한 인재를 적재적소에 배치하는 것! 그럼으로써 그가 가진 최고의 능력을 끌어내는 것! 그 모범답안은 이순신이었다. 이순신의 승전보를 들을 때마다 류성룡은 얼마나 하늘을 올려다봤을까. 하늘이 내린 류성룡의 눈에도 이순신은 이미 '신'이 되어 있었다.

　류성룡은 임진왜란이 끝난 후 정계에서 물러났다.
　파직에 따른 불명예스러운 은퇴였다. 관음포에서 이순신이 전사한 그날, 한양의 조정에서는 류성룡을 파직하라는 선조의 명령이 내려졌다. 이순신의 사망 소식이 조정에 전해진 건 5일 후였으니 이순신의 죽음과는 상관없는 일이었다. 다만 임진왜란이라는 전례 없는 국가적 환란을 수습하는 데 앞장섰던 두 걸출한 인물이 같은 날에 한 명은 전사하고, 한 명은 파직된 게 우연치고는 참으로 공교로운 일이라는 생각을 떨칠 순 없다. 이 일로 류성룡은 고향으로 돌아간 후 1607년 죽을 때까지 벼슬하지 않았다.￩ 전쟁이 끝난 후 선조를 의주까지 호종한 사람들에게 내린 호성공신에 책봉되었으나, 류성룡은 공신에서 빼줄 것을 요청하기도 했다. 요청이 받아들여지지 않자 공신들이 모여 여는 잔치인 공신회맹제에도 참석하지 않았을 뿐 아니라 초상화를 그리기 위해 선조가 특별히 안동까지 보낸 화가를 그냥 돌려보내기도 했다. 류성룡의 초상화가 전하지 않는 이유이다. 공신에 책봉되면 통상 초상화 두 점을 그려, 하나는

➔ 류성룡은 66세로 생을 마감했다. 『선조실록』에 따르면 그가 죽자 한양 도성의 백성들이 그가 오래전에 살았던 빈 집터에 찾아와 곡을 하였는데, 그 숫자가 천여 명에 이르렀다고 한다.

나라에서 보관하고 하나는 당사자에게 주었다. 아무나 초상화를 가질 수 없던 시대에 이는 굉장한 가문의 영광이었으나, 이날의 일로 류성룡은 초상화를 남기지 못했다. 그런데 공신에 책봉되었던 1604년은 공교롭게도 류성룡이 『징비록』을 탈고한 해였다.

이렇듯 류성룡은 공신의 명예 대신 후대를 위한 집필을 선택했다.

요즘 식으로 하면 정계 은퇴 후 시골집에 내려가 국가의 미래를 위한 책 한 권을 토해낸 셈이다. 지금도 안동에 가면 그가 머물며 책을 집필했던 집이 남아 있다. 바로 옥연정사(玉淵精舍)이다. 익히 알 듯이 류성룡의 본가는 하회마을이다. 마을은 강원도 태백 시내에 있는 연못 황지에서 발원한 낙동강이 안동을 지나며 여러 개천의 물을 한데 모아 흐르다 크게 회돌이 치는 곳에 자리 잡고 있다. 물길이 마을을 지나자마자 큰 절벽에 막혀 크게 휘어지는데, 그 절벽이 바로 옥연정사가 있는 부용대(芙蓉臺)이다. 금강이 부여 낙화암을 지나며 백마강이란 이름을 얻었듯이, 부용대를 지나는 낙동강을 화천(花川)이라고도 부른다. 그 이름은 마을 동쪽에 자리한 마을 주산인 화산(花山)에서 연유했다. '부용'이란 곧 연꽃을 의미하니, '화산' 또한 연꽃산이고, '화천' 도 연꽃천이 될 것이다. 주변이 온통 연꽃 천지인 셈이다. 더구나 부용대에서 내려다보면 하회마을 자체가 한 송이 연꽃이다. 옥연정사는 마을에서 부용대를 바라봤을 때 절벽 오른쪽 밑에 있다. 참고로 부용대 왼쪽 밑에는 류성룡의 형인 류운룡이 머물던 겸암정사가 자리하고 있다. 앞서 '갇힌곡' 설화의 주인공 중 한 명으로 언급했던 바로 그 류운룡이다. 즉 부용대를 사이에 두고 형제가 머물며 책을 읽고 쓰고 살았

옥연정사

옥연정사에서 바라본 하회마을

옥연정사에서 내가 가장 좋아하는 장소이다.

다. 그러다 문득 맘이 동해, 보고 싶기라도 하면 부용대로 난 샛길을 통해 상대방을 찾았으리라. 옥연정사 바로 앞에는 강가 쪽으로 커다란 반석이 놓여 있고, 그 밑으로 화천이 천천히 흐른다. 또한 부용대에 막힌 물이 에스(S)자 형태로 크게 꺾이며, 옥연정사 앞으로 넓은 모래톱을 만들었다. 그러니 옥연정사에서 밖을 내다보면 넓은 모래톱과 화천, 하회마을의 너른 들판이 한눈에 들어오고, 고개를 들면 화산이 서 있었다. 옥연정사에 가 본 사람은 대개 비슷한 생각을 할 것이다. '여기에 있으면 책 한 권쯤은 거뜬히 쓸 수 있을 곳이겠다.' 혹 하회마을을 안 가 본 사람이나, 갔어도 부용대와 옥연정사를 찾지 않은 사람들은 꼭 한번 옥연정사를 찾아가보길 권한다. 개인적으로는 누군가 '어디 혹 다녀올 만한 곳'을 추천해달라고 하면, 그중 하나가 바로 부용대와 옥연정사이다. 그리고 이곳에 가시걸랑 근처에 있는 병산서

병산서원 만대루

원도 꼭 찾아가보라고 권한다. 앞서 '병호시비'에서 언급했던 바로 그 서원이다. 서원은 화산 아래에 자리한 채 강물 너머로 마치 병풍처럼 생긴 산을 마주하고 있다. 앞서 간략히 언급했었음에도 옥연정사를 이야기하다 보니 말이 옆으로 많이 새었다. 그만큼 내가 좋아하는 곳이기 때문이다.

이순신이라는 이름 앞에 '충무공'이라는 타이틀이 붙은 건 인조 때였다.

사실 '충무(忠武)'라는 시호는 이순신만의 전유물은 아니다. 나라에 무공을 세운 인물에게 흔히 붙이는 시호이기 때문이다. 그래서 임진왜란 때 진주대첩을 승리로 이끈 김시민의 시호도 충무이다. 그럼에도 요즘 사람들은 충무공하면 곧바로 이순신과 연결시킨다. 그만큼 그는 충무공의 대명사가 되었다. 여담이지만 지금의 경남 통영시는 이전에는 충무시였다. 1995년 행정구역 개편 때 주변의 통영군을 흡수하면서 시 이름이 충무가 아닌 통영으로 정해졌다. 개인적으로는 옳은 작명이라고 생각한다. 충무나 통영 모두 이순신과 연관된 지명이다. 그러나 앞서 말했듯, 충무는 이순신만의 전유물이 아니다. 하지만 통영은 조금 다르다. 통영은 '통제영'의 줄임말이다. 우리나라 최초의 통제영이 생긴 건 임진왜란 와중이었다. 조선 전기만 하더라도 큰 변란이 일어나면 조정에서 파견된 체찰사(혹은 도체찰사)가 육군과 수군을 총괄 지휘하였다. 물론 임진왜란 때도 이는 마찬가지였다. 류성룡이 도체찰사로 활약한 것은 많이 알려진 사실이다.

이왕 말이 나온 김에 역사를 공부하는 사람이 알아두면 도움이 될 만한 이야기 하나만 하고 지나가자. 역사책을 읽다보면 벼슬 이름 앞에 '도'자가 붙은 경우를 자주 접하게 된다. 도체찰사, 도제조 등이 그렇다. 아무 생각 없이 읽으면, 마치 전라도나 경상도처럼 특정 지방의 벼슬로 착각할 수 있다. 그러나 관직명 앞에 붙은 '도(都)'는 특정 지방을 의미하는 게 아니라 '총(總)'의 의미이다. 즉 도체찰사는 총사령관이라는 뜻으로 주로 영의정 등 재상이 맡았다. 그리고 도제조는 조선 시대 관청의 으뜸 벼슬로 이 또한 주로 정승이 겸직하는 경우가 많았다. 당연히 실무는 해당 관청의 제조가 처리했다. '도(都)'와 비슷한 느낌으로 '도감(都監)'도 함께 알아두면 좋다. 도감은 한 마디로 임시기구를 뜻한다. 즉 나라에 큰일이 있을 때 임시로 설치해 관련 업무를 처리하던 관청이다. 이는 고려시대 때부터 있었다. 흔히 공민왕 때 신돈의 개혁 중 하나로 언급되는 전민변정도감이 이에 해당한다. 임시기구이다 보니 조선 시대 내내 수많은 도감이 만들어졌다. 몇 가지만 예를 들면 이렇다. 태조 이성계는 새로운 궁궐을 짓기 위해 신도궁궐조성도감을 설치해 맡겼다. 그리고 공신을 책봉할 때는 공신도감을, 선대의 누군가를 추숭할 때는 추숭도감을 설치했다. 특히 왕이 죽으면 3개의 도감이 한꺼번에 설치되는데, 국장도감, 빈전도감, 산릉도감(왕릉 담당)이다. 사대하는 중국과의 관계에서도 많은 도감이 생겼다. 명나라 사신을 맞이할 때는 영접도감이 설치됐다. 임진왜란 당시에도 명나라 장수를 접대하기 위해 접대도감이 설치되었다. 이 외에도 여러 도감이 설치되었다가 일이 끝나면 해체되었다. 한 가지 첨언하면, 도감이 해체되어도 그 일에 참여한 사람들의 인연은 계속되었다. 오늘날도 특정 회사에서 테스크포스팀이 꾸려진 후 일이 마무리되면 속칭 '단톡방'을 만들어 오래도록 서로 연락을 주고받는 것처럼 조선 시대에도 그랬다. 아무리 기술이 발전해도 사람이 사는 방식은 비슷한 구석이 있는 법이다. 도감이 해체되면 나름 국가의 대사를 함께 한 사람들끼리 계모임을 만들었는데, 이를 도감계회라 불렀다. 당연히 주기적으로 만나 옛이야기하며 술 한잔 하지 않았겠는가.

참고로 조선 시대에 만들어진 도감 중 가장 오래 유지된 것은 바로 앞서 설명한 훈련도감이었다. 훈련도감은 1593년 말에 류성룡이 강력히 설치를 주상하여 이듬해에 설치되었다. 도감이라는 이름이 붙은 것에서 알 수 있듯이, 임진왜란이 일어나자 이에 대처하기 위해 임시로 만들어졌던 셈이다. 당시 류성룡은 여러 차례 훈련도감의 설치를 주장했는데, 개인적으로 당시 선조에게 올린 글 중에 인상적인 대목이 있어 소개하면 이렇다. "대저 머뭇거림은 일의 도둑입니다." 이 말을 들은 후 두 달 만에 선조는 훈련도감 설치를 승인했다. 어쩌면 이 말에 선조도 어쩔 수 없이 승인을 내린 게 아닐까 싶다. 이처럼 1594년에 설치된 훈련도감은 고종 때인 1881년에 근대식 군대인 별기군이 창설되면서 사라졌으니, 거의 3백 년 가까이 유지된 임시기구인 셈이다.

통제영에 관해 이야기하다 또 다시 옆길로 많이 새었다.

하지만 이처럼 '도'나 '도감'과 같이 생소한 단어의 기초적인 내용을 알아두면 역사를 공부하는 데 도움이 된다. 여하튼 도체찰사만 두어도 조선의 육군과 수군을 모두 통솔하는 데 별 지장이 없었지만, 당시 조정에서는 수군만의 연합사령부를 새로이 구성하기로 결정했다. 임진왜란이 터지고 선조나 조정의 예상과 달리 수군의 활약이 두드러지자, 하삼도(전라, 경상, 충청)의 수군을 총괄하는 지휘 체계 확립 필요성이 대두되었던 것이다. 그래서 1593년에 만들어진 게 삼도수군통제영이었다. 초대 삼도수군통제사로는 당시 전라 좌수사로서 한산대첩 등을 승리로 이끌었던 이순신을 임명하였다. 진영은 한산도에 차려졌다. 이로써 이순신은 명실공히 조선의 모든 수군을 통솔하는 연합사령관이 되었다. 조선 수군이나 백성에게는 하늘로부터 한 줄기 빛이 쏟아져 내렸고, 왜적에게는 청천벽력이 내려친 셈이다. 그러니 최초의 통제영이 차려진 지역에 붙은 통영이란 이름에 대한 지분의 대부분이 최초의 통제사인 이순신에게 있는 건 당연하지 않겠는가.

인조 이후에도 이순신에 대한 기억은 간간이 되살아났다.

지금도 많은 사람들이 찾는 아산의 현충사가 처음 조성된 건 숙종 때였다. 그리고 이순신 성역화 사업에 방점을 찍은 임금이 바로 정조였다. 정조는 1795년에 『이충무공전서』를 편찬했다. 사람들에게 많이 알려진 이름, 『난중일기』는 이순신이 붙인 이름이 아니었다. 바로 정조 때 『이충무공전서』를 편찬하면서 붙인 이름이었다. 정조는 조선의 임금 중에 세종과 함께 흔히 신하들보다 더 뛰어난 학문적 성취를 이룬 임금으로 거론되는 인물이다. 『홍재전서』라는 자신의 방대한 문집을 편찬한 임금이기도 했다. 그런 그가 재임 중에 국비를 들여 역사에 기록될 만한 두 번의 편찬 사업을 벌였는데, 그중 하나가 『이충무공전서』였다. 다른 하나는 우암 송시열의 문집인 『송자대전』 편찬이었다.

현충사 가는 길

송시열의 기존 문집을 보강하여 1787년에 간행했다. 즉 정조 스스로 조선의 문신과 무신 중에 가장 뛰어난 투톱(two top)이라 여겼던 송시열과 이순신의 문집을 편찬한 셈이다.

요즘 사람들에게도 이순신은 여전히 신이다.
현대에 와서 그 이름 앞에 성웅보다 더 많이 붙는 수사가 있다. 바

현충사

로 '불멸'이다. 불멸의 이순신! 불멸은 신의 영역이다. 그래서 이순신이 노량해전에서 죽지 않았다고 믿거나, 전쟁이 끝나면 어차피 죽을 목숨이니 전장의 장수로서 자살을 택했다고 믿는 사람들도 있다. 어쩌면 전쟁이 끝나갈 즈음 이순신은 곽재우와 비슷한 고민을 했을지도 모른다. 살아남으면 어떻게 될까? 임금이란 작자는 믿을 수 없었다. 이미 진즉에 죽임을 당했을 목숨이었다. 다른 대신들의 도움으로 백의종군을 하게 되었지만, 오래 버텼다. 전쟁 전에도 정여립 모반 사건을 핑계로 수백 명의 신하를 죽인 임금이었다. 선조 입장에서 이순신은 재조지은(再造之恩)의 은덕을 베푼 명나라와 대척점에 있었다. 그럼에도 백성들의 절대적 지지뿐 아니라 류성룡 등 조정 대신은 물론 명나라 장수인 진린에게조차 신임을 받는 인물이었다. 도망친 왕이라는 오명을 가진 선조의 수치심과 시기심이 무슨 짓을 할지 장담할 수 없었다. 불과 2년 전, 강화 협상으로 전쟁이 소강상태로 접어들자 마치 전쟁이 끝난 것처럼, 젊고 용감한 의병장인 김덕령을 무고로 죽인 임금이었다. 곽재우는 비슬산으로 들어갔지만, 바다에서 삶을 완성해온 이순신은 그렇게 연명하고 싶지는 않았을지도 모른다. 그래서 그런가. 혹자는 이순신이 허균이 홍길동을 통해 꿈꾸던 율도국으로 갔다고도 한다. 율도국은 이상 사회이자 신비의 섬이다. 그랬다면 무릇 신에 가까운 선택이리라. 전쟁 내내 진영으로 삼거나 전략적 요충지로 이용하기 위해 남서해안의 섬들을 샅샅이 사전 조사했던 이순신이었으니 그리 어려운 선택도 아니었을 것이다.

나는 조선이라는 왕조사회나 현대의 민주사회나 사람이 사는 곳에서는 제도보다는 사람이 먼저라고 생각하는 사람이다. 특히 한 국가나 국민의 운명을 결정하는 위치에 있는 사람이 어떤 사람이냐는 개별 개인들이 세상을 살아가는 데 가장 중요한 일이다. 그렇기에 지금도 국가의 리더들을 뽑는 게 그만큼 중요하다. 그러나 훌륭한 사람을 만나긴 생각만큼 쉽지 않다. 그러기에 제도를 개혁하는 것이다. 어떤 사람이 그 위치에 있어도 평균적인 시스템으로 돌아갈 수 있게 하는 게 제도이다. 제도마저 믿을 수 없다면 그 국가는 희망이 없다. 지금도 수많은 권력기관을 개혁하자고 국민들이 요구하는 이유가 바로 그것이다. 여간해선 권력을, 그 권력자를 믿을 수 없다. 조선 건국의 일등공신인 정도전이 신권(재상) 중심의 국가 시스템을 원했던 것도 그런 이유 때문이었다. 왕이 자동으로 세습되다 보면 어떤 종자가 왕이 될지 알 수 없었다. 운이 좋으면 세종 같은 왕이 나오지만, 운이 닿지 않으면 연산군도 나올 수 있었다. 만약 연산군 같은 왕이 세 번 연속 나온다면 그 나라는 어찌될 것인가. 로또같은 일이지만 언제고 현실이 될 수도 있다. 그래서 정도전은 재상 중심의 국정 운영 시스템을 필요로 했다. 한 나라의 재상이 되려면 최소한 여러 단계의 검증 시스템을 통과해야 했다. 완벽하다고 장담할 순 없지만 그만큼 부적격 종자를 가려낼 수 있으니 큰 리스크는 방지할 수 있었다. 임진왜란이라는 조선 초유의 국난을 극복할 수 있었던 것도 류성룡, 이덕형, 이원익, 정탁 등 검증 시스템을 통과한 사람들의 역할이 컸다는 걸 부정할 순 없다. 그러나 왕조국가에서 관료 시스템은 한계가 분명했다. 만약 정상적인 시스템이 작동하는 사회였다면, 곽재우도 비슬산으로 들어갈 일이 없고,

이순신 묘역 가는 길

이순신 또한 다른 운명이 작동할 여지가 있지 않았을까.

나는 이순신의 자살설을 믿지 않지만, 그의 신념인 '사생유명'이 좀
마음에 걸렸다.

'사생유명'을 요즘 식으로 쓰면 '운명이다'일 것이다. 현대사에 그 운
명을 송두리째 안고 몸을 던진 사람이 떠오르기 때문일까. 예나 지금
이나 운명이 참 얄궂다.

결과적으로 이순신은 '순임금의 신하(舜臣)'에서 나라를 망국에서 건진 '조선의 신'이 되었다. 조선에는 천운이었다. 역사에 가정은 없고, 설령 한다한들 무의미하고 답도 명확하지 않지만, 우리 역사에서 가장 명확한 가정이 하나 있다. 그 답 또한 명확하다. 이순신이 없었다면? 조선은 망했다!

아직도 많은 사람들은 이러한 이순신을 여전히 신으로 여겼다.

전작 『조선으로 떠나는 시간여행자를 위한 안내서』에서 나는 역사와 여행을 버무린 '인문여행'을 떠나자고 했다. 그리고 그 안내자로서 세 명의 인물, 정약용, 조식, 허균을 초대해 그들의 이야기를 들으며 함께 그 발자취가 남아 있는 역사 현장을 찾았다.

이번 책은 어쩌면 그 후속편이다.

이 책을 쓰기로 결심한 후 한동안 우리나라 곳곳에 남아 있는 이순신의 발길을 따라 다녔다. 이미 여러 번 다녀간 길이지만, 책을 쓰겠다는 목적이 더해지자 그 걸음이 조금은 더 무거워졌다. 때론 영광의 길이기도, 때론 고난의 길이기도, 때론 울분의 길이기도 했던 그곳에서 나는 인간 이순신을 다시 만나려고 부러 애를 쓰기를 했다. 시인이 접신 (接神)이라도 해보려 발버둥 치듯 그곳의 바다와 하늘, 그 사이에 부는 바람 한 줄기의 속삭임이라도 놓치지 않으려 했다. 마치 타임머신을 타고 시간을 거슬러 올라간 듯, 이순신과 막걸리 한잔을 함께 하기도 하고, 밤 깊은 바다를 응시하는 그의 빛나는 눈을 훔쳐보기도 했다.

노량해전이 끝나고 지금에 이른 시간만큼이나 길다고 느꼈던 나의 여정도 끝이 났다. 글을 쓰는 게 늘 두렵지만, 그래도 누군가 이 책을 읽고 남도의 어느 바닷가로 이순신을 만나러 떠난다면, 좋겠다.

이제 조금은 홀가분한 마음으로, 내가 좋아하는 문장을 다시 떠올리며 이 여정을 마무리하고자 한다. 이순신보다 한 세대쯤 후배인 상촌 신흠의 글이다. 〈들어가는 글〉에서도 언급했던 문장이다. 이 글만큼 내가 사는 이유, 내가 책을 쓰는 이유를 일깨워주는 문장은 없었다. 특히 나처럼 인문여행을 즐기는 사람에겐 이만한 금과옥조도 없다. 그래서 지금도 늘 마음에 맞는 책을 읽고, 마음에 맞는 벗과 함께, 마음에 맞는 경치를 찾으러 떠나는 꿈을 꾼다. 이 책을 쓰는 내내 그 세 가지 즐거움이 함께 했다. 길잡이가 되어준 책들과 이곳저곳을 함께 떠나준 벗들께 이 자리를 빌려 고마움을 전한다.

"문 닫고 마음에 맞는 책을 읽는 것,
문 열고 마음에 맞는 벗을 맞는 것,
문 나서서 마음에 맞는 경치를 찾는 것,
이것이 인생의 세 가지 즐거움이다."

| 참고도서

- 『난중일기』, 박종평 옮김, 글항아리
- 『징비록』, 김문수 엮음, 돋을새김
- 『징비록, 못 다한 이야기』, KBS 징비록 제작팀, 최희수, 조경란, 글항아리
- 『류성룡, 7년의 전쟁』, 이종수, 생각정원
- 『임진왜란 해전사』, 이민웅, 청어람미디어
- 『진주성 전투』, 지승종 글, 김용철 사진, 알마
- 『왜 선한 지식인이 나쁜 정치를 할까』, 이정철, 너머북스
- 『유성룡인가 정철인가』, 오항녕, 너머북스
- 『이순신 백의종군』, 제장명, 행복한나무
- 『박시백의 조선왕조실록』, 박시백, 휴머니스트
- 『한 권으로 읽는 조선왕조실록』, 박영규, 웅진지식하우스
- 『프로이스의 「일본사」를 통해 다시 보는 「임진왜란과 도요토미 히데요시」』,
  국립진주박물관, 부키
- 『연려실기술』, 이긍익, 민족문화추진회
- 『쇄미록1,2』, 오희문, 사회평론아카데미
- 『역사스페셜5』, KBS 역사스페셜, 효형출판
- 『백호전서 제23권』, 임정기 옮김, 한국고전번역원
- 『사기열전』, 김원중 옮김, 을유문화사
- 『풀이 되고 나무가 되고 강물이 되어』, 신흠 선집, 김수진 옮김, 돌베개
- 『중용, 조선을 바꾼 한 권의 책』, 백승종, 사우

- 『매천야록』, 황현 지음, 허경진 옮김, 서해문집
- 국사편찬위원회 조선왕조실록 홈페이지
  : http://sillok.history.go.kr/main/main.do
- 한국고전번역원 홈페이지 : http://www.itkc.or.kr